LA RÉPUBLIQUE DE PLATON

BERTRAND ROBIDOU

> Lisez la République de Platon ; c'est le plus beau traité d'éducation qu'on ait jamais fait.
>
> ROUSSEAU. *Émile*, liv. I.

PARIS
LIBRAIRIE INTERNATIONALE
A. LACROIX, VERBOECKHOVEN ET Cie, ÉDITEURS
MÊME MAISON A BRUXELLES, A LEIPZIG ET A LIVOURNE

1869

LA
RÉPUBLIQUE
DE PLATON

LA RÉPUBLIQUE

DE PLATON

COMPARÉE AUX IDÉES ET AUX ÉTATS MODERNES

PAR

BERTRAND ROBIDOU

> Lisez la République de Platon; c'est le plus beau traité d'éducation qu'on ait jamais fait.
>
> Rousseau, *Émile*, liv. I.

PARIS
LIBRAIRIE INTERNATIONALE
A. LACROIX, VERBOECKHOVEN ET Cie, ÉDITEURS
15, BOULEVARD MONTMARTRE
MÊME MAISON A BRUXELLES, A LEIPZIG ET A LIVOURNE

1869

PRÉFACE

Nous avons cédé à une vraie passion d'étude et de propagande intellectuelle, en essayant d'interpréter et de rendre accessible à tous l'une des productions les plus parfaites et les plus curieuses de l'esprit humain.

Rien de populaire comme la République de Platon ou ce qu'on appelle ainsi. Le mot est sur toutes les lèvres; rien de plus ignoré généralement que l'œuvre même.

Platon est accepté comme divin, et cette glorieuse prérogative dispense le plus grand nombre d'examiner ses titres, d'apprécier sa méthode, d'embrasser l'ensemble de ses travaux, dont l'influence a été si féconde.

D'un autre côté, comme inaugurateur du

spiritualisme, le disciple de Socrate est méconnu par la philosophie d'observation.

On oublie trop que le noble devancier de Descartes et de Leibnitz eut au plus haut degré le génie de l'investigation et surtout de l'intuition scientifiques. Ses savantes conjectures ont plus fait pour le progrès que les recherches positives de tous ses contemporains; mais éclairant le cercle des connaissances à la flamme de son enthousiasme, il les ramenait toutes à l'entendement qui les juge, en définitive, et il faisait de l'idée le foyer radieux, la source pure du beau éternel, autour duquel gravitent les mondes et les âmes.

En s'élevant à ces conceptions transcendantes, qui étaient le fond même de sa nature, et dont l'école d'Alexandrie a tant abusé, Platon a-t-il négligé les réalités d'un ordre inférieur? Nous ne le croyons pas. Cicéron a imité ou reproduit ses plus véridiques tableaux; Tacite lui a emprunté le portrait du tyran. Sa définition de la science : « *ce qui est* », résume et précise la doctrine générale des chercheurs modernes.[1] Il y a des pages qui saisissent et qui

---

[1] Victor MEUNIER, *Science et Démocratie.*

semblent la prophétie de nos récentes révolutions. Il ne pouvait avoir de critique historique dans notre sens actuel; mais il voit, il indique, il note l'histoire dans tous les siècles et le cœur humain dans toutes ses variations. Sa République ou État, sauf des erreurs de système, est l'évangile de l'honnêteté. Personne n'a su comme lui, armé de la grande thèse de la justice, écraser l'hypocrisie sous ses masques multiples, rendre à la vertu sa fierté et lui donner la suprême victoire.

Lisez la République de Paton, s'écriait Rousseau, c'est le plus beau traité d'éducation qu'on ait jamais fait. Sa philosophie, ajoutait-il, est celle des amants, sans doute parce qu'elle remplit l'âme tout entière et dirige les facultés aimantes vers un objet digne d'elle.

Il a jeté tous les fondements de la certitude métaphysique, tous les axiomes de sens commun sur lesquels reposent aujourd'hui la souveraineté et le suffrage populaires.

En politique, il nous a montré « la fournaise du despotisme » dévorant les peuples qui ne savent pas conserver la liberté après l'avoir conquise. Quelle vigueur dans sa description critique des gouvernements, si parfaitement applicable encore aux formes qui régissent les sociétés actuelles!

Platon a porté le premier coup à l'esclavage et plaidé le premier les droits de l'humanité au milieu des horreurs de la guerre. Elles sont de lui ces maximes : « qu'un gouvernement ivre du triomphe, et qui exclut les vaincus, est indigne de ce nom ; que les lois dont le but est l'avantage de quelques-uns, ou du pouvoir, appartiennent à des partis, et qu'alors la justice n'est qu'un simulacre ; que les chefs doivent être les premiers serviteurs des lois, et que la ruine d'un Etat est très-proche quand la loi, au lieu d'être la même pour tous, est soumise à ceux qui gouvernent ; que ces lois mêmes ne doivent point exiger une obéissance passive, mais être précédées d'un préambule explicatif ; qu'un des plus grands maux qui puissent s'introduire dans les Etats, c'est quand les tribunaux, faibles et muets, dérobent les débats à la connaissance du public.[1] »

Il est des ouvrages qui ont un caractère d'é-

---

[1] Lois, *Liv. IV et IX.*

ternité, comme les principes sur lesquels reposent les sociétés humaines, et celui que nous essayerons de faire connaître est de ce nombre; mais il est aussi des époques où ces principes peuvent être salutairement rappelés, et nous laissons à juger si l'esprit de ce temps a besoin de se retremper aux sources viriles. L'exaltation et l'intolérance se substituent plus que jamais au libre examen; la terreur de la pensée est devenue une maladie, presque une contagion, l'aveu conscient et accablant de notre faiblesse. La dialectique, plus intimement unie à la morale qu'on ne le croit, puisqu'elle est la droiture et la probité de l'esprit, est remplacée par une éloquence superficielle et fallacieuse qui corrompt tout. La calomnie monte à la tribune; on l'écoute. Si la vérité veut répondre, sa voix est étouffée. Thrasymaque triomphe, il répète que le désintéressement, l'honneur, la justice ne sont que des mots et que la force suffit à toutes les solutions.

La République platonicienne, ce résumé et en même temps ce poème de la sagesse antique à son plus merveilleux éclat, cette affirmation brillante et solennelle de toutes les vérités supérieures et imprescriptibles, peut être opposée avec fruit à cet affaissement douloureux des intelligences, à cette domination matérielle ou paradoxale qui s'impose aux multitudes. La hauteur d'un tel enseignement témoigne encore, après plus de deux mille ans, de tout ce qui nous reste à faire dans la voie de l'économie politique et d'une forte éducation civile.

Mais pour dégager de cette œuvre complexe la sublime morale et les principes du maître immortel, il fallait mutiler en apparence le monument, éliminer beaucoup de développements qui ne peuvent intéresser que les érudits, passer sur toutes les difficultés ou obscurités de texte, ne nous attacher qu'au sens général, et tout en nous montrant scrupuleux pour le fond et respectueux pour la forme artistique, — si admirable, — réduire, condenser, expliquer et comparer, couler enfin la pensée, si ce pouvoir nous eut été donné, dans un moule moderne.

Ce travail de libre interprétation, tout-à-fait en dehors des règles ordinaires, nous l'avons entrepris, au risque de nous attirer les anathèmes des amis et des gardiens de la science pure. Si l'on nous permettait une excuse, elle serait dans les faits. Le peuple est pauvre et cruellement sevré de ces biens intellectuels, sans lesquels il n'y a pas pour l'homme de véritable vie, disait Platon lui-même. On nous pardonnera donc beaucoup, nous l'espérons, en considération de cette grande et immense pénurie, que nous sentons mieux que personne, pour en avoir plus souffert. C'est le sentiment vif et profond de cette situation qui nous a enhardi, non seulement à franchir le seuil du temple, mais à rompre les scellés qui tenaient ces trésors de lumière en réserve au bénéfice de quelques-uns.

Ce livre, par les intentions qu'il accuse, et plus encore par les fautes qu'il renferme, est une protestation contre l'éducation parcimonieuse, infime et misérable que l'on donne aux enfants du peuple, et qui fut celle de l'auteur.

TABLE DES MATIÈRES
ET PROLÉGOMÈNES

LIVRE PREMIER.

Exposition. PAGE 1
Le Philosophe un jour de fête.
La conversation des vieillards.
La vieillesse donne la plénitude et la possession de soi-même ; c'est un port tranquille.
Ce qu'est la fortune pour le sage.
Le juste et le méchant au terme de la vie.
Objection de Thrasymaque : A quoi sert la justice ? 7
Elle est l'intérêt du plus fort, mais à la condition qu'il soit infaillible.
Coup d'œil sur la nature et le but de la justice.
Bergers et troupeaux.
— La justice est vertu et habileté. 19
L'injustice est vice et ignorance.
Impuissance absolue de l'injustice par elle-même.
L'homme juste meilleur et plus heureux que l'homme injuste.

LIVRE DEUXIÈME.

Objection de Glaucon : Que vaut la justice par elle-même ? 23

Ce qu'elle est devant l'opinion du monde.

Les lois sont nées de l'impuissance où s'est trouvé le plus grand nombre d'éviter l'injustice ou de l'exercer à son profit.

Le monde est convaincu que si l'honnête homme pouvait se rendre invisible, il n'agirait pas autrement que le voleur, à moins d'être un niais.

Portrait du parfait honnête homme et du parfait scélérat. Leurs destinées respectives.

Le chef-d'œuvre de la morale du monde est de paraître juste, non pas de l'être.

Objection d'Adimante : La justice n'est point louée ni enseignée pour elle-même, mais en vue des intérêts et des honneurs qu'elle rapporte. 29

Ceux qui la vantent le plus, méprisent le juste, s'il est pauvre, et portent leurs hommages au méchant, s'il est riche.

Ils n'abusent pas moins de Dieu, de la vertu et de la religion.

Conséquences malheureuses de cet état de choses sur l'esprit de la jeunesse.

Personne encore n'a montré que la justice est, par elle-même, le plus grand bien; l'injustice le plus grand mal, — et c'est ce qu'il faut faire.

— La justice se reconnaît aux mêmes caractères dans l'Etat et dans l'individu qui en fait partie. 36

Comment naît et se développe l'Etat, ses phases diverses, nécessité d'instruire l'armée.

L'idée de Dieu, dégagée des fausses notions qu'on en donne, est la base de tout enseignement.

La première loi à promulguer, c'est que Dieu est l'auteur du bien, non du mal.

Le mensonge le plus odieux, est de tromper l'homme sur la nature divine : c'est aveugler et tuer l'âme.

LIVRE TROISIÈME.

L'éducation consiste à faire des hommes. Il faut bannir les terreurs vaines et toute exagération.   45

Il ne faut présenter à la jeunesse que des modèles parfaits.

Il faut honorer les poètes, mais les bannir comme inutiles ou dangereux.

La tempérance est la règle d'une conduite sage.

Fausses maximes et faux enseignement.

Les livres d'éducation sont à refaire.

Tout dépend absolument, dans l'Etat, de la manière dont on envisage la justice.

Des diverses formes du langage. Celles qu'il faut imiter ou fuir.   51

L'honnête homme n'a qu'une manière de s'exprimer.

Influence de la musique et des arts sur l'éducation publique et sur la destinée des Etats.

Il faut aimer la vertu et tout ce qui la représente ou la symbolise.

Le plus beau des spectacles, pour qui peut le contempler, est celui d'une âme pure dans un corps parfait.

L'amour doit chercher un modèle pareil. Théorie de l'amour.

La gymnastique est l'hygiène de l'âme avant d'être le remède du corps.

La multiplicité des fonctionnaires est la plus sûre marque d'une mauvaise éducation dans l'Etat. Un peuple sage se passerait de juges; un peuple sobre vivrait sans médecins.

C'est par l'âme qu'il faut guérir le corps.

Conditions d'un bon juge.

Le juste pénètre le méchant, mais le méchant ne saurait deviner le juste.

L'homme parfait est le résultat d'une éducation complète.

Choisir sur ce modèle les fonctionnaires et le chef d'Etat.

Epreuves qu'ils devront d'abord subir.

Elever les enfants et choisir les fonctionnaires d'après les aptitudes natives, non d'après la naissance ou la faveur.

L'Etat périrait, gouverné par des gens incapables.

LIVRE QUATRIÈME.

Le but de l'Etat doit être le bonheur de tous par la justice. 70

L'anarchie vraiment criminelle consiste dans le cumul des fonctions, qui fait l'injuste opulence des uns et la misère des autres.

Une bonne éducation fera seule comprendre cette vérité.

L'Etat prospèrera en raison des progrès de l'éducation physique et morale des populations.

Il faut conserver pures les bonnes méthodes ; y toucher, c'est compromettre les bases de l'Etat.

Il faut régler même les jeux des enfants, afin qu'ils y trouvent l'image des lois et de la société.

Une vraie éducation suppléerait à beaucoup de lois.

Il ne faut ni refaire sans cesse la constitution, ni la déclarer éternelle.

En quel lieu est enfin la justice, si ce n'est dans l'Etat où règnent les vertus qui émanent d'elle ?

Elle est dans la République, si les magistrats sont éclairés et justes, si l'armée est courageuse et dévouée au bien général, si la tempérance gouverne, et si la raison pénètre les masses.

Le vrai courage du citoyen est une vertu politique, fruit de l'éducation ; autrement, c'est le servilisme.

La justice ne produit pas seulement les vertus, elle les conserve.

Les magistrats ne doivent point être occupés d'autre chose que de l'appliquer à tous et à chacun.

Les vertus et les passions que nous trouvons dans l'Etat, étant les mêmes dans l'individu, l'un et l'autre doivent être justes de la même manière.

L'injustice introduit dans l'un et dans l'autre la même anarchie.

Les mauvais aliments ravagent la constitution physique, de même les vices engendrent la maladie de l'âme.

La forme de la vertu est une, celle du vice est diverse.

L'unité politique subsistera dans l'Etat et sera sa sauvegarde, aussi longtemps qu'on y conservera les principes d'une éducation basée sur la justice.

LIVRE CINQUIÈME.

Du rôle de la femme dans l'Etat. Ce qu'elle fut au temps de Platon. Ce qu'elle a été depuis.   87

Erreur de Platon sacrifiant la famille à la chose publique.

Sa thèse communiste ne renferme pas moins des conceptions très-supérieures.

Il porte le premier coup à l'esclavage et proclame les droits de l'humanité dans la guerre.

Il proscrit celle-ci entre concitoyens et alliés.

Si ce plan d'Etat paraît si difficile d'exécution, ce n'est point une raison pour n'en pas approcher le plus possible.

Pourquoi les Etats actuels sont-ils si mal gouvernés ?

Il en sera ainsi, aussi longtemps que l'autorité et le savoir ne se donneront pas la main en vue du bien général.

Vivre, c'est connaître.

L'ignorant ne vit pas.

— Nos facultés sont les instruments de la connaissance.   111

Celle-ci se perçoit à divers degrés qui correspondent à nos facultés. La science a pour objet ce qui est, l'opinion ce qui paraît être.

Ne pas confondre le beau, qui est éternel, avec les choses belles, qui sont vaines ; le juste avec la justice ; les différents modes de la connaissance avec l'immuable vérité.

LIVRE SIXIÈME.

Traits caractéristiques des vrais philosophes.   119

La fausse philosophie est souvent le fait des gouvernements.

Combien se disent philosophes, sans l'être.

Une mauvaise éducation fait plus de mal aux naturels excellents qu'aux intelligences médiocres.

Si l'enseignement social est mauvais, les sophistes aidant, personne n'échappera au naufrage.

Le faux sage, flattant la multitude au lieu de l'instruire, ressemble à un homme qui a étudié les instincts d'un animal fort et robuste pour les satisfaire en tout : c'est un esclave.

Le vrai philosophe est lui-même souvent gâté par les flatteurs, détourné par la fortune ou persécuté par les sophistes.

De là le petit nombre des sages et leur dégoût du monde.

Cependant, nul Etat ne sera parfait, si les rois ne se font sages ou si les sages ne gouvernent.

Ne croyons pas que la multitude ne puisse jamais arriver à comprendre ces choses là.

Des sages prendraient soin de former l'Etat et le citoyen sur le modèle de toutes les vertus.

Qualités qui font les gardiens de l'Etat.

Ils doivent posséder avant tout l'idée du bien, qui est dans l'ordre moral ce qu'est le soleil dans l'ordre physique.

Il y a en effet deux espèces d'êtres, deux mondes : l'un d'évidence, l'autre d'obscurité.

Moyens de les distinguer.

Différents modes de connaître.

LIVRE SEPTIÈME.

Description du gouffre de l'ignorance, séjour des préjugés et de l'esclavage. 173

Région supérieure où réside l'idée du bien, source de lumière et de liberté.

La science, pour être vraiment l'organe du bien, doit élever l'âme vers cette région.

Dans un Etat ami de l'instruction, les savants doivent concourir activement au bien de la chose publique.

La mauvaise politique est le fait des intrigants et des ambitieux.

Sciences et arts qui font des hommes propres au gouvernement.

Supériorité de l'entendement sur les perceptions des sens; il les explique et les juge.

Les mathématiques sont un puissant lévier intellectuel; Platon en pressent le rôle futur et en recommande l'étude.

Il en est ainsi de la géométrie et de l'astronomie.

Toutes les sciences sont des formules du bien, et ne valent que par cela même.

Mais le premier art est de raisonner juste, et le plus puissant instrument de l'intelligence est la dialectique.

Après avoir parcouru le cercle entier des connaissances, c'est toujours au développement de cette faculté qu'il faut revenir.

Elle s'adresse directement à l'esprit et complète les recherches humaines.

Nouveau coup d'œil sur les aptitudes d'esprit et de travail qu'il faut exiger de l'homme appelé à gouverner.

Il faut bannir de l'enseignement la gêne et la contrainte.

Le meilleur résultat des études, c'est de savoir généraliser les connaissances acquises.

La bonne éducation est une famille morale; elle engendre les cœurs à la justice et à l'honnêteté.

L'éducation contraire est sans base, et tourne à la confusion de la science.

C'est au législateur à ne jamais perdre de vue les esprits solides et les fermes caractères.

En confiant la réforme de l'Etat aux plus sages, il aura rendu la République possible.

LIVRE HUITIÈME.

De diverses formes de gouvernement. 202

La déchéance des Etats a toujours sa cause dans les fautes de ceux qui gouvernent.

Il y a cependant pour les peuples des périodes de décadence.

Comment l'aristocratie se change en timarchie.[1]

---

[1] *Timarchie* ou *Timocratie* — Amour de la domination pour elle-même, principe de la force, gouvernement des ambitieux.

Description de ce gouvernement et des hommes qui le composent. 206

Comment il se perd et devient oligarchique.

Description de cette forme, son caractère, ses vices, sa décadence. 209

Démocratie, l'indépendance qu'elle donne. — Ses abus. — L'excès de la liberté enfante la dictature. — Celle-ci se change en tyrannie. Le tyran est un parricide. 214

LIVRE NEUVIÈME.

Caractère du tyran. 231

L'Etat qu'il opprime est le plus malheureux de tous les Etats, comme le tyran est lui-même le plus misérable des hommes.

Son mal est contagieux pour la nation; il corrompt et abaisse tout.

Le plus heureux des hommes est le plus juste, comme le plus heureux des Etats est le plus parfait.

Mais en quoi consiste le vrai bonheur, et qui prononcera, chaque homme ayant ses goûts?

Preuve que les plaisirs du sage sont les seuls réels, car la vérité qu'il possède est au-dessus des sens comme l'âme est au-dessus du corps.

La plupart des hommes ignorent les plaisirs purs de l'esprit.

Tous s'égarent et suivent une voie contre nature à mesure qu'ils s'éloignent de la raison.

Ainsi le tyran est l'être le plus éloigné de toute loi,

de tout bonheur, il est relégué à l'extrémité des plaisirs faux.

Portrait allégorique de l'âme.

Il n'est rien de plus avantageux à l'homme que d'écouter la raison, en qui parle la voix divine, qui se réfléchit elle-même dans les lois justes.

Santé du corps, perfection de l'âme : c'est tout le but de la sagesse et de l'homme sensé.

Il faut établir la même harmonie dans ses propres affaires.

LIVRE DIXIÈME.

Toute œuvre est d'autant plus vraie, qu'elle se rapproche de l'idée, type éternel, et d'autant plus fausse qu'elle s'en écarte davantage.   290

L'homme fait un ouvrage quelconque, non l'idée ; il ne crée pas.

Le peintre imite.

L'âme doit s'en rapporter aux facultés positives, plutôt qu'à l'imitation ou à la poésie.

Dangers de cette dernière.

Il s'agit, après tout, d'être vertueux : c'est là le grand intérêt et la suprême nécessité.

— Dogme et preuve de l'immortalité de l'âme.

Pour voir l'âme dans sa beauté, il faut la contempler avec les yeux de l'esprit, dans sa pure essence.

Quoiqu'on en dise, l'homme vertueux est chéri du ciel et des hommes ; l'injuste est odieux.

Tous les avantages sont, en définitive, au juste.

Les méchants finissent toujours par être trahis par la fortune ou par eux-mêmes.

Figure allégorique de l'autre vie.

Nota. — Nous n'avons point indiqué, dans cette table, les transitions ou commentaires intercalés dans le corps de l'ouvrage, de manière, toutefois, à ne jamais en rompre l'unité. La disposition typographique les fera reconnaître tout d'abord et le lecteur pourra les passer, s'il le veut, sans que sa lecture soit détournée du sujet principal.

SOURCES :

Les traductions de la *République* que nous avons consultées ou suivies sont les deux seules qui aient été publiées, jusqu'à ce jour, dans notre langue, celle de GROU (2 éditions) et celle de M. COUSIN. Nous avons d'ailleurs, en rapprochant et confrontant une foule d'autres travaux sur le même sujet, apporté à la composition de ce volume, pour l'ordre et la clarté des pensées, tout le soin dont nous sommes capable.

LIVRE PREMIER

C'était par un beau soir et dans ce splendide pays dont le nom, resté sacré pour tous les âges, fait revivre à l'imagination étonnée et ravie tant d'incomparables travaux, tant de gloires solennelles et une si prodigieuse grandeur intellectuelle !

Le soleil, frappant d'un dernier éclat les collines, les palais, les temples d'Athènes, enveloppait plus amoureusement de ses clartés affaiblies les jardins et les portiques d'Academus, ne quittant qu'à regret, lui, le roi de la lumière, ces belles retraites des rois de la pensée. Sous les radieux baisers de l'astre, dont le disque penché touchait presque les vagues, la mer Egée, pressant d'un effort convulsif et jaloux ses innombrables îles, — bouquet de fiancée émergeant de son sein, — suspendait à chaque écueil une auréole de pourpre et de diamants, et les confus murmures qu'elle élevait ressemblaient au gémissement d'un cœur oppressé dans une heure de chaste ivresse. De *Sunium* à Eleusis, tous les golfes de l'Attique étincelaient comme des coupes vermeilles, et les bois d'oliviers, de lauriers et de myrtes qui bordent l'heureux rivage emplissaient de leurs parfums l'air et les flots.

A ce moment, les bruits et les chants de fête qui, pendant la journée, avaient mis tous les habitants du Pirée sur pied, se taisaient dans la ville et sur les quais du port de Thémistocle ; mais les avenues, les places publiques étaient encore jonchées de fleurs, car on avait fait une Pompe, c'est-à-dire une procession générale en l'honneur d'une nouvelle Déesse[1] dont le culte scellait l'alliance de deux populations.

Dans quelques heures, allaient commencer ces courses de nuit célèbres et curieuses, dans lesquelles les rivaux se passaient de main en main, en luttant de vitesse, les flambeaux allumés, — image de la rapidité avec laquelle les générations se transmettent, dans leur course vers la tombe, la flamme sacrée de la vie ! *Et quasi cursores vitaï lampada tradunt.*

Pendant qu'on se préparait à cette *Veillée*, — c'est ainsi qu'on appelait ces réjouissances, — un précurseur de l'esprit nouveau, déjà bien calomnié, et qui était venu, quoique philosophe, voir la cérémonie, reprenait, avec un disciple, la route d'Athènes.

Tout-à-coup, une voix se fait entendre derrière lui, et il se sent tirer par son manteau.

---

[1] Diane de Thrace.

— Maître, dit l'esclave, envoyé à sa suite, arrêtez un peu.

Le voyageur, se détournant, voit arriver un groupe de jeunes gens qui l'entourent avec des démonstrations de joie.

— Socrate, dit l'un d'eux, vois-tu combien nous sommes? Tu seras le plus fort, ou tu consentiras à passer avec nous la soirée.

A cet argument du nombre, Socrate veut employer son arme ordinaire, le raisonnement.

— Mais, dit-il, je vois un milieu; c'est de vous persuader de me laisser aller.

— Comment nous persuaderas-tu, si nous refusons de t'entendre?

Une résolution si nette tranche la question.

Socrate cède.

Les jeunes gens le conduisent au foyer de Céphale, son ami, qui avait ajouté à sa couronne de cheveux blancs une couronne de fleurs, parce qu'il venait de faire un sacrifice aux dieux domestiques. Depuis longtemps ils ne s'étaient pas vus, et la conversation que nous allons résumer s'engage.

Céphale porte le premier la parole. La manière dont il ouvre l'entretien prouve tout le prix qu'il y attache.

O Socrate, dit-il, tu ne viens guère souvent au Pirée; tu as tort. Si je pouvais me rendre sans fatigue à la ville, je t'éviterais cette peine, en allant moi-même te voir. Maintenant, c'est à toi de venir. Ne sais-tu pas que plus je perds le goût des autres plaisirs, plus ceux de la conversation ont pour moi de charme. Sans renoncer à la compagnie des jeunes gens que tu instruis ; sois donc assez bon pour ne pas oublier un vieux qui t'aime bien.

Et moi, Céphale, répondit Socrate, c'est mon bonheur de converser avec les vieillards. Comme ils sont au bout d'une carrière qu'il nous faudra peut-être parcourir, il me paraît naturel d'apprendre d'eux si la route est pénible ou aisée. Et puisque te voilà rendu à l'âge que les poëtes appellent le seuil de la vieillesse, tu me feras plaisir de me dire ce que tu en penses, et si tu regardes cette saison comme la plus rude et la plus désagréable.

— Un ancien proverbe l'a dit, Socrate :
« Les gens du même âge se recherchent. » Souvent donc, dans ces réunions de vieillards, j'ai lieu d'entendre les plaintes amères qu'ils poussent. Presque tous murmurent et se consument en regrets au souvenir de la jeunesse, de l'amour, des festins et de tant d'autres jouissances qui les inondaient. Maintenant tout cela leur échappe. A les en croire, ils sont dépossédés de tous les biens, eux dont l'existence fut une fête continuelle. Aujourd'hui ils n'ont plus que l'ombre de la vie. Encore la vieillesse les expose-t-elle à des outrages de la part de leurs proches, mais elle est pour eux, à coup sûr, la cause de tous les maux. Pour moi, je crois qu'ils se trompent; car si la vieillesse était l'unique principe de leurs chagrins, elle produirait les mêmes effets sur tous ceux qui atteignent cette limite de l'âge. Or, j'ai trouvé des vieillards dans une disposition d'esprit bien différente.

Par rapport aux fougueux orages des sens, la vieillesse n'est-elle pas un port tranquille? Elle nous met en possession de nous-mêmes et de la liberté; à mesure que s'apaise l'incendie des passions, on se trouve délivré d'une foule de tyrans en démence. Donc il en est des cruels mécomptes qu'elle amène, comme de la plupart des tribulations domestiques : c'est bien moins la vieillesse qu'il faut accuser que le caractère des vieillards; celle-là est toujours supportable avec une humeur douce et convenable; mais les défauts contraires font son tourment, comme ils feraient celui de la jeunesse elle-même.

Socrate fait comprendre que cette réponse le charme; mais on objectera peut-être que la grande fortune de Céphale lui aide autant que son caractère à supporter les inconvénients de l'âge, ce qui n'est vrai que dans une certaine mesure; car, dit avec raison son interlocuteur, si la pauvreté peut rendre la vieillesse pénible au sage même, la fortune, sans la sagesse, ne peut la rendre douce à qui que ce soit.

Socrate profite de l'incident pour remonter à l'origine de la fortune et pour savoir à quel titre elle peut être profitable au sage. Si je t'interroge sur ce sujet, dit-il à Céphale, c'est que tu me parais tenir fort peu aux richesses, comme tous ceux qui ne sont pas les artisans de leur fortune; tandis que ceux qui la doivent à leur industrie y sont doublement attachés, d'abord parce qu'elle est leur ouvrage, ensuite par son utilité même; aussi sont-ils moins abordables que les premiers et n'ont-ils d'estime que pour l'argent.

Dis-moi donc ce qui, à tes yeux, donne le plus de prix à la richesse.

Mes raisons, répond Céphale, ne toucheront probablement que peu de personnes. Ecoute cependant :

Il est une heure dans la vie où tout homme fait un grave retour sur lui-même et se trouve en face de son âme, devant un inconnu formidable qu'elle sonde avec effroi. C'est alors que chacun évoque, avec scrupule et tremblement, ses actions bonnes ou mauvaises et les voit plus clairement passer devant ses yeux aux lueurs de l'éternité qui s'approche. Celui qui, dans cette vision, n'aperçoit qu'une longue suite d'injustices, s'affaisse sous le poids d'un désespoir infini. Mais l'homme qui n'a rien à se reprocher voit surgir à son côté l'immortelle espérance qui lui sourit comme une mère et, comme une nourrice, l'abreuve du lait de sa mamelle. C'est ce que le poète Pindare a gracieusement exprimé par cette image :

> Celle qui des mortels gouverne en souveraine
> L'esprit et les destins flottants,
> L'espérance le berce à ses derniers instants
> Et de son lait nourrit sa vieillesse sereine.

C'est parce qu'elle nous facilite cette haute destinée morale que la richesse a tant de valeur, non sans doute aux yeux de tout le monde, mais pour le sage ; elle met à couvert d'une foule de dangers, et c'est souvent grâce à elle que l'on n'est point exposé à tromper, à mentir, à manquer aux obligations les plus sacrées, et qu'on peut un jour sortir sans crainte de ce monde, quitte envers le ciel comme envers les hommes.

Il est sans doute d'autres motifs de rechercher les richesses, mais je suppose que l'homme sensé donnera toujors la préférence à celui-là.

La richesse est donc estimable en raison de ce qu'elle peut profiter à la justice et contribuer à nous rendre justes.

Essayons de définir la justice.

Socrate, ou plutôt Platon, est arrivé à son sujet.[1]
Il va dégager, en se jouant, la justice de toutes les définitions fausses ou sophistiques que les rhéteurs de son temps avaient mises en vogue, et il pousse l'ironie jusqu'à imiter leurs subtiles et ridicules théories. Cette discussion vive et pressée, ces fines railleries passent pour intraduisibles dans notre langue, mais notre but n'est que de mettre en lumière les idées, le fond même de cette grande thèse.

Le caractère propre de la justice est-il de rendre à chacun ce qu'on lui doit? — Les auditeurs de Socrate le pensent. Cependant, on ne devrait pas rendre un dépôt, quel qu'il soit, une arme, par exemple, à une personne qui n'a plus sa raison.

Son caractère ne serait-il pas plutôt de rendre à chacun ce qui convient, du bien aux amis, du mal aux ennemis? —

L'homme le plus capable de l'une ou de l'autre de

---

[1] Le lecteur se rappellera que, dans tout le cours de cet entretien, c'est Platon qui met en scène Socrate et le fait parler.

ces choses serait alors le plus juste ; le médecin, par rapport à la santé, le pilote en mer, l'homme d'armes à la guerre; mais on n'a que faire du médecin dans la santé, du pilote sur terre, du guerrier en temps de paix. Dans le commerce, on préférera, pour gagner beaucoup, le joueur expérimenté, le commerçant habile, etc.

A quoi donc me servira l'homme juste, si je le fais mon associé ? A garder mon argent, c'est-à-dire quand ce dernier ne me sera plus d'aucun usage. En sorte que l'utilité de la justice commence précisément où finit celle de l'argent, et que chaque fois qu'une chose est nécessaire, la justice ne l'est plus.

Voyons pourtant : qu'entend-on par amis ? Ceux qui nous paraissent gens de bien, ou ceux qui le sont, quand même ils ne nous paraîtraient pas tels ? Il arrive tous les jours aux hommes de s'y méprendre, et ceux qui s'y trompent ont pour ennemis des gens de bien et pour amis des méchants.

La justice consistera donc, pour eux, à faire du bien aux méchants et du mal aux justes.

Mais les bons sont justes et incapables de faire de mal à personne.

Il serait donc juste de faire du mal à ceux qui ne nous en font pas ?

Modifions une formule aussi défectueuse et disons que les hommes dignes d'être aimés sont ceux qui paraissent gens de bien. La justice consistera alors à faire du bien à l'ami, s'il est honnête homme, et du mal à l'ennemi qui ne l'est pas.

Mais l'homme juste est-il capable de faire du mal à l'ennemi quel qu'il soit ?

Autant demander si l'effet du bon peut être de faire du mal ; l'effet du sec de produire l'humidité.

Ce sont les contraires qui donnent ces différents résultats.

Ce n'est donc pas le propre de l'homme juste de faire du mal ni à son ami, ni à son ennemi, ni à qui que ce soit ; mais c'est le propre de son contraire, c'est-à-dire de l'homme injuste, du méchant.

Si donc quelqu'un dit que la justice consiste à rendre à chacun ce qu'on lui doit, et s'il entend par là que l'homme juste doit du mal à ses ennemis comme il doit du bien à ses amis, ce langage n'est pas celui d'un sage, car il n'est pas conforme à la vérité : nous venons de voir qu'il n'est juste de faire du mal à personne.

La maxime contraire n'est digne que d'un despote ou d'un tyran enivré de sa puissance.

Cela étant, qui donc nous dira en quoi consiste la justice ?

A peine Socrate eut-il prononcé ces dernières phrases que Thrasymaque, qui déjà s'était efforcé de le contredire, fit un bond de bête fauve comme pour mettre l'orateur en pièces, et dominant d'une voix forte les murmures de la société : « Socrate, dit-il, à quoi sert ce verbiage ? Au lieu de poser les questions pour les résoudre à ton gré, réponds à ton tour et dis-nous ce que c'est que la justice. Mais ne continue pas de répéter ridiculement que c'est ce qui convient, ce qui est utile, ce qui est avantageux, ce qui est profitable.

1.

J'attends de toi une explication nette et précise, parce que je ne suis pas homme à me payer des niaiseries que tu débites. »

Cette brusque attaque déconcerta d'abord le philosophe, mais s'étant remis : « O Thrasymaque, répliqua-t-il, ne t'emporte pas contre moi. Je me trompe peut-être, mais sois sûr qu'il n'y a pas de ma faute. Si nous cherchions de l'or, nous prendrions garde de nous gêner et de nous rendre cette découverte impossible. Pourquoi donc, maintenant que nous cherchons la justice, mille fois plus précieuse que l'or, serions-nous assez insensés pour faire de cet entretien un jeu, au lieu de poursuivre sérieusement notre étude? Mais tu as raison, la tâche est au-dessus de mes forces, et tu devrais, toi, homme habile, avoir pour moi moins de courroux et quelque pitié. »

Thrasymaque éclata de rire :

Par le ciel! dit-il, voilà l'ironie habituelle de Socrate... Je savais que, loin de répondre, il feindrait la plaisanterie.

— Et toi, tu es ingénieux de m'interdire d'avance les répliques qu'on peut faire, comme si, demandant à quelqu'un les facteurs du nombre douze, tu lui défendais les expressions deux fois six, trois fois quatre, six fois deux, quatre fois trois, parce que tu ne veux pas te payer de ces simplicités. Tu sais qu'alors toute réponse est impossible; mais si la vraie se trouve être une de celles-là, as-tu la prétention de faire dire autre chose que ce qui est?

Fort bien, répond Thrasymaque; mais si je te montre qu'on peut faire une réponse meilleure que toutes les les tiennes, à quelles peines te condamneras-tu?

— A la peine justement réservée à tout ignorant, qui est d'être instruit par un plus habile. Parle donc!

— Voilà tout l'art de Socrate, riposte encore Thrasymaque; il n'enseigne pas; il va de tous côtés apprenant des autres, sans savoir aucun gré à personne.

Socrate. — Il est vrai, Thrasymaque : j'apprends de tout le monde; mais tu as tort d'ajouter que je suis ingrat. Je témoigne ma reconnaissance en applaudissant ; c'est tout ce que je puis faire, n'ayant point d'argent.

Thrasymaque. — Ecoute-moi donc, alors! Je soutiens que la justice n'est autre chose que ce qui est avantageux au plus fort..... Eh bien ! Où sont tes applaudissements?

Socrate. — Attends du moins que j'aie compris.

Thrasymaque. — Ne sais-tu pas que les Etats sont ou monarchiques, ou aristocratiques, ou populaires? Que celui qui gouverne est le plus fort, et qu'à ce titre il fait les lois à son avantage? Le roi, des lois monarchiques; le peuple, des lois populaires. Ces lois étant promulguées, ne déclarent-ils pas que la justice consiste à les observer, et ne punissent-ils pas celui qui les transgresse comme coupable d'une action injuste? Voici donc ma pensée : Dans tout Etat, la justice est l'intérêt de qui a l'autorité en main, et par conséquent du plus fort. D'où il suit, pour tout homme qui sait raisonner, que partout la justice et ce qui est avantageux au plus fort, ne sont qu'une même chose.

Socrate. — Je comprends enfin ce que tu veux dire.

Tu définis la justice ce qui est avantageux, et je conviens qu'elle est très-avantageuse. Il est vrai que tu ajoutes : au plus fort ; mais c'est ce que j'ignore et ce qu'il faut examiner.

THRASYMAQUE. — A ton aise.

SOCRATE. — Ne dis-tu pas que la justice consiste à obéir à ceux qui gouvernent ?

THRASYMAQUE. — Oui.

SOCRATE. — Mais ceux qui gouvernent dans les différents États sont-ils infaillibles, ou peuvent-ils se tromper ?

THRASYMAQUE. — Ils peuvent se tromper.

SOCRATE. — Donc, lorsqu'ils feront des lois, les unes seront bonnes, les autres pourront êtres mauvaises.

THRASYMAQUE. — Assurément.

SOCRATE. — Et comme elles devront être également observées, puisque c'est en cela que consiste la justice, il sera donc juste, selon toi, de faire non-seulement ce qui est avantageux, mais encore ce qui est désavantageux au plus fort.

THRASYMAQUE. — Que dis-tu là ?

SOCRATE. — C'est toi qui l'as dit. — En déclarant qu'il est juste que les gouvernés fassent tout ce qui leur est commandé, tu es naturellement convenu que la justice consiste à faire ce qui est désavantageux aux gouvernants, c'est-à-dire aux plus forts, dans le cas où, sans le vouloir, ils commandent quelque chose de contraire à leur intérêt.... De là il suit que la justice n'est pas plus ce qui est avantageux, que ce qui est désavantageux au plus fort, et que tu n'as point avancé la question.

Thrasymaque est à peu près réduit au silence. Ses raisons sont ridicules ou subtiles. Au lieu de convenir qu'il confond la justice légale, toute de convention et d'accidents, avec la justice naturelle qui, comme la vérité, doit avoir un visage pareil et universel, selon la belle expression de Montaigne, il équivoque ou fait des distinctions impossibles, comme tout polémiste faible ou de mauvaise foi. Mais Socrate, ramenant chaque chose, chaque art, les gouvernements compris, à son véritable but, démontre, toujours par la méthode sophistique qui est celle de son adversaire, que la médecine a pour objet l'avantage du malade, l'équitation celui de l'élève, que la science d'administrer est faite en vue du public, etc., non pour le bien exclusif de l'administrateur. Ainsi, le gouvernement (ou le plus fort) n'exerce l'autorité et la justice que pour l'utilité de tous, autant du moins qu'il est juste et fidèle à sa mission.

Cependant Thrasymaque croit avoir trouvé le moyen de relever le gant. Quoi ! Socrate, réplique-t-il, ta nourrice ne t'a pas même appris ce que c'est que troupeaux et bergers ! De la manière dont tu parles, tu crois que ceux-ci pensent au bien des troupeaux, qu'ils les engraissent et les soignent dans une autre vue que leur intérêt propre ou celui de leurs maîtres. Tu t'imagines que, dans les Etats, ceux qui gouvernent ont d'autres sentiments ; que jour et nuit ils sont occupés d'autres choses que de leurs propres intérêts. Dieu ! que tu es loin de connaître la nature du juste et de l'injuste ! Tiens ! tu ne sais pas même qu'au fond la justice est un bien pour tout autre que pour l'homme juste; qu'elle est utile au plus fort qui commande, et nuisible au faible qui obéit; que l'injustice, au contraire, soumet à son joug l'homme simple, le juste qui, étant le sujet du plus fort, se dévoue à son intérêt et travaille à son bonheur, sans penser au sien propre. Simple et naïf que tu es, sache donc que le juste a partout le dessous, et qu'il est le jouet et la dupe éternelle de l'homme injuste. Dans les transactions ordinaires, tu trouveras toujours que la conclusion est un gain pour son adversaire, une perte pour lui. Faut-il venir en aide à l'Etat par des impôts extraordinaires ou des sacrifices? Le juste, avec des biens égaux, paiera toujours davantage. S'il faut recevoir, le profit est tout entier pour l'injuste. Dans l'administration publique, s'il ne lui arrive rien de pis, le premier, parce qu'il est juste, au lieu de s'enrichir aux dépens du trésor, laissera même dépérir ses affaires domestiques, par le peu de soin qu'il en prendra, et sa conscience l'empêchera de les rétablir au préjudice de l'Etat. De plus, il sera odieux à ses amis et à ses proches, parce qu'il ne voudra rien faire pour eux au delà de ce qui est équitable. C'est tout le contraire pour l'injuste, car ayant, comme je l'ai dit, un grand pouvoir, il en use pour l'emporter toujours sur les autres et pour gagner le plus possible. Voilà bien l'homme qu'il faut admirer, si tu veux comprendre que l'injustice est plus avantageuse que la justice. Tu verras mieux la chose encore, si tu jettes les yeux sur l'injustice parvenue à son plus haut terme, mettant le comble à la félicité de son auteur et au malheur de celui qui est sa victime,

et qui ne veut pas repousser l'injustice par l'injustice.
Je parle de la tyrannie qui ne prend pas le soin de
s'emparer en partie du bien d'autrui, mais qui l'envahit tout entier par la fraude ou la violence, sans
distinction de ce qui est sacré ou profane, de ce qui
appartient aux particuliers ou à l'Etat. Qu'un homme
soit pris sur le fait commettant quelques injustices,
ce criminel vulgaire sera flétri des noms les plus
infâmants et livré aux supplices; mais un tyran qui s'est
rendu maître des personnes et des biens de ses concitoyens est célébré comme un homme heureux, providentiel, non-seulement par eux, mais encore par tous
ceux que le bruit de ses succès a prévenus au loin, ou
plutôt qui sont venus à savoir qu'il s'est couvert de
toutes les injustices; car si, dans le langage du monde,
l'injustice est traitée comme un vice détesté, ce n'est
pas qu'on craigne de la commettre; c'est qu'on craint
de la souffrir; tant il est vrai, Socrate, que l'injustice,
arrivée à ce degré qui lui permet de lever la tête,
domine la justice même; qu'elle est plus libre, plus
puissante, et que celle-ci, devenue son instrument,
tourne entièrement à l'avantage et à la gloire du plus
fort. N'est-ce pas ce que je disais en commençant?

Cette bruyante sortie jeta un nouveau trouble dans
le petit cercle de philosophes, parce que Thrasymaque,
supposant s'être illustré, voulait se retirer, comme on
dit, sur ses lauriers; mais on s'efforça de le retenir,
et Socrate l'engagea très-vivement à approfondir un
sujet d'où dépend la règle de conduite de chacun pour

faire le meilleur usage de la vie. De grâce, daigne nous instruire, dit-il, et sois sûr que tu auras fait un bon usage de ta science et de ton temps. Pour moi, je te l'avoue, je ne suis pas persuadé; je ne puis croire que l'injustice soit avantageuse, même en la supposant toujours victorieuse et libre de tenter ce qu'elle voudra. Donne lui donc tout le prestige et le pouvoir imaginables pour faire le mal, soit par la ruse, soit par la force ouverte : je te défie de me convaincre de ses avantages sur la justice, et je ne suis peut-être pas le seul à penser ainsi. Prouve nous donc d'une manière irréfragable que nous sommes dans l'erreur.

THRASYMAQUE. — Te ferai-je entrer de force mes raisons dans la tête ?

SOCRATE. — Non, par le ciel ! cela n'est pas nécessaire. Mais revenons à notre discussion. Tu penses avoir défini et décrit exactement le vrai berger, en représentant qu'il ne prend pas soin du troupeau pour le troupeau même. Or, la profession de berger n'a d'autre but que de procurer le plus grand bien de la chose pour laquelle elle a été établie. Par la même raison, je croyais que nous étions forcés de convenir que toute autorité a pour fin la chose dont elle est chargée. En effet, ceux qui gouvernent sont bien aises de le faire, mais parce qu'il sont payés. En n'acceptant pas les charges publiques pour elles-mêmes, en exigeant un salaire, les gouvernants fournissent les meilleures preuves que leurs fonctions sont utiles à ceux pour qui ils les exercent. Il en est de même des arts et de toutes les professions industrielles;

elles ont un effet qui est toujours le but de leur création ; la médecine s'applique à rétablir la santé, non du médecin, mais du malade; l'architecture produit les monuments. Le salaire vient après et n'est jamais le but direct. Le mercenaire ne marche qu'à la suite de l'artiste. Une autre preuve, c'est que les travaux de ce dernier ne seraient pas moins utiles, s'il exerçait son art gratuitement.... Je ne t'accorde donc pas que la justice soit exclusivement l'intérêt du plus habile, du plus puissant ou du plus fort; mais j'attache une gravité singulière à ce que tu as ajouté, que le sort de l'homme injuste est plus heureux que celui du juste. Cela serait douloureux à penser et cruel à dire. J'estime, au contraire, que le sort de l'homme juste réunit le plus d'avantages. Voyons ! Thrasymaque, la justice est-elle un vice ?

THRASYMAQUE. — Non, c'est une folie généreuse.

SOCRATE. — N'appelles-tu pas l'injustice méchanceté?

THRASYMAQUE. — Non, c'est prudence.

SOCRATE. — Les hommes injustes te semblent donc sages et habiles ?

THRASYMAQUE. — Parfaitement, ceux du moins, qui sont assez puissants pour mettre sous leur joug des États et des peuples. Penses-tu que j'aie seulement voulu parler des coupeurs de bourses ? Vraiment, ce métier a bien ses avantages, tant qu'on l'exerce avec impunité, mais ce n'est rien près des autres.

SOCRATE. — Cela est bien dur à entendre, je le répète. Ta pensée m'effraye; je ne sais plus comment te combattre. Si tu disais simplement, comme quelques-uns, que l'injustice est utile, mais que c'est un vice et qu'elle est honteuse en soi, nous pourrions en appeler à l'opinion des hommes; mais tu oses la nommer vertu, tu lui donnes les attributs de la justice ! Je ne dois donc pas me rebuter dans cet examen, car, sans doute tu parles sérieusement.

THRASYMAQUE. — Que je parle sérieusement ou non, peu importe, réfute-moi.

Socrate, soumettant à Thrasymaque une nouvelle série de questions, va le prendre de nouveau dans le filet captieux que lui tend cet adversaire.

Donnons une idée de ce dialogue.

— Peu m'importe, sans doute, réplique-t-il, mais, toi, tâche de me répondre. Dis-moi alors : l'homme juste voudrait-il entreprendre contre le juste ?

— Non.

— Contre l'injuste pour la justice ?

— Oui, mais ses efforts seraient inutiles.

— L'homme injuste voudrait-il l'emporter sur le juste ?

— Assurément, puisqu'il veut l'emporter sur tout le monde.

— Et ce dernier ressemble, selon toi, à l'homme intelligent et à l'homme habile, tandis que le juste ne leur ressemble point ?

Certes, chacun ressemble à ses pareils.

— Cependant nous devons reconnaître que dans toute science, dans tout art, l'homme habile est celui qui possède cette science, cet art. Or, le procédé des savants ne consiste pas à aller contre la science ou contre les hommes instruits, mais leurs efforts ont un but commun et le résultat est généralement le même : c'est de faire la guerre à l'ignorance.

Si les savants sont clairvoyants dans leur art, on doit dire aussi qu'ils sont sages ;

S'ils sont sages, ils sont habiles, et leurs pareils le sont également ;

Mais le juste est pareil au sage, et l'injuste, ressemble à l'ignorant, qui, lui aussi, ne doute de rien, et veut l'emporter sur tout le monde.

Donc le juste est habile et l'injuste est tout le contraire.

Ce n'est point sans peine que Thrasymaque convient de ces vérités ; il riposte longtemps, il se débat comme un athlète et sue à grosses gouttes. Pour la première fois, la rougeur lui monte au visage.

Étant cependant d'accord sur ces deux points :

Que la justice est vertu et habileté ;

L'injustice vice et ignorance,

Il reste à détrôner cet autre sophisme, en vertu duquel il affirme que l'injustice a la force en partage, ce qui ne paraît plus, dès-lors que la justice est habileté et vertu ; mais ne tranchons pas la question d'un coup, dit Socrate, raisonnons.

Il y a des États qui sont injustes, qui asservissent d'autres États et les tiennent en esclavage. C'est là, selon la pensée de Thrasymaque, l'injustice heureuse, triomphante et couronnée, que tout le monde acclame.

Mais cet Etat n'a pu exécuter son entreprise sans employer la justice, si la justice est habileté. D'ailleurs, une armée, une troupe de brigands, de voleurs ou toute autre société de ce genre, ne subsiste elle-même et ne réussit dans ses projets injustes, que si les membres qui la composent maintiennent, les uns à l'égard des autres, les règles de la justice ; car c'est le propre de l'injustice d'engendrer partout où elle se trouve, les haines et les dissensions, tant chez les hommes libres que parmi les esclaves, et de les mettre dans l'impuissance de rien édifier en commun.

L'injustice produira entre deux hommes injustes, ou même dans un seul, les mêmes effets que dans un Etat. Ennemie d'elle-même et de tous ceux qui lui sont contraires, c'est à dire des justes, elle fait devenir l'homme son propre ennemi, le sépare de tous les honnêtes gens et le rend incapable de fonder quoi que ce soit de solide et de bienfaisant, par les séditions qu'elle allume en lui-même. Elle en fait donc tout à la fois un ennemi de la terre et du ciel. Ainsi les hommes justes sont meilleurs, plus habiles et plus forts que les hommes injustes, et le contraire résulte d'une hypothèse toute gratuite. Supposons que, par impossible, ces derniers aient fait quelque chose de considérable et en commun; c'est qu'ils n'étaient pas complètement injustes ; autrement, loin de pouvoir se concerter en tout, ils n'eussent même pu se supporter ni s'épargner. S'ils sont venus à bout de leurs desseins, c'est qu'ils avaient conservé quelque vestige de justice qui réglait leurs rapports entre eux, en même temps qu'ils étaient injustes envers tout le monde.

A la vérité, l'injustice a pu leur faire former des entreprises criminelles; mais on ne saurait trop insister sur ce point, qu'elle ne les avait rendus méchants qu'à demi; car des hommes absolument injustes seraient, par cela même, dans l'impuissance également absolue de rien faire.

Telle est la vérité. Je serais donc disposé à croire, dit Socrate, que le sort du juste est, par la même raison, meilleur que celui de l'injuste; mais examinons à fond, car ce n'est pas une bagatelle, puisque, comme nous l'avons déjà établi, il s'agit de ce qui doit faire la règle de notre vie.

Partant alors des fonctions de tout être dans la nature et de chaque organe dans l'individu, le sage causeur fait remarquer que chacun de ces agents a un rôle qui lui est propre, et que seul il remplit convenablement, comme les yeux de voir, les oreilles d'entendre; mais ce rôle cesserait à l'instant ou serait mal rempli, si l'organe, à la place de la vertu qui lui est propre, était affecté du vice contraire, par exemple, la vue de la cécité, l'ouïe de la surdité.

Or, l'âme n'a-t-elle pas ses fonctions dont nul autre qu'elle ne pourrait s'acquitter comme penser, vouloir, agir et le reste? A parler rigoureusement, la vie tout entière est la fonction de l'âme, sa vertu. Si donc elle est atteinte du vice contraire à sa fonction, elle pensera et vivra mal : c'est la condition, la nécessité de l'âme mauvaise. L'âme qui est bonne vivra bien; car bien vivre, c'est être juste, c'est encore être heureux. D'où la conclusion que la justice est plus avantageuse que le vice qui lui est contraire.

Il est probable que ce discours obtint les suffrages et les applaudissements de l'assemblée; mais Thrasymaque parut reprocher à Socrate de jouir de l'heureuse issue de l'entretien et de s'en régaler comme d'un banquet préparé exprès pour lui. C'est là, fit-il, ton festin des Bendidées [1]. A merveille, mon cher.

Je ne suis pas rassasié, reprit en souriant le philosophe, mais la faute n'en est pas à toi, c'est la mienne. Ne suis-je pas tombé en glouton, sur tous les mets, à mesure qu'on nous les a servis, sans prendre le temps d'en savourer aucun, passant sans ordre d'une idée à une autre, d'un sujet au suivant, et n'approfondissant rien. Aussi, bien que nous ayons traité de plusieurs choses, je n'ai pas appris le premier mot de ce que je voulais savoir.

---

[1] La fête qu'on célébrait ce jour là en l'honneur de Bendis, ou Diane de Thrace.

LIVRE DEUXIÈME

Parmi les heureux disciples assis au foyer de Céphale, et que devait immortaliser cette discussion, étaient Glaucon et Adimante, deux frères de Platon.

Bien différents du sophiste intraitable, faisant parade de ses erreurs, ils cherchaient sincèrement la vérité, ils en avaient le sentiment vif et profond, et jaloux de mettre leur foi d'accord avec la science, ils embrassèrent avec ardeur, comme la meilleure des fortunes, cette occasion de grandir par la lumière et de s'affermir à jamais dans le bien, afin de n'avoir à redouter ni les objections de leur propre conscience, ni les attaques du dehors.

Sous ce rapport, Glaucon n'était pas rassuré. Il voulait savoir ce que vaut la justice, indépendamment de ce qu'elle peut rapporter. Il y a, dit-il, des biens, que nous aimons pour eux-mêmes, sans égard pour leurs conséquences, comme la joie, le plaisir ; d'autres pour eux-mêmes et pour le bien qui en est inséparable, comme le bon sens, la vue, la santé. Il est une troisième espèce : ce sont les biens laborieusement acquis, par exemple, les arts ou les professions lucratives que nous aimons non pour eux, mais pour nous, à cause des avantages qu'ils procurent. A quel rang, parmi ces biens, places-tu la justice ?

Socrate. — Au premier : la justice est un bien absolu ; on doit l'aimer à la fois pour elle-même et pour ses conséquences.

Glaucon. — Que tu es loin de l'opinion la plus générale ! Les hommes te diront que la pratique en est pénible, cruelle à la nature, et qu'on fuirait cette vertu farouche, sans la considération qu'elle donne et le profit qui en revient.

Je voudrais donc que, tous les intérêts étant écartés, tu m'expliquasses la justice toute nue, sa nature intime, ses effets immédiats dans l'âme, ainsi que la nature et les effets de l'injustice. Quant à moi, je dis que le monde regarde la première comme une nécessité, non comme un bien ; qu'il en prend les formes malgré lui, sachant que, s'il est de toute rigueur de paraître juste, on ne s'enrichit et l'on ne prospère que par l'injustice.

En effet, le monde croit qu'il y a profit à la commettre, mais que la proportion des maux est bien plus grande pour ceux qui la subissent.

Ecoute et juge !

L'injustice fut d'abord universelle. Les hommes

l'exercèrent tous ensemble ou la souffrirent tour à tour, essayant de tous les systèmes pour la faire prévaloir à leur avantage. A la fin les plus nombreux ne pouvant ni éviter d'être ses victimes, ni prendre la place des oppresseurs, et réduits par cette impuissance même, s'accordèrent pour ne plus se nuire, et ce fut l'origine des lois et conventions civiles. Cet ordre forcé, tenant le milieu entre ce que les tyrans regardent comme le plus grand bien, qui est le pouvoir d'opprimer sans crainte, et le plus grand mal pour les esclaves, qui est l'impuissance à se venger, fut réputé légal et légitime.

La justice n'a donc pas été recherchée comme un bien, mais elle a surgi comme une nécessité fatale : elle fut d'abord le pacte des faibles, car quiconque a pu la violer et l'écraser, n'y a jamais manqué : l'impossibilité d'être ouvertement injuste fit d'abord toute la vertu de ceux qui l'acceptèrent.

Pour savoir s'il en est autrement aujourd'hui, supposons à l'honnête homme, comme au méchant, la faculté illimitée de tout faire, avec le privilège merveilleux de se rendre invisible, que donnait jadis au berger lydien l'anneau de Gygès : le désir de posséder, inhérent à toute nature, les conduira l'un et l'autre vers le même but, confondra leurs actions, et rien ne distinguera plus le juste du voleur, tant il est peu probable qu'on trouve un homme d'une trempe d'âme assez héroïque pour respecter le bien d'autrui, alors qu'il peut enlever impunément tout ce qu'il veut de la place publique ou des maisons particulières, pénétrer tous les secrets et dans tous les lieux, abuser à volonté des personnes et des choses, ôter la vie ou s'emparer d'un trône, en un mot, tout faire à son gré, comme la divinité elle-même.

Nous aurions alors la preuve trop éclatante, je le crains, que nul n'est juste par penchant, mais par force, et que ce n'est pas un avantage de l'être, puisqu'on devient injuste dès qu'on peut éviter le contrôle des hommes ou le châtiment des lois.

D'ailleurs, dira le partisan de l'injustice, quiconque, avec un tel pouvoir, se ferait scrupule de toucher au bien d'autrui, serait considéré par chacun en particulier, comme le plus fou des hommes; cependant tous paraîtraient faire son éloge en public, mais par calcul, dans la crainte qu'ils ont de l'injustice.

Pour mieux juger de leurs conditions respectives dans la société, le moraliste met ces deux personnages en regard, comme représentant les pôles opposés du monde moral, l'un le bien, l'autre le mal, le plus haut degré de justice et l'apogée du vice contraire. Voyons-les distinctement, dit-il, tels qu'ils sont, sans ajouter à leurs portraits, sans rien effacer de ces modèles accomplis, parfaits, chacun dans son genre, de duplicité inouïe et de droiture à toute épreuve.

Remarquons d'abord que le méchant, semblable au plus grand artiste, est d'une habileté infinie dans sa méchanceté, mesurant ses forces et ses coups, sachant entreprendre ce qui est possible, abandonner à temps ce qui ne l'est pas, réparer promptement une faute, homme d'une haute portée enfin, qui poursuivant les résultats supérieurs de l'injustice, n'emploie que les grands moyens et voile à son gré ses desseins et son but. S'il pouvait se laisser surprendre, il ne serait pas l'homme que j'entends, mais un simple novice, car le pervers vraiment à la hauteur de son art, sait que le chef-d'œuvre de l'injustice est de paraître juste sans l'être. Accordons lui donc cette affreuse perfection. Il intrigue, il s'élève, il commet tous les crimes, mais il se fait la plus grande réputation de vertu. Si, par miracle, il trébuche, voyez avec quelle dextérité il remonte ! Si ses trames semblent mises à jour, s'il est menacé par l'opinion ou par les tribunaux, admirez avec quelle éloquence il se défend et persuade tout le monde de son innocence. Quand il peut l'emporter d'emblée et de vive force dans ses projets, il n'a recours qu'à son audace personnelle; mais si l'entreprise est douteuse, il a son entourage, ses amis et ses richesses pour venir à bout de quoi que ce soit; et, en effet, non seulement il réussit toujours, mais il est comblé d'honneurs, de distinctions et de récompenses.

Venons maintenant à l'homme simple et bon, qui se contente d'être vertueux sans le paraître; dépouillons-le de tout, excepté de son seul bien, la justice, dont il ne garde pas même les apparences. Le contraste est parfait entre cet homme sincère et le personnage si plein de fausseté que nous avons décrit; mais poussons la comparaison plus loin encore. Que notre juste, victime des préjugés ou en butte aux accusations de la foule, passe pour le plus scélérat des hommes; qu'il soit persécuté pour la justice et l'embrasse avec plus d'ardeur, au prix des plus dures épreuves, des tourments et de l'infamie; qu'il en soit la personnification outragée et le martyr; que toujours calomnié pour elle, il marche à sa lumière jusqu'à la mort, sans s'en écarter d'un seul pas, sans être un seul jour ébranlé, passant toute sa vie pour un méchant et ne cessant point d'être juste. C'est à la vue du double spectacle qui va s'offrir à nos yeux, au terme de ces deux carrières si différentes, que j'adjure les hommes de prononcer sur le sort du juste et du pervers. Il est facile, je crois, de prévoir ce qui attend l'un et l'autre, au point de vue de l'expérience et de l'opinion la plus accréditée.

Le juste désintéressé, incorruptible, tel que je viens de le peindre, succombera, à la longue, sous le poids des iniquités dont on le charge. Malgré son innocence, il sera battu de verges, mis à la torture, chargé de chaînes; on lui brûlera les yeux, et lorsqu'il aura épuisé tous les maux, il sera attaché à une croix, pour achever d'y expirer.... Alors il reconnaîtra, mais trop tard pour lui, qu'il ne s'agissait pas d'être juste, mais de le paraître.

Du haut de son gibet, il pourra entendre vanter la prospérité de son antagoniste qui s'est appliqué, non à la chimère, mais à la réalité; non à la justice, mais à la réputation et au masque..... Pendant qu'il râle sur son bois, traité d'infâme et de criminel, l'autre, acclamé comme juste, a toute autorité dans l'Etat; il contracte dans les plus belles familles des alliances fortunées, multiplie ses relations de plaisirs et d'affaires, voit s'étendre sa postérité, triomphe de tous ses rivaux, attire à lui la fortune et les dignités, fait du bien à ses amis, du mal à ses adversaires, gagne la religion même par des présents et de riches fondations; car, mieux que le juste, il prétend plaire à Dieu et aux hommes, et peu s'en faut qu'on ne le croie plus chéri du ciel....

Bien qu'effrayé de ce tableau, dans lequel J.-J. Rousseau a cru reconnaître « trait pour trait la figure de Jésus-Christ »[1], Socrate allait répondre, lorsqu'Adimante vint renchérir sur le discours de son frère.

La question ne me paraît pas encore suffisamment développée, dit-il; on a oublié l'essentiel; mais ce que j'ai à dire est précisément le contraire de ce que tu viens d'entendre.

Pour moi, je trouve que la justice n'est trahie que par ses amis, ou du moins par ceux qui ont toujours son nom sur les lèvres et qui s'évertuent à la louer. Les pères et les maîtres la recommandent unanimement aux enfants, mais toujours, comme disait Glaucon, dans un but intéressé, non pour elle. Les poètes la chantent et prédisent aux justes toutes prospérités, ici bas et dans l'autre vie; ils les couronnent de fleurs après la mort et les gratifient d'une félicité et d'une ivresse éternelles. En même temps, tous les maux que mon frère amoncelle sur la tête du juste, ils les reportent complaisamment sur le coupable, que sa mort plonge aux enfers et voue à des supplices sans fin.

---

[1] Émile.

Voilà donc les motifs que l'on nous donne d'être justes, l'intérêt et la crainte, l'enfer et les cieux.

Pendant ce temps, les poëtes et les peuples n'ont qu'une voix pour applaudir à la beauté de la tempérance et de la justice, tout en montrant qu'elles sont pénibles et dures à acquérir, au lieu que la licence et la fraude sont les agréables compagnes d'une vie facile et souvent profitable. Ils conviennent que le juste est meilleur que le méchant, mais, s'il est faible et pauvre, ils le méprisent et le foulent aux pieds, réservant leur considération et leurs hommages pour le méchant qui a en main la richesse et la puissance : ainsi ce sont eux qui favorisent l'injustice, tout en accablant d'éloges l'homme vertueux.

Les discours qu'ils se permettent sur Dieu et la vertu ne sont pas moins extraordinaires et contradictoires. Dieu, disent-ils, a souvent ses raisons pour envoyer la disgrâce et le malheur au juste, tandis qu'il prodigue à ses adversaires les libéralités et le succès en toutes choses.

De leur côté, les prêtres, qui assiègent les maisons des riches, leur persuadent qu'ils ont tous les moyens de racheter leurs péchés par les cérémonies prescrites, et que, grâce à leur fortune, ils peuvent faire violence à la divinité et disposer à leur gré du ciel. Ils corroborent ces doctrines par de très-poétiques citations et font accroire, non seulement aux particuliers, mais aux populations, qu'il est des victimes expiatoires pour les crimes des vivants et des morts, et ils prétendent que ceux qui négligent ces sacrifices doivent s'attendre aux plus grands tourments dans les enfers.

Or, quelle impression, mon cher Socrate, doivent produire de pareilles superstitions touchant la nature du vice et de la vertu, et l'idée qu'en ont Dieu et les hommes, sur l'âme d'un jeune homme doué d'un beau caractère, qui écoute avidement, et dont l'esprit est déjà capable de tirer parti de tout ce qu'il entend, par rapport à ce qu'il doit être, à ce qu'il doit croire, à ce qu'il doit pratiquer pour vivre en honnête homme?

Ne se demandera-t-il pas, avec le poète, s'il doit gravir laborieusement vers les demeures élevées de la justice, ou marcher loin d'elle, dans le sentier détourné de la fraude astucieuse et louche? Quel guide prendra-t-il pour assurer le bonheur de sa vie?[1]

Tout ce que j'entends, dira-t-il, m'apprend assez qu'il ne me servira de rien d'être juste, si je ne m'attache surtout à le paraître; que la vertu ne m'offre que labeurs et peines sans profit; mais je jouirai, au contraire, du sort le plus heureux, si, vivant à ma guise, je sauve le fond par des dehors religieux et honnêtes. Donc, puisque les apparences suffisent, je me tournerai tout entier vers elles, je m'en ferai une enveloppe impénétrable et comme une muraille d'hypocrisie; et prévenant tous les regards par les formes les plus spécieuses, je traînerai après moi le renard de la ruse, du crime et de la trahison. Si l'on me dit que c'est là un jeu périlleux et que le méchant ne se cache pas toujours, je répondrai que toute grande entreprise a ses difficultés; que, quoi qu'il arrive, je veux par-

---

[1] Pindare.

venir et n'ai pas d'autre route devant moi que celle qui m'est tracée par une pareille éducation. Au reste, pour éluder les poursuites, j'aurai des amis et des complices. J'apprendrai, moi aussi, l'art de tromper les juges et de séduire les peuples par de beaux discours, et si l'éloquence me manque, j'échapperai par la force ou par les protections au châtiment des lois. Quant à Dieu, qu'importe qu'il me voie ou non tel que je suis? S'il est, s'il prend aux choses humaines la part qu'on lui attribue, je ne le sais encore que par les mêmes hommes, — puisqu'ils veulent bien me faire sa généalogie, — et ils m'apprennent qu'on peut le fléchir et détourner sa colère par des actes pieux. Il faut les croire ou tout nier. Si je les crois, je puis être le plus scélérat des mortels, sauf à apaiser le ciel avec des offrandes qui seront le fruit de mes rapines. Simple honnête homme, ce bénéfice m'est enlevé; injuste, mais dévot, j'ai d'abord le gain de mes mauvaises actions, et j'en suis quitte avec Dieu pour des prières! Mais les supplices de l'autre monde, dira-t-on?... Pourquoi les craindrais-je? Il est, s'il faut en croire nos prophètes, des dieux libérateurs et des sacrifices particuliers qui m'affranchiront encore de cette dette.

Je le demande : pour quelle raison m'attacherais-je à la vertu, puisque, selon ces témoignages, tous les expédients abondent pour me faire réussir près du ciel et des hommes, en cette vie comme dans l'autre, pourvu que je sois assez habile pour couvrir une méchante vie par des apparences de bien et des pratiques de religion?

Est-ce qu'un homme intelligent et sincère ne sera pas le premier à rire des éloges que l'on prodigue en public à une justice toujours absente, ou toujours immolée en secret ? Et lors même que quelqu'un prendrait son parti, ne devrait-il pas excuser la multitude de ceux qui suivent une voie contraire, parce que, à l'exception de quelques caractères d'une vigueur hors ligne, nés avec l'horreur naturelle du vice, personne, en général, n'aime la vertu pour elle-même ?

La cause, je le répète, en est précisément à ses apologistes et au système d'éducation qu'ils ont fait prédominer. Législateurs ou philosophes, tous ceux dont les discours, depuis les temps les plus reculés, sont restés gravés dans la mémoire des hommes, ont loué la vertu en vue de l'intérêt, des honneurs et de la gloire qu'ils en font espérer ; tous ont envisagé le vice par rapport aux mécomptes et aux châtiments qui en sont les suites. Personne, jusqu'à ce jour, n'a considéré le sujet en lui-même, abstraction faite de Dieu, des cultes, des opinions et de tous les préjugés mortels ; personne n'a fouillé les replis de l'âme humaine pour y surprendre les effets du vice et de la vertu, et montrer que l'un est le plus grand bien, l'autre le plus grand mal de l'homme.

Si dès le commencement on eût suivi cette méthode, inculquant à l'enfance ce principe qui oblige chacun de nous à descendre en soi-même, pour y examiner les fondements du bien, les conséquences seraient tout autres ; au lieu de se mettre sans cesse en garde contre l'injustice d'autrui, chacun tiendrait à se préserver de

2.

la sienne propre, et lui fermerait l'entrée de son âme, comme au plus redoutable des ennemis.

Si je me suis étendu sur ce sujet, ô Socrate, c'est surtout par le désir que j'ai de t'entendre me répondre. Courage, maître sublime! n'aie égard ni aux croyances, ni aux opinions de tes contemporains. Alors même qu'elles seraient sacrées pour eux et pour toi, écarte les inéxorablement ; car si tu ne vas pas jusqu'à tenir compte des hypothèses les plus hardies, nous croirons que tu ne loues point la sévère morale, mais son simulacre, et que, comme les autres, tu nous conseilles d'être méchants, pourvu que ce soit en secret, nous donnant à penser, comme disait Thrasymaque, que la justice est utile au fort et non à celui qui la possède.

Laisse donc à d'autres les éloges fondés sur le dogme des récompenses et sur l'opinion. Je pourrais peut-être souffrir dans la bouche de tout autre cette manière facile de glorifier la vertu par ses effets extérieurs, mais je ne te la passerais pas à toi dont la vie entière n'a d'autre objet que l'étude de la justice, parceque tu la crois par elle-même un bien fécond, le premier et le plus grand de tous.

Adimante s'arrêta, impatient d'entendre de la bouche du sage des sages la réponse qu'il venait de provoquer et qui embrasse la donnée de ce livre. Comme Job, il avait dressé contre Dieu et les hommes cet acte d'accusation formidable dont le spectacle du juste et de l'injuste fournit partout le thème. Le procès allait se plaider : jamais cause plus délicate ni plus haute à la fois ne fut déférée au tribunal de la raison.

C'est le propre des esprits pusillanimes et des âmes sans franchise de s'offenser de toute controverse approfondie qui, revendiquant les droits de la pensée, dégage l'éternelle morale des abus qui l'obscurcissent, pareils à d'épais nuages qui interceptent à nos yeux l'astre du jour, emblème de cet autre soleil dont les âmes aspirent l'essence, et qu'elles veulent contempler dans un ciel pur : la justice ; mais Socrate, en homme vraiment fort, en chercheur avide et fervent, loin de se scandaliser de la liberté que venaient de prendre ses deux jeunes interlocuteurs, se sentit ému de leur amour pour l'étude, et les félicita d'être allés si droit, si hardiment au fond des choses.

O mes enfants, s'écria-t-il, vos discours me ravissent. Il faut qu'il y ait quelque chose de divin en vous, puisqu'après avoir si bien soulevé tous les voiles de l'hypocrisie et montré l'injustice et son faux prestige, vous conservez cependant la foi en la justice, ce dont vos bonnes mœurs témoignent, alors même que votre langage m'en ferait douter. Mais plus je suis convaincu que la contre-partie m'est présentée par d'honnêtes gens, plus je suis épouvanté de ma tâche ; elle est certes au-dessus de mes forces ; cependant il ne m'est pas permis de trahir la cause de la justice. Un homme ne peut, sans crime, souffrir qu'on l'attaque devant lui ; son devoir est de la défendre tant qu'il reste un souffle à son âme et à sa bouche la force d'articuler une parole.

Je ferai donc tout ce qui dépendra de moi pour jeter quelque lumière sur ce débat et rendre la paix à vos cœurs.

Platon reprend la forme du dialogue, qui lui est si chère, et dans laquelle il déploie un talent inimitable, mais nous devons nous contenter de résumer brièvement la suite de ce chapitre.

Une comparaison ingénieuse sert de transition pour élever le sujet au niveau d'une thèse sociale.

De même, nous dit le philosophe, que la vue distingue mieux un texte écrit en gros caractères que sur un petit modèle, de même il nous sera plus facile d'observer d'abord la justice dans l'Etat, où elle se détache en traits saillants, pour l'étudier ensuite dans la conscience individuelle, où elle est tracée en caractères identiques, mais plus petits.

Mais ce grand exemplaire où est-il? Comment, par qui, à quelle occasion cet agrégat de types individuels est-il arrivé à former une puissance unitaire, en tout semblable à chacune des parties qu'elle s'est assimilées sans les absorber, pour leur avantage commun, et dans le but de donner à l'humanité, avec la civilisation et le bien-être, sa plus large et sa plus haute expression sur terre?

L'incomparable théoricien va nous le dire :

Ce qui a donné naissance à l'Etat, écrit-il, c'est sans

doute l'impuissance de chaque individu de se suffire à lui-même et le besoin qu'il a de sécurité et de mille autres choses. Un homme s'est joint à un autre homme ; ces deux-là à un troisième ; ceux-ci à un quatrième, ainsi de suite, à mesure que les besoins se sont multipliés. Ces derniers, devenant en quelque sorte incommensurables, puisqu'il faut la nourriture, le logement, le vêtement, par conséquent la fertilité de la terre et l'appropriation des éléments qu'elle renferme à toutes les exigences individuelles et sociales, il a fallu aussi des artisans de toutes sortes, laboureurs, architectes, tisserands, bergers, forgerons, composant des corps de métiers suivant les aptitudes diverses de ceux qui s'y livrent. Puis viennent les transactions, le commerce, les exportations et importations, et les innombrables négociants et intermédiaires qu'un pareil mouvement suppose : notre Etat n'est déjà plus si petit ! Il doit avoir à l'intérieur des marchés ; à l'extérieur une navigation, un signe ou valeur monétaire. En même temps, nous pourrons voir l'injustice s'y produire ; mais continuons.

Voilà l'Etat primitif, l'Etat réduit à ses organes essentiels.

Si nous voulons y faire entrer le luxe et le gonfler de toutes les vapeurs que la convoitise allume, nous verrons bien autre chose ; car aux sujets qui ne sauraient plus se contenter des choses nécessaires, il faudra de riches ameublements, des repas délicats et variés, des parfums recherchés, des courtisanes, des friandises de mille espèces et à profusion, beaucoup d'or et de matières précieuses; et avec ce luxe entreront dans l'Etat les désœuvrés et parasites de toutes classes, les raffineurs de toutes professions, chasseurs, peintres, chanteurs, comédiens, rapsodes et tout ce cortége d'artistes et gens frivoles que les femmes du monde traînent après elles. Mais il faudra aussi, pour le soin des fortunes et des personnes, des gouverneurs, des gouvernantes, des nourrices, des coiffeurs, des traiteurs, etc., et l'on devra élever et dresser, pour satisfaire aux nouvelles fantaisies, toutes les espèces d'animaux, soit pour la table, soit pour les autres services.

C'est alors aussi que les médecins se multiplieront dans le même rapport que la contagion du luxe.

Le pays, qui suffisait auparavant à ses habitants, sera désormais trop petit ou trop peu riche. La cupidité nous fera jeter les regards sur les Etats voisins. Pour avoir de fertiles labours, de gras pâturages, nous ferons la guerre. De là la nécessité de lever une armée et l'origine du plus grand fléau des Etats et de l'humanité.

Mais cette armée conquérante sera un fardeau pour les associés, qu'elle devra encore défendre, avec tout ce qu'ils possèdent et tout ce que nous venons d'énumérer; car l'art de la guerre est trop long à apprendre, trop rude, trop spécial pour qu'ils s'en chargent eux-mêmes; il exige des dispositions naturelles et des exercices à part.

Le trait général que le législateur donne à la milice nationale est celui-ci :

« Les guerriers ou gardiens de l'Etat devront être doux pour leurs compatriotes, et terribles seulement pour l'ennemi. »

Platon trouve que ces qualités opposées, et beaucoup d'autres encore, exigent tout un système d'éducation militaire et civile ; et comme l'éducation est indispensable pour apprécier la justice dans un Etat, il veut en élucider la base : l'idée de Dieu, défigurée par tous les mythes et rendue mensongère, ridicule ou dangereuse, par la plupart de ses apologistes, orateurs, poètes, écrivains et tant d'autres dont le métier semble être d'amuser le genre humain.

Tu n'ignores pas qu'en toutes choses, dit Socrate à Adimante, la grande affaire est le commencement, surtout à l'égard des enfants, ces êtres tendres et impressionnables ; car c'est alors qu'ils se façonnent et reçoivent l'empreinte qu'on veut leur donner, pareils à une cire molle sous la main de l'artiste.

Ne souffrons donc pas qu'on fasse entrer dans ces jeunes esprits toutes sortes de fables comportant des idées et une morale dont ils devront se défaire dans l'âge mûr, mensonges grossiers ou portraits faux de la vérité, semblables à celui que tracerait un mauvais peintre et qui ne ressemblerait en rien à la personne qui a posé devant lui.

Ainsi ces hommes, dans leurs fictions poétiques et dans tous leurs ouvrages, ne représenteront plus la divinité comme animée de nos passions, de nos haines de toute espèce, et le ciel comme une arène où les puissances supérieures, dieux ou géants, ont levé l'étendard de la révolte, ébranlant l'Olympe du fracas de leurs luttes civiles. Au contraire, si nous voulons persuader que la discorde ne peut régner sans crime entre les citoyens, nous aurons soin que l'enseignement religieux et littéraire tende vers cette fin, en montrant Dieu comme l'élément suprême de paix et d'harmonie.

Pour cela, les poètes le représenteront toujours tel qu'il est.

Or, Dieu est essentiellement bon.

Ce qui est bon n'est pas nuisible et ne peut faire de mal.

Mais ce qui est bon est en outre bienfaisant et ne peut faire que du bien?

Ainsi Dieu n'est pas, comme on le dit sans cesse, l'auteur et la cause de toutes choses, mais seulement la cause du bien, qui est son principe, sa nature, son essence.

Quant à la cause du mal, elle lui est tout à fait étrangère.

Par la même raison, il est absurde de dire que Dieu est le distributeur des biens et des maux; que, lorsqu'il veut perdre une race, il en suscite l'occasion.

Ne tolérons jamais qu'on enseigne que les malheurs des familles et la ruine des peuples, dans le cours des âges, soient l'ouvrage de Dieu. Que celui qui a énoncé ce blasphème se hâte d'expliquer, s'il le peut, la justice et l'efficacité de l'action divine s'exerçant dans ce sens.

Réfutons avec véhémence, et par tous les moyens, celui qui dit qu'un Dieu bon est auteur de quelque mal. Non ; jamais, dans un pays où fleurissent de justes lois, ni vieux, ni jeunes ne doivent tenir ou entendre de pareils discours, même sous le voile de l'allégorie, parce que ces discours sont impies, dangereux et insensés.

La première loi religieuse, dans l'enseignement le plus humble comme dans les œuvres les plus élevées, doit donc être de promulguer que Dieu n'est pas l'auteur de tout, mais seulement du bien. La seconde loi, c'est que Dieu étant un être simple, immuable dans sa simplicité, ne peut subir de changements ni sortir de sa substance et de sa forme.

En effet, un être, en général, est d'autant moins sujet au changement qu'il est plus parfait.

Mais Dieu est parfait en lui-même et dans tous ses attributs d'une manière absolue.

Ainsi, il est le moins susceptible de se transformer.

D'ailleurs, ce changement serait-il en mieux ou en pis ?

Mais Dieu étant parfait ne peut cesser de l'être ; il ne saurait ni progresser, ni déchoir.

Il est donc impossible qu'il sorte de son essence.

Toutes les fables débitées par les poètes et les moralistes, et répétées par les mères à leurs enfants, en contradiction avec ces principes, constituent une injure envers la divinité.

Mais, si Dieu est par lui-même incapable de tout changement, peut-il emprunter cette variété de figures que les traditions lui donnent, par une sorte d'imposture, comme s'il se prêtait aux enchantements et aux déguisements les plus vulgaires ?

En d'autres termes, Dieu peut-il mentir en paroles ou en action ?

Faisons d'abord remarquer que le mensonge sur cette matière, comme en toute science, est d'autant plus odieux à la raison, qu'il tend à éteindre cette partie lumineuse de l'homme; à lui imposer l'ignorance, c'est-à-dire, la mort; à la maintenir dans la nuit absolue de l'Etre, à la tromper enfin sur ce qu'il y a de plus vital, de plus auguste, et que c'est là le mal qu'elle supporte avec le plus de honte et qu'elle déteste infiniment, parce qu'il s'adresse à l'âme et se loge en elle pour en étouffer toute vie et toute clarté.

Mais la parole qui ment n'est pas le vrai mensonge; elle n'est que son imitation, sa copie, l'image qui le montre, l'écho qui le répète lorsque déjà il s'est emparé de nous intérieurement. Le vrai mensonge, celui de la conduite et des actes, est particulièrement en horreur à la divinité et funeste aux hommes.

Ceux-ci, poètes ou législateurs, ont pu inventer des origines, créer des croyances fabuleuses; ils sont excusés par la nécessité, la faiblesse ou l'ignorance du passé.

Mais peut-on admettre que celui qui embrasse l'immensité des temps et qui a la vue claire et nette de toutes choses forge, comme nous, des fables, remplace l'histoire par des vraisemblances et la vérité par des mythes ?...

Résumons ce point capital de la nature de Dieu.

Essentiellement un en parole et en action, il ne change pas de forme et ne trompe personne, ni par des métamorphoses, ni par le son de la parole, ni par des signes qui frappent les yeux, ni par des révélations envoyées à l'esprit dans la veille ou dans le songe.

Nous pouvons donc formuler ainsi notre conclusion :

Personne, dans le discours ou dans le livre, ne représentera Dieu comme un Etre susceptible de prendre diverses formes et de nous tromper par le mensonge de la parole ou celui de l'action.

Quand un moraliste viendra nous parler ainsi de Dieu, nous refuserons avec indignation de l'entendre. Nous interdirons avec le même empressement de semblables discours dans la bouche des maîtres chargés de l'éducation de la jeunesse; car nous voulons pénétrer celle-ci de respect pour la Divinité, et même la rendre semblable à elle, autant que la faiblesse humaine peut le permettre.

LIVRE TROISIÈME

Adimante convient que c'est bien là l'éducation qu'il faut donner, dès l'enfance, à des hommes qui devront honorer Dieu et leurs parents et se faire une loi de s'aimer entre eux; mais, préoccupé de l'idée de former de solides intelligences et de braves cœurs, qui ne redoutent ni la mort ni ce qui la doit suivre, Socrate voudrait qu'on parlât beaucoup moins à la jeunesse des prétendues horreurs de l'autre vie, souvent appréciée arbitrairement, mal comprise ou tout au moins peu connue de ses narrateurs téméraires. Pour lui, il supprimerait volontiers toutes ces descriptions lugubres qui, même en charmant les veilles de ceux qui les écoutent ou qui les lisent, ont généralement pour conséquence d'amollir le caractère et d'inspirer la lâcheté. Plus ces fictions sont riches, pompeuses, variées et poétiques, plus, dit-il, elles sont dangereuses pour des enfants qui, destinés à vivre en hommes libres, doivent moins s'effrayer de la mort que de l'esclavage. Ainsi l'on rejettera ces désignations formidables de Cocyte, de Mânes et d'Enfers, qui font frissonner les jeunes auditeurs. Peut-être ont-elles leur utilité sous quelque rapport; mais toutes ces odieuses terreurs ôtent le sang froid, la liberté d'esprit, le mâle courage. C'est un enseignement tout contraire qu'il faut donner à la jeunesse, si l'on veut suivre un système avoué de la raison et faire des hommes éclairés, indépendants, capables d'être heureux par eux-mêmes, des sages enfin.

Le législateur poursuit dans le domaine de la littérature cette épuration sévère de tous les éléments qui doivent former l'esprit et le cœur. Il ne tolère, dans le langage prêté aux hommes illustres par les écrivains, ni les grandes démonstrations de douleur ou de regret, ni les pleurs mêlés de sanglots et de longs gémissements, ni les élans d'une joie immodérée, toutes choses incompatibles avec un ferme et noble caractère. Un père ne se laissera point accabler par l'affreux malheur d'avoir perdu son fils, ses proches, sa fortune [1]. Ce chef d'armée, dont l'ami vient de tomber dans la bataille, ne s'abandonnera pas à la violence de son délire, tantôt heurtant de son front sa couche humide,

---

[1] Grou a traduit, et ses nouveaux éditeurs répètent : « Il ne s'en affligera pas. » La pensée de Platon n'est pas cela : ὀδύρεσθαι; il ne s'en lamentera pas, etc.

tantôt errant sur le rivage de la mer immense ; ce vieillard presque divin, pleurant son cher Hector, ne se jettera point aux pieds des guerriers, les appelant chacun par son nom et se roulant en suppliant dans la poussière. Platon, dans son stoïcisme anticipé, sagement contenu, veut que ces marques de la faiblesse humaine soient effacées de tous les ouvrages qu'on met sous les yeux de la jeunesse, ainsi que des chefs-d'œuvres consacrés par le temps, et il part de là pour porter son arrêt célèbre contre les poètes, qu'il proscrit en les couronnant; car s'il leur rend hommage comme à des êtres extraordinaires, aux rois inspirés des chants, il déclare qu'il n'y a pas de place dans sa République pour ces charmeurs habiles dont l'art s'exerce souvent aux dépens de la vérité, des simples mœurs et de l'ordre rigide dans l'Etat.

Malgré les fleurs et la gloire dont le suprême dictateur couvre la Muse en l'outrageant, cet arrêt paraîtra sans doute difficile à justifier, comme nous aurons lieu de le voir plus tard [1]. Disons dès à présent que la raison conseille non de supprimer la poésie, — imitative ou autre, — mais d'instruire le public, en l'initiant graduellement aux divers motifs des ouvrages d'esprit. La critique moderne s'est montrée moins exclusive; elle a loué Homère et tous les grands interprètes du cœur humain d'avoir donné aux héros de leurs épopées ou de leurs tragédies la fougue, le désespoir,

---

[1] Livre X.

les misères et les attendrissements des autres hommes : c'est par là qu'ils nous intéressent et qu'ils nous touchent profondément, en montrant le fond même de la nature et le point commun qui les unit à nous. L'enseignement philosophique qui dérive de ce rapprochement nous semble bien autrement vrai, large et pratique, que le spectacle d'une perfection inaccessible qui tend à immobiliser l'âme des hommes supérieurs, en refusant à ces organisations d'élite les ressorts si variés du sentiment, le puissant mobile et le souffle altier des passions, en un mot le principe de la lutte, sans lequel il n'y a plus ni défaite, ni victoire, ni vertu. Elever les modèles à ces stériles hauteurs, ce n'est pas les recommander à l'imitation, mais creuser entre eux et le vulgaire un abîme infranchissable qui provoque le découragement.

Ce système, en parfait rapport avec les sociétés antiques, ne répond plus, du reste, à la compréhension que nous avons actuellement de l'ordre tel que l'ont enfanté et tel que le développent chaque jour la liberté et la démocratie. La progression des mérites monte ou s'abaisse à l'infini, suivant l'étendue des moyens, la grandeur du but et la pureté de l'effort; mais il n'y a nulle part solution de continuité, et la solidarité des labeurs glorieux ou pénibles qui constituent le combat à outrance de la vie, se répète dans le champ non moins vaste du plaisir et de la douleur. La gamme effrénée, haletante, éclate et gronde à tous les degrés comme le bruit des flots sous la tempête. L'humanité tout entière oscille et tressaille, ballotée sans repos entre ces deux termes, son flux et reflux dans l'océan qui roule à l'oubli, — écume éphémère, — tant de colossales agitations! D'un côté le Poète, de l'autre le Philosophe apparaissent debout sur les écueils que presse la fougueuse marée des êtres, l'un mêlant sa voix et son cœur à ces concerts de joies si rapides, de souffrances si profondes, et, même dans ses accents les plus éperdus, figurant le génie de la consolation et de l'espérance; l'autre, impassible comme la Loi, dominant par la force morale ses propres angoisses et tous les désastres extérieurs, parce qu'il cherche la justice, et que la justice, conscience des mondes et reine de l'éternité, élève à sa hauteur cet austère amant et communique à son âme l'invincible paix.

Voilà les deux types dans lesquels l'humanité se reflète et se contemple : qui donc voudrait sacrifier le poète au philosophe?

Cependant les préceptes de ce dernier sont précieux à recueillir au point de vue des principes qui doivent régler les mœurs. Il recommande surtout la tempérance comme étant la base de toute éducation. Les effets de cette vertu consistent à nous rendre maîtres de nous-mêmes, soumis aux justes commandements, sobres dans les plaisirs, modérés en toute chose. On détournera donc des yeux des jeunes gens ces tableaux licencieux qui ne peuvent que les troubler et les amollir, en éveillant en eux de précoces passions, mais on présentera à leur admiration les hommes de courage luttant généreusement contre l'adversité?

Quoi qu'il arrive, on n'acceptera jamais ni du ciel ni des hommes des maximes ou des exemples qui ne peuvent que renverser les saines idées et dégrader les caractères.

Le puissant dialecticien, placé dans l'alternative de nier l'Olympe ou d'y voir l'image auguste des vertus, veut absolument conserver aux dieux leur inviolable auréole, aux héros leur prestige, et il considère comme inventions ou fictions calomnieuses tout ce que la poésie, — qui était le roman du temps, — porte à leur compte d'actes répréhensibles ou criminels, de violences, de bassesses, de lâches et atroces vengeances. Il rend responsables de ces traditions erronées ces poètes et ces chroniqueurs de batailles, qui, glorifiant le génie de la destruction, ont, dès l'origine de toute littérature, dépravé le jugement et égaré le droit sens du peuple, en lui donnant le goût et l'enthousiasme de ces barbaries divines et humaines qui ne peuvent que « produire dans la jeunesse une malheureuse facilité à commettre le crime. »

Supposons la méthode critique de Platon appliquée, d'une manière générale, aux époques de la Bible et du Christianisme, aux divers systèmes qui ont influé sur les destinées de l'humanité et déterminé ses principaux mouvements ; qu'elle ne serait pas la portée de cette revue solennelle des siècles, faite au flambeau de la raison, et que resterait-il de principes purs, de notions élevées et dignes de gouverner le monde ? Il le dit expressément :

Une pareille éducation historique est à remplacer et la plupart des livres sur l'enseignement sont à refaire.

Mais cette reconstruction est-elle si facile, et que dirons-nous à la jeunesse, après être convenus de ce qu'il ne faut pas lui dire?

Le moraliste avoue qu'il lui est de toute impossibilité d'établir son programme sans préjuger ce qui est en question : la nature de la justice, et comme tout dépend de la manière dont on l'envisage, science, gouvernement, institutions, littérature ; que ces choses n'en sont, à vrai dire, que les simples corollaires, il subordonne l'étude de son plan à la découverte qu'il se propose de faire de la justice, se bornant, pour l'instant, à des recherches purement didactiques : les diverses formes du langage, le verbe, qui est tout l'homme, comme l'a si bien dit Buffon.

Il y a d'abord le simple récit. Si l'on y ajoute le ton, le geste, et surtout la mise en scène, c'est le récit imitatif dont le théâtre est l'expression vivante.

Du langage imité à l'usage, à l'éducation du monde, qui donne à chaque individu son cachet définitif, il n'y a qu'un pas, et Platon nous le fait franchir, car il connaît toute l'importance de cette transition.

Que les jeunes gens, dit-il, imitent de bonne heure ce qui peut les conduire à leur fin, c'est-à-dire le courage, la tempérance, la sainteté, la grandeur d'âme et les autres vertus ; mais qu'ils n'imitent rien de bas et de honteux, de peur de devenir tels que ce qu'ils imitent.

L'imitation passe dans les mœurs; les transforme, modifie la langue, les manières, la personne : c'est une seconde création. Nous ne souffrirons pas que ceux dont nous prétendons être les instituteurs, et à qui nous faisons un devoir de la vertu, règlent leur vie sur celle d'une pauvre femme qui, dans ses discours, passe d'un excès à un autre, non plus que sur des hommes grossiers, méchants, lâches ou fous.

Certes, il faut connaître les méchants et les fous, mais il ne faut pas leur ressembler.

Toute la différence entre l'honnête homme et l'homme mal né se traduit par la manière de s'exprimer sur le compte d'autrui.

L'honnête homme n'en a qu'une : c'est de représenter dignement ceux dont il parle, en imitant ce qu'il y a de mieux dans leurs manières et de plus conforme à la sagesse dans leurs actions. Il dédaigne tous les sentiments au-dessous des siens, parcequ'il rougirait de se montrer inférieur à lui-même.

La règle d'un homme vraiment digne est donc de ne prendre jamais un modèle au-dessous de soi. Quant à l'autre, plus il sera vicieux, plus il sera porté à imiter. Rien, en effet, ne saurait être au-dessous de lui, il le sait; son discours, le son de sa voix, ses paroles, ses gestes, tout est contrefaçon et vulgarité chez cet être plagiaire. Son récit consiste à emprunter les expressions et les formes de tout le monde, et ce qu'il y a de plus mauvais dans chacun.

Le langage le plus simple est celui que prendrait la vertu elle-même ; tel est le langage de l'honnête homme.

Mais l'âme a d'autres modes de manifestation qui rendent mieux ses douleurs, ses passions, son enthousiasme, ses tendances multiples.

Dans l'antiquité hellénique, la musique était inhérente au langage, le discours était un chant. Les muses et les lettres formaient la suprême éducation.[1] La parole était presque toujours accompagnée du son des instruments, cette autre parole de l'oreille, si colorée, si pittoresque, tantôt douce et rêveuse comme la brise d'un beau soir d'été, tantôt soudaine et foudroyante, jetant ses notes solennelles, livrant ses cascades tumultueuses aux échos charmés de l'âme; mais ses doux ou bruyants éclats ne remplissent pas moins la nature : la mesure, le rythme, l'harmonie sont une des lois fondamentales de la création, et tout l'accomplit, l'océan comme le grain de sable, la forêt comme l'infime bruyère, le monstre qui rugit ses amours comme le petit oiseau qui chante son cantique.

Cette loi vivante soulève les mondes et les suspend en strophes lumineuses et sonores dans l'espace ; elle en règle les mouvements comme ceux d'un orchestre infini dont la pensée entend les vibrations, car, à quelque distance qu'il apparaisse, le mouvement implique le bruit, et l'intelligence le saisit dans cette majestueuse chorégraphie céleste, comme elle devine le sourd mugissement des vagues qui blanchissent à l'horizon.

Mais la musique est surtout une loi morale. Elle donne une âme à l'univers, des ailes à l'esprit, l'élan

---

[1] *Muses, musique.*

à l'imagination, le charme à la douleur, la joie et la vie à toute chose; elle est l'essence de l'ordre, elle conduit vers ce qui est bien, juste et beau, elle en est la forme invisible et pourtant éblouissante, passionnée, fugitive, éternelle.

Ces appréciations sont dans les idées de Platon, car il fait de cet art le *criterium* de la nature et de l'homme, la cause ou le frein des révolutions, et l'un des plus puissants instruments d'éducation et de gouvernement.

Il ne faut accepter dans la musique, comme dans les lettres, dit-il, que ce qui forme le sentiment, élève le courage et le patriotisme.

L'accent de la parole doit donner le caractère de l'âme. Il faut donc se rappeler que le nombre et l'harmonie sont faits pour les paroles, et non celles-ci pour le nombre et l'harmonie; en sorte que tout dans cet art, paroles, nombre, harmonie, comme dans le discours, devient l'expression de la bonté et de la beauté morales.

C'est là aussi le but de tous les autres arts, de la peinture, de la sculpture, de l'architecture, de la nature elle-même dans la production des corps et des plantes.

Mais, parmi les hommes comme dans les œuvres de la création, le défaut de grâce, de nombre et d'harmonie est la marque infaillible d'une organisation

---

[1] Voyez sur ce sujet *Lois*, livre II.

défectueuse, d'un esprit sans distinction et d'un cœur mal fait.

Donc surveillons les poëtes et les artistes pour les empêcher de nous donner et de mettre sous les yeux de nos enfants, soit en peinture, soit en architecture, soit en quelqu'autre genre, des ouvrages qui n'aient ni grâce, ni correction, ni noblesse, ni proportions, de peur que les vices de ces travaux ne se communiquent à l'âme qui s'inspire et se nourrit chaque jour de cette vue.

Il faut, au contraire, choisir des artistes habiles, capables de concevoir et de présenter la nature du beau et du gracieux, afin que les jeunes gens, respirant ces ouvrages comme une atmosphère pure et saine, en reçoivent sans cesse de salutaires impressions par les yeux et par les oreilles; que dès l'enfance, tout les porte insensiblement à imiter, à aimer le beau, et à établir entre lui et eux un parfait accord.

C'est pour cela que la musique est une partie importante de l'éducation, parce que la mesure et l'harmonie ont au suprême degré le don de s'insinuer de bonne heure dans l'âme, de s'en emparer doucement, d'y introduire le beau et de la soumettre au charme de son empire, quand cette éducation a été bien dirigée, au lieu que le contraire arrive lorsqu'on la néglige.

Le jeune homme élevé convenablement par la musique et le dessin ne saisira-t-il pas avec une étonnante sagacité ce qu'il y a d'erroné dans les ouvrages de l'art et de la création, et n'en éprouvera-t-il pas une impression juste et pénible? Par cela même, ne louera-t-il pas avec transport ce qu'ils ont de beau? Ne le recueillera-t-il pas dans son âme, pour s'en nourrir et devenir par là homme vertueux, tandis que tout ce qu'il y rencontre de vicieux sera de sa part l'objet d'un blâme spontané, d'une répulsion instinctive? Ces phénomènes se produiront dans l'enfant dès l'âge le plus tendre, avant qu'il puisse s'en rendre compte par la lumière de l'esprit; en sorte que, quand la raison viendra, elle lui sera tout d'abord familière, par le rapport intime que la musique aura établi d'avance entre elle et des facultés si bien préparées.

Mais ne nous arrêtons pas à la surface, aux éléments; élevons plus haut notre intelligence et notre cœur!

De même que la lettre conduit à la lecture, la lecture à la langue, la langue à l'idée, l'idée à la vérité et à Dieu — l'image et la vérité qu'elle reflète étant l'objet de la même science, — de même il faut, afin d'acquérir les mâles vertus dont elles sont l'enseigne, nous familiariser avec les idées de la tempérance, de la force, de la générosité, de la grandeur d'âme et de toutes les autres qui s'offrent à nous en mille objets différents, miroirs dans lesquels elles se peignent, comme l'esprit se réfléchit dans la lettre. Nous ne serons jamais formés à l'harmonie du bien, cette musique de l'âme, si nous ne distinguons ces vertus et leurs images, partout où elles se trouvent, soit en grand, soit en petit, sans jamais en négliger aucune, et persuadés, sous quelques symboles qu'elles se manifestent, qu'elles sont le sujet d'une étude unique et qu'elles concourent au même but, qui est de nous élever au sommet de la perfection humaine.

C'est là le terme de cette progression universelle des êtres, des arts et des vertus qui leur correspondent, le point où Dieu et la nature relient le faisceau, couronnent l'ensemble, posent le type, l'unité splendide.

Car le plus beau des spectacles, pour quiconque pourrait le contempler, serait celui d'un corps et d'une âme, doués d'une beauté suprême, unis entre eux, en qui se trouveraient toutes les vertus dans une parfaite et divine harmonie.

Or, ce qui est infiniment beau, moralement et corporellement, est aussi infiniment aimable.

Heureux qui a aimé ou qui aime d'amour quelque personne comparable à ce modèle !

Mais la tempérance et le plaisir désordonné s'excluent : celui-ci, porté à l'excès, ne trouble pas moins l'âme que l'extrême douleur, et brisant avec toutes les vertus, il ne s'accorde qu'avec l'emportement et la licence.

Certes, il n'est point de plaisir plus noble et plus vif que l'amour ! Si l'on n'écoute que la chair, il n'est point, au contraire, de plus bestiale fureur. Mais l'amour selon la raison est le plaisir du beau et de l'honnête ; la folie et la licence doivent en être écartées, et il bannit de son commerce la volupté sensuelle.

Ainsi, toute étude approfondie du monde physique

et moral; toute dissertation sur les arts doit avoir pour conclusion l'amour du beau dans sa conception idéale la plus haute et la plus pure.

L'amour est le lien de tout, l'auteur de l'harmonie des sphères, la source des désirs et des adorations de l'homme; il a un but nécessaire, la beauté. Toute créature aime, parce qu'elle veut posséder le bien; mais il n'est d'amant que celui-là qui poursuit la beauté... Tout homme est doublement fécond, il s'approche du beau plein d'amour et de joie, il se dilate, il engendre, il produit, et cette génération, objet de l'amour, donne à l'être aimé la seule immortalité que comporte une nature mortelle. Ainsi, l'amour n'est autre chose que l'immortalité, et quand tous les êtres en sont comme transportés, c'est que tous s'élancent vers la vie sans fin... L'amour a deux directions : celui qui est fécond selon le corps cherche dans la beauté corporelle l'immortalité de son nom; celui qui est fécond selon l'esprit, cherche la beauté dans laquelle il pourra engendrer la sagesse et la vertu dont le germe sacré est dans son âme. Oh! alors, s'il rencontre une âme belle et généreuse, comme il la fécondera par la parole et par l'intelligence! Les liens qui attachent de tels amants sont indestructibles et leurs enfants sont plus beaux que ceux de la chair...

C'est ainsi qu'il faut suivre les progrès de l'amour depuis l'homme jusqu'à Dieu. On aime la beauté dans un corps, puis la beauté corporelle en général; puis la beauté dans l'âme, dans les belles actions, dans les justes lois; on aime enfin la beauté de l'intelligence dans les sciences. Alors, lancé sur l'océan du beau, on aperçoit la beauté éternelle, immatérielle, une, parfaite, absolue. Oh! sans doute, ce qui fait donner du prix à la vie, c'est le spectacle de l'éternelle beauté! Quel ne serait pas le bonheur du mortel qui contemplerait non plus la beauté revêtue de chairs et de couleurs humaines, et de tous ces vains agréments destinés à périr, mais sous sa forme unique et face à face, la beauté divine dans l'amour : il n'enfanterait plus alors des ombres de vertus, mais des vertus vivantes et vraies, parce qu'il n'aimerait que le vrai. Or, c'est à celui qui produit la véritable vertu et qui la nourrit, qu'il appartient d'être immortel. Pour atteindre un si grand bien, nous n'avons qu'un auxiliaire, l'amour ; donc il faut honorer et bénir l'amour et la beauté [1].

Cependant l'éducation physique ne sera pas négligée, car la gymnastique est au corps des enfants ce que la musique est à leur âme. Il faut, dit notre sage, les y appliquer sérieusement et de bonne heure.

Ce n'est pas, — ajoute-t-il, avec un sens profond que saisiront les directeurs habiles de la jeunesse et les hommes vraiment instruits du cœur humain, — « ce n'est pas le corps, si bien constitué qu'il soit, qui, par sa vertu, donne la santé à l'âme; c'est au contraire l'âme, lorsqu'elle est bonne, qui maintient la santé du corps et lui donne toute la perfection dont il est capable. »

Nous livrons cette grande maxime aux méditations

---

[1] Cette théorie de l'amour, d'après Platon, est extraite de son dialogue le *Banquet*. M. Pierre Larousse l'a résumée dans son beau dictionnaire du XIX° siècle.

des chefs de familles et des directeurs de la jeunesse. Puissent-ils ne pas oublier cette heure de l'adolescent, où les premières atteintes à la morale détruisent la vie en sa fleur et compromettent souvent l'existence entière !

Les médecins consommés dans leur art sont d'accord sur ce fait, que si l'on veut sauver le corps il faut commencer par guérir l'âme : l'influence de celle-ci est souveraine. C'est pourquoi Platon nous dit : « Faites de la gymnastique et de l'hygiène en vue de l'âme, et quand l'âme sera dans son assiette, en pleine possession de ses moyens, donnez lui le gouvernement du corps, vous bornant à représenter le modèle qui doit la guider. »

Ce modèle, c'est l'ensemble de toutes les vertus, de toutes les lumières généralisées, associées dans la formule du bien ; c'est la synthèse des connaissances fournies par une éducation puissante, complète, la science se résumant dans la justice.

Platon recommande une gymnastique simple qui donne au corps la dextérité, la vigueur et la santé. En tout il redoute le luxe et la surabondance factice des moyens, qui gâte l'unité et compromet le bienfait des meilleures institutions. Il voudrait voir régner la même sobriété dans le régime de la vie privée et dans la conduite des Etats. Les complications éloignent de la nature ; elles engendrent le désordre, les maladies et nécessitent le déploiement de toute une armée d'intermédiaires et d'agents que les gouvernements préposent au maintien de l'ordre et à la distribution de la justice. Or, la marque la plus sûre d'une mauvaise éducation dans l'Etat, c'est le besoin de fonctionnaires et de juges, alors qu'on se pique d'avoir été élevés en personnes libres. N'est-il pas honteux d'être forcé d'avoir recours à cette justice d'emprunt, faute d'être juste soi-même, et d'établir les autres juges de son droit?

N'est-il pas plus honteux encore de se complaire dans les ruses et détours de cette justice ridicule, pour éluder la justice légitime, naturelle et éternelle, et cela pour le plus vil intérêt?

Ne voit-on pas qu'il est infiniment beau et avantageux de vivre de manière qu'on n'ait pas besoin de ce fantôme de juge qui dort le plus souvent?

Est-il moins honteux d'appeler à soi toutes sortes de maladies par une vie molle, et d'obliger les médecins d'inventer, pour ces maladies, des mots et des remèdes nouveaux, de manière à passer sa vie dans les médicaments?

Qu'un pauvre ouvrier soit malade : il demande un remède simple, prompt, efficace, l'emploi du fer et du feu, et repousse un long régime, n'ayant pas le temps de languir sur un lit, et parce qu'il lui est plus avantageux de mourir que de renoncer à son travail pour ne s'occuper que de son mal; il congédie donc le médecin, reprend vite ses travaux, ou si son corps ne peut résister à l'effort de la maladie, la mort le tire d'embarras. Et cela parce que ce malheureux se doit au métier sans lequel il ne peut vivre; au lieu qu'il en est tout autrement pour le riche, qui, ayant tout à souhait, devrait se faire un devoir absolu de la bienfaisance et du culte de la vertu, mais qui en est empêché par ce soin immodéré du corps, incompatible non-seulement avec la vertu, mais avec l'étude, avec la méditation et la simple réflexion, avec la philosophie, à laquelle cependant cet opulent paresseux ne craint pas d'attribuer sa prétendue mauvaise santé et les vertiges de son cerveau.

C'est par l'âme, nous le répétons, que les vrais médecins guérissent les corps; mais l'âme peut-elle opérer cet effet tant qu'elle est malade elle-même?

La conséquence de ce principe, c'est qu'en réformant par l'éducation l'ordre moral des sociétés, on améliore aussi leur condition matérielle.

Quant à la justice, — puisqu'elle est légalement constituée, — elle suppose un juge à l'âme pure, exempte de vices, afin que sa vertu lui fasse discerner sûrement ce qui est juste. Il faut que l'âge l'ait mûri, qu'il ait appris par l'observation ce que c'est que l'injustice, car elle n'est pas dans sa propre nature, attendu que celui qui a l'âme bonne est bon.

Pour la connaître, il l'étudie donc longtemps hors de lui-même et l'acquiert par la science et non par l'expérience personnelle.

Pour ces gens rusés et soupçonneux, consommés dans la pratique de l'injustice, — et qui la connaissent par cela même, — ils ne paraissent prudents et habiles qu'avec des hommes médiocres comme eux. Dès qu'ils se trouvent avec des gens de bien et déjà avancés en âge, leur incapacité éclate dans la défiance et dans les soupçons déplacés qui accusent leur faiblesse, leur cécité morale ; on voit qu'ils ignorent ce que c'est que la droiture et la franchise, faute d'avoir en eux-mêmes le caractère et le modèle de ces vertus. Ce n'est donc pas dans ces derniers, mais dans le juste, qu'il faut chercher le juge intègre et capable, car telle est l'infériorité de l'homme fourbe et rusé :

La méchanceté ne peut se connaître à fond elle-même, ni connaître la vertu ;
Mais la vertu, aidée de l'expérience, se connaît elle-même et pénètre le vice.
Ainsi la vraie habileté est le partage de l'homme vertueux et non du méchant.

Après avoir admirablement dégagé, par les rapports du vice et de la vertu, les éléments d'une judicature qui n'est point toujours exempte, il faut l'avouer, des plus affreux préjugés contemporains, Platon revient aux arts et aux lettres et achève d'en tracer le rôle dans l'éducation.

Selon lui, les exercices de corps et d'esprit, habilement combinés, forment le sage.

Le jeune homme qui s'abandonnerait exclusivement aux inspirations de la mélodie musicale, finirait par s'énerver, et son esprit flotterait dans les vagues régions de la fantaisie.

Celui qui relève tout entier des exercices du corps, comme l'athlète, devenant étranger aux choses de l'intelligence, essayera de dominer par la force, au lieu de se concilier les esprits par la persuasion : l'ignorance et la grossièreté seront son partage.

L'accord des deux systèmes rend l'âme à la fois courageuse, modérée, accomplie.

Soyons donc convaincus que les arts, les lettres, les exercices corporels sont institués pour établir en toute chose la prépondérance de l'âme, ce dont le corps profite par contre-coup, — et que leur but essentiel est de renouveler et de fortifier la vigueur morale, le courage et l'esprit philosophique ; car si le ciel a donné à l'homme le chant et le mouvement, les facultés morales et physiques, c'est afin qu'il les accorde et les équilibre dans un juste degré de puissance, de grâce et de perfection. Celui qui a trouvé et réalisé dans sa conduite ce tempéramment précis, qui est la sagesse, mérite bien plutôt le nom de grand artiste, et possède mieux la science de l'harmonie, que le musicien le plus habile à monter un instrument.

Voilà à peu près l'éducation extérieure de notre jeunesse achevée.

Il faut à la tête de la République, pour la gouverner, un homme du caractère de celui que nous venons de peindre, c'est-à-dire, autant que possible, un homme parfait, et nous devrons choisir sur ce modèle ceux qui sont destinés à commander après lui.

Ce rôle appartient aux hommes d'âge, et parmi eux nous distinguerons les meilleurs, je veux dire ceux qui joignent à l'instruction, à la prudence et à l'énergie, beaucoup de zèle et d'amour pour le bien public ; car on ne se dévoue d'ordinaire que pour ce que l'on aime, et l'on aime naturellement les choses dont les intérêts sont inséparables des nôtres et les entreprises dont le bonheur ou le malheur enchaîne nos destinées.

Nous prendrons donc ceux qui, ayant cette opinion, ne l'ont jamais trahie ; ceux qui nous ont paru, pendant leur jeunesse, empressés à faire ce qu'ils auront cru être le bien général ; que rien n'a jamais pu en détourner, et qui, dans l'âge mûr, n'ont cédé encore ni à la séduction, ni à la contrainte.

Or, si c'est un mal de s'écarter de la vérité et un bien de la rencontrer ; si l'on convient que c'est marcher avec elle d'avoir une idée juste des choses, on comprendra que les hommes, — qui renoncent au mal avec plaisir, — renoncent malgré eux aux opinions vraies, par surprise, faiblesse ou séduction.

C'est donc à nous d'observer ceux qui sont fidèles à cette maxime : qu'il faut faire tout ce qu'on juge être le bien public ; c'est à nous de les éprouver dès l'enfance, au milieu des circonstances qui pourraient les ébranler ; de les suivre dans les travaux et la douleur aux prises avec toutes les épreuves ; d'essayer tour-à-tour de la terreur et du prestige ; de faire à leur égard ce qu'on fait pour les jeunes chevaux qu'on expose au bruit et au tumulte, pour voir s'ils sont craintifs et les rendre solides ; d'éprouver avec plus de soin qu'on n'éprouve l'or par le feu, si, dans ces rencontres, le charme ou l'effroi ne leur fait pas perdre contenance ; si, toujours attentifs à veiller sur eux-mêmes, à conserver les lois harmoniques qui sont l'essence de tout ordre, ils font voir, dans toute leur conduite, que leur âme est réglée sur ces lois éternelles ; qu'ils sont tels, en un mot, qu'on doit être pour servir utilement sa patrie et soi-même.

Oh ! alors nous établirons « chef gardien de la République celui-là qui, dans l'enfance, dans la jeunesse, dans l'âge viril, aura passé par toutes ces épreuves et en sera sorti pur ; nous le comblerons d'honneurs pendant sa vie et nous lui érigerons, après sa mort, un magnifique tombeau avec tous les autres monuments qui peuvent illustrer sa mémoire. »

Mais dans un Etat où le plus obscur citoyen peut arriver à ce rang suprême, puisque la capacité devient le droit, il fallait proclamer l'égalité absolue, basée sur une origine commune, et c'est sous les traits de la fable que Platon ose nous peindre la terre, matrice universelle des êtres, couvant dans son sein tous les organismes et faisant sortir l'homme de ses entrailles, au même titre qu'elle a produit le cèdre et le brin d'herbe. Devant ce naturalisme inattendu, la face des choses change, la fortune n'est qu'un mot, le privilège de la naissance s'efface ; mais le novateur déguise sous plus d'une forme ce trait d'audace, car il se souvient du supplice de Socrate, son maître.

Et maintenant, dit-il, comment ferons-nous croire aux magistrats et aux puissants que leur éducation n'est qu'un vain songe, une chimère ? Où prendre cette hardiesse de leur annoncer qu'ils ont été formés dans le sein de la terre, qu'elle est leur mère, leur nourrice, qu'ils la doivent défendre comme telle et regarder et traiter tous les autres hommes comme leurs frères?

Vous êtes tous frères, leur dirais-je, mais le dieu (ou plutôt la terre) a mêlé l'or à ceux qui doivent gouverner, l'argent à la nature des guerriers, le fer et l'airain à celle des laboureurs et des autres travailleurs.

Puisque l'origine est commune, les enfants naîtront dans les mêmes conditions, suivant le caprice de la nature : celui-ci, fils de la race d'or, appartiendra peut-être à la race d'argent; cet autre, né de l'airain, deviendra à son tour l'or pur. Or, les magistrats prendront garde au métal dont l'âme de chaque enfant est composée, — c'est-à-dire au talent naturel, — et ils ne feront pas grâce aux leurs mêmes, s'ils sont seulement mélangés de fer et d'airain. Dans ce cas, ils les confondront dans la foule obscure des artisans. Mais si les enfants de ces derniers tiennent d'un mélange supérieur, on les élèvera à toutes les dignités ; car la République périrait, gouvernée par le fer ou l'airain, qui représentent les ignorants et les incapables.

Platon, connaissant tous les obstacles que rencontre une idée neuve, fait observer qu'il est impossible de convaincre de ces vérités ceux de ses contemporains qui sont parvenus à l'âge mûr, mais on peut les persuader à leurs enfants et à ceux qui naîtront dans la suite. Il ajoute avec infiniment de raison que cette doctrine serait salutaire pour inspirer plus encore l'amour de la commune patrie. Alors, transporté d'enthousiasme, il invoque, en poète souverain, la Renommée, et il lui commande de propager dans tout l'Univers une si heureuse découverte et de lui donner, par cette publicité, le succès qu'elle mérite.

Appliquant le principe à l'organisation militaire, il s'écrie :

Armons à présent ces fils de la terre, mais prenons garde que nos guerriers, qui ont la force en main, au lieu de les protéger, ne deviennent les maîtres et les oppresseurs de leurs concitoyens.

Pour prévenir ce désastre, le plus sûr remède est de leur donner une excellente éducation : elle leur est nécessaire pour le point capital, qui est d'être humains et doux entre eux, comme à l'égard de ceux qu'ils sont chargés de défendre.

LIVRE QUATRIÈME

Nous n'avons à nous occuper que fort peu de l'armée qui doit garder la république imaginaire de Platon, bien que l'enseignement qui précède s'y rapporte constamment. Ces milices désintéressées, sans propriété, sans famille propre, vivant grossièrement, maîtresses de l'État sans l'opprimer, sans même revendiquer leur part des communes jouissances, seraient, à notre époque, un phénomène tellement extraordinaire que nous ne saurions en admettre un seul instant l'existence ou la possibilité. Cette armée de sages, recrutée dans la jeunesse instruite, est l'école de l'abnégation et du devoir. Elle représenterait les soldats de la pensée, non de simples machines de guerre. Quant à la tactique militaire, elle ne serait aujourd'hui qu'un pur enfantillage. Nous avons fait des progrès dans l'art d'opérer la destruction sur une vaste échelle.

Le but de l'organisation platonicienne est le bonheur de tous par la justice, et ce bonheur consiste dans la fidélité de chaque ordre et de chaque individu à remplir son emploi. Dès lors, le législateur s'interdira sévèrement « d'attacher à la condition de gardien de l'Etat un luxe qui en ferait autre chose, » pas plus qu'il ne « donnera aux laboureurs pour travailler à la terre des robes traînantes et couvertes d'or. » Le bien-être de tous par chacun, de chacun par tous, dans un état où les lois rendent infailliblement heureux ceux qui les observent, parce qu'elles procurent « à chaque classe le moyen de participer au bonheur dans la mesure départie par la nature, tel est le résultat. »

Il en serait autrement si le privilége, le cumul et le monopole venaient gâter l'harmonie de l'Etat, ce que Platon essaie de rendre sensible par ce dialogue :

— Que diras-tu du raisonnement que je vais te faire?

— Lequel?

Vois si ce n'est pas là ce qui perd les artisans ou finit par les rendre mauvais?

— Qu'est-ce qui les perd?

L'opulence et la pauvreté.

— Comment?

Le potier devenu riche voudra-t-il encore s'occuper de son métier?

— Non.

Il deviendra chaque jour plus oisif et plus négligent?
— Oui.

D'autre part, si la pauvreté lui ôte le moyen de se munir d'outils et de tout ce qui est nécessaire à son métier, son travail en vaudra moins ; ses enfants et les autres ouvriers qu'il forme en seront moins habiles?

— Il est vrai.

Ainsi l'opulence et la pauvreté rendent moins bons et le produit de l'art et l'ouvrier lui-même.

— C'est très-clair.

Voilà donc deux choses que le législateur doit bannir de l'Etat : l'opulence et la pauvreté. L'une engendre la mollesse et le goût des nouveautés ; l'autre, avec cette même contagion des choses nouvelles, produit la bassesse des sentiments et l'envie de mal faire.....

C'est par là que tout Etat défectueux en renferme deux qui se font la guerre, l'un composé de riches, l'autre de pauvres, et ces deux Etats se subdivisent encore en plusieurs autres. Le nôtre, aussi longtemps qu'il conservera la sage administration qui y est établie, sera très-grand, non en apparence, mais en réalité, n'eût-il qu'une médiocre armée.

Tel est, du reste, le principe, qui doit présider à l'accroissement d'un Etat et de son territoire : c'est que cet Etat puisse s'agrandir tant qu'il voudra sans cesser d'être un, mais jamais aux dépens de son unité.

Donc nous en ferons une loi fondamentale aux magistrats, afin qu'ils veillent à ce que l'Etat ne paraisse ni grand ni petit, mais qu'il garde un juste milieu dans l'unité.

On leur recommandera également ce précepte déjà posé, qui consiste à faire descendre dans une moindre condition l'enfant dégénéré par l'intelligence du rang occupé par sa famille, et d'élever au contraire, s'il en est reconnu digne, l'enfant né dans une condition inférieure, afin que dispensant les fonctions selon les aptitudes, on donne à chaque citoyen la tâche à laquelle la nature semble l'avoir destiné, et que chaque rouage soit un dans le mécanisme du gouvernement, comme celui-ci est un dans son vaste ensemble, et dans l'esprit qui anime les fonctionnaires et les citoyens eux-mêmes.

Au reste, un seul point importe : l'éducation de l'enfance : si les jeunes gens bien élevés deviennent des hommes accomplis, ils comprendront alors facilement l'importance de toutes ces choses et de beaucoup d'autres. Car tout dépend de la première impulsion. Est-elle bonne? L'Etat va s'agrandissant sans cesse comme le cercle. Conservez, après l'avoir développée, une bonne éducation, et elle fait d'heureux naturels qui, grâce à elle, deviennent de meilleurs citoyens que leurs prédécesseurs, et donnent à l'Etat des enfants qui vaudront mieux encore que leurs pères. »

Toutefois, ce progrès qui monte avec les générations serait peut-être compromis, si l'on prenait à la rigueur la protection jalouse dont Platon veut entourer ses institutions, et sa révérence trop absolue pour les traditions consacrées.

A cette occasion, il nous fournit une preuve frappante de la place qu'occupait la musique, non-seulement dans l'enseignement, mais dans tout le système d'économie politique appliqué à ce beau et immortel pays où l'harmonie était sœur de la lumière : Le philosophe la proclame indispensable et salutaire, à ce point qu'on ne saurait y toucher sans ébranler les bases de l'Etat dont elle est la sauvegarde et comme la citadelle; ce qui s'explique par cette considération, que les lois étaient de véritables poèmes, rythmés et chantés.

Il dénonce donc comme un péril public l'immixtion du nouveau, qui, commençant par altérer les airs antiques et les chants nationaux, finit par ébranler et renverser les bases de l'Etat.[1] Avec ces changements, dit-il, le mépris des règles s'introduit d'abord innocemment, sous la forme de jeux, puis il s'insinue par degrés, gagne insensiblement, se glisse sans bruit dans les mœurs et les usages; ensuite grandissant, il embrasse les relations sociales, et de là, s'avançant avec audace, il envahit le sanctuaire des lois, s'attaque aux principes du gouvernement, les domine avec insolence et ne s'arrête ordinairement que sur la ruine de la chose publique et des fortunes particulières.

Il faut donc régler même les jeux des enfants, afin qu'ils soient pour eux l'image des lois; car s'ils en troublent l'ordre au gré de leur fantaisie, ou n'y trou-

---

[1] Rome comprend encore ainsi l'influence des chants nouveaux; elle a naguère interdit dans l'église gallicane le rythme parisien.

vent que confusion, ils en sortiront difficilement avec les dispositions qui forment des hommes; au lieu que, si leurs propres amusements les développent d'avance dans le sens des lois et de l'Etat, ils sentiront entrer dans leur âme, avec les premiers plaisirs de l'âge, la douce influence du bien, et corrigeront en eux ce qu'il peut y avoir à redresser dans la société qui les attend. Ils y gagneront de plus de se former à ces usages journaliers et de pure bienséance dont le législateur ne s'est pas occupé, mais qui ont leur importance pour le bonheur ou le malheur de la vie.

Tels seraient les résultats d'une éducation bien dirigée : elle suppléerait aux lois dans le réglement d'une foule de rapports et de transactions qui n'exigent que des convenances et la simple équité.

Ainsi, un bon gouvernement est déjà une suite naturelle d'une éducation prévoyante et solide.

Il serait donc opportun, quant à celui-là, de s'en tenir aux lois fondamentales. Une constitution sans cesse refaite, sous prétexte d'y apporter la dernière perfection, ressemble à un malade dont le régime est chaque jour plus compliqué par ses médecins, quand il lui suffirait, pour se rétablir, de renoncer à l'abus des drogues et à l'intempérance.

Mais on ne saurait approuver davantage un Etat qui, tout mal gouverné qu'il est, défend aux citoyens dévoués, sous peine de mort, de signaler les défauts de la constitution, tandis que celui qui flatte les vices du pouvoir et s'étudie de loin à connaître toutes ses faiblesses pour les satisfaire est déclaré le meilleur

citoyen, grand politique, et se voit comblé d'honneurs.
Aussi se croit-il un homme d'Etat de premier ordre, à
cause des applaudissements de la multitude, et l'on
doit l'en excuser, car un ignorant qui ne sait pas ce
que c'est que mesurer, et qui s'entend proclamer géant,
n'a garde d'en faire de doute.

Socrate déclare l'Etat fondé.

Sans autre transition, l'auteur nous ramène à son
point de départ, qu'il délaisse et reprend tour-à-tour,
non pas seulement, comme le pensent des admira-
teurs ingénieux, pour tenir habilement le lecteur en
haleine, mais parce que, tout entier au principe qui
est « le premier et le plus grand des intérêts publics »[1],
la justice, il sent le besoin de rappeler à chaque page
la souveraine ordonnatrice de l'œuvre ; il veut la montrer tantôt posant les assises ou dressant les colonnes,
tantôt éclairant le faîte du monument ; puis, alors
qu'il s'achève, présidant à sa distribution intérieure,
comme elle a réglé les proportions, l'ordre et la beauté
de l'ensemble au dehors. Mais il faut surtout qu'elle
échauffe, éclaire et vivifie tous les coins et tous les
hôtes de la vaste et populaire demeure ; qu'elle soit
pour tous et pour chacun, la mesure, le poids, la sécurité, le devoir, le droit, le travail, la vie, la liberté
dans la loi. S'il en était autrement, nous n'aurions
élevé, si magnifique qu'il soit, qu'un édifice de té-

---

[1] J.-J. Rousseau. Lettre écrite de la Montagne.

nèbres et de tyrannie, où le puissant dévore le faible, où la civilisation, sous les décors qu'elle prodigue et les grands mots qu'elle invente, fonde la misère et consacre l'iniquité. O justice! justice! toi qui es, puisque le monde vit! toi qui attestes un Dieu, mais dont l'absence le ferait maudire, — car lui-même ne pourrait te remplacer, — viens à nous! viens! nous voici à ta poursuite pleins d'angoisses, prêts à te restituer le sceptre, si tu te rends; décidés à te faire violence, si tu résistes.

C'est la résolution de Socrate.

Maintenant, dit-il, s'adressant à Glaucon, prends un flambeau, appelle tous ceux qui sont ici et cherchez ensemble le lieu où réside la justice, en quoi elle diffère de l'injustice, et à laquelle des deux il faut s'attacher pour être heureux, alors même que l'on peut ou non échapper aux regards de Dieu et des hommes.

— Tu t'es engagé à trouver la justice, répond un disciple; c'est à toi de nous la découvrir.

— Si vous m'aidez, je remplirai ma promesse. Voyons! Un Etat bien constitué possède toutes les vertus; ainsi, il doit avoir la prudence, le courage, la tempérance, la justice. Si nous connaissions les trois premières, la quatrième serait déterminée, par là même qu'elle resterait seule à découvrir.

Or, dans notre Etat, il y a prudence, car il y a bon conseil. Où il y a bon conseil, il y a science. Cette science de l'Etat réside dans les hommes éclairés qui sont à sa tête, en sorte que c'est le corps le moins nombreux qui produit la plus vive lumière.

Quant au courage, il réside dans l'armée, si elle est instruite, et si, dévouée aux institutions, elle conserve dans son âme l'empreinte d'une forte éducation nationale, comme l'étoffe bien préparée conserve indélébile, et dans tout son éclat, la couleur qui lui a été donnée dès le principe par le teinturier.

Il s'agit donc de bien asseoir, avec et par l'enseignement, l'opinion juste et patriotique qui fait le courage et qui l'enracine tellement en nous-mêmes que, comme cette couleur identifiée au tissu, il résiste aux drogues et aux dissolvants les plus énergiques, je veux dire au plaisir, à la douleur, à la crainte, au désir et à la séduction, détergent plus redoutable que le nitre et tous les caustiques.

Lorsque l'opinion qui enfante le courage n'est pas le fruit de l'éducation, elle prend un autre nom et elle produit aussi d'autres effets bien différents, car le vrai courage est une vertu politique. L'autre conduit au servilisme, par le dévouement exclusif à la force brutale; c'est la bravoure moins le caractère, le soldat moins l'homme.[1]

Il nous reste à découvrir la tempérance et la justice.

Ne nous hâtons pas, car il serait fâcheux de ne pas examiner d'abord la première de ces vertus.

---

[1] De là ces belles expressions de Montesquieu sur certains despotismes militaires: « Conquérir le monde en esclaves... L'héroïsme dans la servitude. » — *Esprit des Lois*, ch. IV, V, VI.

La tempérance est la bonne administration de soi-même et de ses facultés, une harmonie morale, l'empire qu'on exerce sur ses plaisirs, sur ses passions, d'où est venue cette expression : « Être maître de soi-même, » expression ridicule, si elle n'est expliquée, puisque celui qui est maître de lui-même est aussi bien son propre esclave, ou l'esclave le maître, ces deux termes se rapportant à la même personne.

Mais, sans doute, le vrai sens de l'expression est celui-ci : il y a dans l'âme deux parties, l'une raisonnable, l'autre qui l'est moins. Quand la première domine la seconde, on dit de l'homme qu'il est maître de lui, et c'est faire son éloge ; mais quand, soit par suite d'une mauvaise éducation, soit par l'effet des habitudes, la partie la moins bonne envahit et subjugue la meilleure, alors on dit d'un homme qu'il est esclave de lui-même, c'est-à-dire intempérant.

Notre état est dans l'un de ces deux cas : maître de lui-même, si partout le meilleur commande au moins bon. Certes, les passions, la douleur, les plaisirs dangereux y abondent et se montrent dans toutes les classes ; mais on rencontre dans un petit nombre de personnes d'un excellent naturel, cultivé par une solide éducation, assez de sentiments simples, modérés, gouvernés par une juste opinion, pour que les désirs vicieux de la multitude soient dominés à leur tour et contenus par les désirs justes et la prudence des sages.

Si donc on peut dire d'un État qu'il est, dans une

légitime mesure, maître de ses plaisirs, de ses passions et de lui-même, c'est de celui qui nous occupe.

Et comme magistrats et citoyens sont d'accord sur la sagesse de ceux qui doivent commander, la tempérance est à la fois dans ceux qui administrent et dans ceux qui obéissent, de sorte qu'elle constitue, comme nous l'avons dit, l'harmonie générale.

En effet, la tempérance politique a ceci de remarquable et d'avantageux, qu'elle n'agit pas seulement sur un point, mais sur toute la surface sociale et dans tout le corps de l'Etat, pour y établir entre toutes les classes puissantes, faibles ou intermédiaires, un accord aussi parfait que possible sous le rapport de la prudence, de la force, du nombre, du bien-être et de toutes les autres choses; de sorte qu'elle est cette vertu, cette harmonie naturelle et universelle qui, rapprochant toutes les parties, les coordonne et soumet, dans l'individu comme dans l'Etat, la portion inférieure à la plus raisonnable.

Mais rien n'est achevé, si nous ne trouvons une autre vertu, sans laquelle l'idée même de vertu n'existe pas.

Oh! mon cher Glaucon, faisons maintenant une battue, comme des chasseurs, et prenons bien nos mesures pour empêcher la justice de nous échapper et de disparaître à nos yeux. Il est clair qu'elle est ici quelque part. Regarde attentivement, et si tu l'aperçois le premier, avertis-moi.

GLAUCON. — Plaise à Dieu, Socrate, mais si je pouvais seulement te suivre!

Socrate. — Invoquons le ciel.

Glaucon. — Soit ! Je te suis.

Socrate. — L'endroit est couvert, obscur, d'un accès périlleux. Les recherches y sont bien difficiles. Avançons cependant.

Glaucon. — Avançons.

Socrate. — Ah ! mon cher Glaucon ! nous pourrions bien être sur sa trace, et si je ne me trompe, voici que je l'atteins.

Glaucon. — Heureuse nouvelle !

Socrate. — En vérité, nous sommes bien peu clairvoyants l'un et l'autre.

Glaucon. — Pourquoi donc ?

Socrate. — Depuis longtemps, mon cher, et même dès le commencement, ce que nous cherchons est à nos pieds et nous ne l'apercevions pas. Nous voilà dans le cas risible de ces hommes distraits qui cherchent ce qu'ils ont dans les mains, parcequ'au lieu de regarder près de nous, nous portions nos regards très-loin : aussi nous a-t-elle échappé.

Glaucon. — Je ne comprends rien à ce que tu me dis.

Socrate. — Nous n'avons pas compris, en effet, ce dont nous parlons depuis le commencement de cet entretien.

Glaucon. — Que tu me fais souffrir avec ce long préambule !

Socrate. — Eh bien, écoute ; je te fais juge. Ce que nous avons établi dès le premier mot, comme un devoir universel, en jetant les fondements de l'Etat, c'est la justice, n'est-ce pas? Et nous la posions aussi comme la règle de conduite de chaque particulier.

Glaucon. — Nous le disions.

Socrate. — Ainsi la justice est ici doublement présente; elle inspire et pénètre notre œuvre. Après la tempérance, le courage et la prudence, ce qui nous reste à examiner, c'est le principe même qui produit ces vertus et qui seul les conserve, la justice encore : voilà notre découverte...

Cela étant, sera-t-il difficile de décider ce qui contribue le plus au bonheur de l'Etat, ou l'accord de ceux qui commandent et de ceux qui obéissent, ou le courage des guerriers formés par l'éducation, ou la prudence des gouvernants, ou si ce n'est pas plutôt la pratique de cette vertu qui attribue à chacun des fonctions définies, et qui maintient tous les citoyens dans le devoir, sans leur permettre d'usurper sur les charges et sur les devoirs d'autrui?

Dans tous les cas, nous ferons concourir à la perfection de l'Etat, avec la prudence, la tempérance et le courage, cette vertu qui décerne à chacun sa tâche.

Or, n'est-ce pas au nom de cette vertu que les magistrats rendront leurs décisions?

— Assurément.

Et à quoi s'occuperont-ils de préférence, si ce n'est à empêcher que personne ne s'empare du bien d'autrui ou ne soit privé du sien?

— A rien de mieux, sans doute.

N'est-ce point parce que cela est juste?

— Oui.

4.

Ainsi la justice maintient à chacun la possession de ce qui lui appartient et le libre exercice de son emploi, tandis que le renversement de cet ordre, la distribution arbitraire des fonctions, leur envahissement réciproque est le comble de l'anarchie et la ruine de l'Etat, tout ce qui peut enfin lui arriver de plus funeste, en un mot un véritable crime.

Car le plus grand crime qu'on puisse commettre contre la société, c'est d'y faire régner l'injustice. C'est même tout-à-fait en cela que l'injustice consiste, c'est-à-dire dans le cumul des emplois et dans l'usurpation des moyens d'existence propres à chacun.

Le contraire, ou le fonctionnement régulier de chaque ordre de l'Etat dans sa sphère et de chaque particulier dans son emploi, est ce qu'on appelle la justice et ce qui rend la république juste.

Attendons, toutefois, pour affirmer notre système, à le transporter de l'Etat à l'individu, du grand exemplaire au petit, afin de voir s'il s'y applique exactement et si l'homme juste diffère en quelque chose de l'Etat juste que nous avons trouvé. Comparons-les bien exactement, trait pour trait; frottons-les, pour ainsi dire, l'un contre l'autre, pour en faire jaillir la justice comme le feu de la veine du caillou, et à l'éclat de sa lumière, nous la distinguerons facilement.

En fait, ne sommes-nous pas obligés de convenir que le caractère et les mœurs d'un Etat sont dans les mœurs de chacun des individus qui le composent?

Mais si nous descendons au fond de chaque individu, nous le trouverons aussi formé comme de deux personnes : l'une représentant les forces d'ordre et de sage répression ; l'autre la nature abandonnée à ses instincts. C'est ainsi que nous appelons raisonnable la partie de l'âme par laquelle elle raisonne, et déraisonnable, principe du désir immodéré, compagne des excès et des voluptés, cette autre partie de l'âme qui cède en aveugle aux entraînements de l'amour, de la faim, de la soif, — qui est, enfin, le siége et la proie de tous les appétits brutaux.

Il est peut-être une troisième partie de l'âme qui rebrousse et brise le cours des autres passions, et qu'on nomme la colère, souvent le courage, l'intrépidité.

Il y a donc entre un particulier et l'Etat des parties correspondantes et égales en nombre.

C'est d'ailleurs une nécessité que le citoyen soit prudent, courageux, tempérant, juste, au même titre et de la même manière que l'Etat, c'est-à-dire par les divers ordres qui le composent, alors que chacun remplit la fonction qui lui est spéciale et produit, comme dans l'Etat, cette harmonie qui range et coordonne toutes les énergies et remet le commandement à la raison.

Car la justice n'est autre chose que cette puissance de raison qui rend tels que nous venons de le dire et les hommes et les Etats.

Elle ne s'arrête point à nos actions extérieures ; elle en règle le mobile interne, ne permettant à aucune des aptitudes de l'âme de dévier de son objet ni d'intervertir son rôle. Elle veut que, tout d'abord, l'homme détermine d'une manière précise l'office de chacune; qu'il prenne la haute main sur sa volonté; qu'il établisse en soi la concorde; qu'il mette entre ses facultés l'accord parfait qui existe dans les combinaisons musicales les mieux assorties ; qu'il lie ensemble tous les éléments si divers qui constituent sa personnalité morale, qu'il en fasse un tout homogène, mesuré, harmonieux; et qu'ainsi préparé il entre dans la vie active, soit qu'il veuille acquérir honorablement des richesses, soit qu'il préfère une existence solitaire, ou qu'il s'élève aux affaires publiques. Mais elle veut surtout que, dans toutes les carrières, il nomme juste et belle toute action qui fait naître et entretient en lui cet ordre parfait; prudence, la science qui le fonde; injuste, l'action qui le détruit, et ignorance, l'opinion qui préside à cette ruine.

Pour ce qui est de l'injustice, est-elle autre chose que la sédition introduite dans l'âme par les passions usurpatrices? Le soulèvement d'une partie contre le tout pour se donner l'autorité, lorsque de sa nature elle est faite pour obéir, ou simplement pour concourir à l'ensemble ? C'est de ce tumultueux désordre que naissent l'injustice, l'intempérance, la lâcheté, l'ignorance, en un mot tous les vices.

Instruits de la nature de la justice et de l'injustice, nous connaissons par là même la nature des actions justes et injustes. Elles sont à l'égard de l'âme ce que sont à l'égard du corps les choses saines ou malsaines, les unes donnant la santé, les autres engendrant la maladie.

De même, les actions justes produisent la justice ; les actions injustes, l'injustice.

Donner la santé, c'est établir entre les divers éléments de la constitution humaine l'équilibre naturel qui les ordonne.

Engendrer la maladie, c'est faire que l'un de ces éléments domine les autres, ou soit dominé par eux contre les lois de la nature.

La vertu est donc la santé, la beauté, la bonne disposition de l'âme.

Le vice, au contraire, en est la maladie, la difformité et la faiblesse.

Autant que nous pouvons voir les choses, de la hauteur où cet entretien nous a conduits, il semble que la forme de la vertu est une et que les formes du vice sont sans nombre ; mais on peut les réduire à quatre qui répondent à autant de formes politiques défectueuses.

Celle que nous venons d'exposer est une, mais elle prendra deux noms : monarchie, si un seul gouverne, aristocratie si plusieurs tiennent les rênes[1]. En tout cas, l'unité subsistera sous ces deux dénominations, ainsi que toutes les lois fondamentales de l'Etat, aussi longtemps que de solides principes d'éducation resteront en vigueur.

---

[1] Ce mot Aristocratie n'avait pas alors le sens que nous lui donnons — voir Liv. VIII.

LIVRE CINQUIÈME

——oo⁘oo——

Socrate proclamait comme seule salutaire la forme gouvernementale qu'il venait d'esquisser; par conséquent, les autres ne pouvaient qu'être défectueuses et mauvaises à divers degrés, tant pour la conduite de l'empire, que pour la formation des mœurs particulières.

Il allait expliquer ces systèmes inférieurs, lorsqu'une sorte de révolte s'éleva parmi les auditeurs, pour le forcer d'éclaircir d'abord un point qu'il avait laissé comme suspendu dans le débat, mais qui piquait singulièrement la curiosité de ces jeunes gens, car il s'agissait de fixer le rôle et le sort des femmes dans la République.

Tu ne passeras pas outre, crièrent-ils violemment; non, tu ne saurais nous dérober la partie la plus intéressante de cet entretien, ni échapper à tes promesses sur ce qui est de l'usage des femmes et de la propagation de l'espèce ; nous attendons depuis trop longtemps, dans l'espoir que tu expliqueras enfin un sujet qui est le fondement de la société et qui décide de sa destinée tout entière ! N'essaye donc pas de te livrer à un autre examen avant de nous avoir amplement satisfaits sur ce point comme tu l'as fait sur les autres ; nous nous y opposerons formellement.

Socrate parut demander grâce sur cette matière redoutable et grosse de discussions nouvelles, mais on lui répéta de toutes parts qu'il devait en prendre son parti, et Glaucon coupa court par cette conclusion remarquable autant que flatteuse pour le philosophe : « Nous sommes venus pour t'entendre. Ne te lasse jamais de répondre à nos questions et de nous instruire. Pour des hommes sages, ce n'est pas trop de toute la vie pour s'entretenir de choses si importantes. Dis-nous donc la manière dont tu entends le commerce des femmes et le soin à apporter aux enfants, du jour de leur naissance à cet âge critique où ils seront capables d'une éducation forte et raisonnée, mais où ils exigeront les efforts et les attentions les plus pénibles.

Socrate reprit la parole en tremblant, car il connaissait la témérité des doctrines qu'il allait émettre et pouvait douter de ses moyens pour les soutenir. « Avant d'instruire les autres, suis-je sûr moi-même, dit-il, de ce que je vais avancer ? On parle librement et avec confiance devant des personnes sensées et studieuses, qui écoutent dans un bon esprit, quand on est persuadé de leur révéler des verités graves ; mais lorsqu'on enseigne, comme je le fais, avec hésitation, et comme en tatonnant, on court risque de faire fausse route et d'entraîner avec soi ses amis dans l'erreur sur des choses où l'erreur est capitale. Or, à mes yeux, c'est un moindre crime de tuer un homme par mégarde que de le tromper sur le beau, le bon, le juste et les lois. »

Malgré ces déclarations et la modestie qui les accompagne, le philosophe tombe, en effet, dans la faute presqu'universelle de l'antiquité, qui fut de sacrifier complètement la famille à l'Etat, ne voyant dans la femme ni l'auguste compagne de l'homme, sœur de son âme, force et joie de sa vie ; ni la nourrice intellectuelle de l'enfant, inculquant les idées comme elle a donné le sang et le lait ; ni la secrète puissance qui lie tout l'ordre moral, tenant, pour ainsi dire, la domination du monde, comme celle des cœurs, attachée au charme éternel de sa faiblesse ; mais la matrone, dans l'acception rigide de ce mot, devant peupler la patrie, et la servir encore par des travaux qu'on supposait lui être communs avec l'homme, tout en la laissant inférieure à lui, tandis que le côté sublime et tendre, par lequel ce sexe nous est vraiment supérieur, resta généralement dans l'ombre, avec les sourires et la grâce ineffable du berceau.

Les dures civilisations de Sparte, d'Athènes et de Rome, n'ont voulu voir dans ce culte intime de la famille, prélude de toute société policée,[1] qu'une source de faiblesse et un danger pour l'organisation civile. Elles développaient l'État, l'homme collectif, la vie commune dans laquelle toutes les énergies venaient s'absorber, se confondre, comme la goutte d'eau dans l'Océan, refoulant dans les profondeurs l'immense catégorie de ces êtres délicats qui existent plus par l'âme que par le corps : la femme et l'enfant.

Aussi, pour qui sait écouter à travers ces siècles morts, quel vaste gémissement monte des entrailles de la cité antique, parce que, régie à tous les degrés par une législation de fer, elle n'a senti battre dans ses flancs le cœur de l'humanité que pour en comprimer les généreuses expansions, et qu'aussi, livrée tout entière à cette domination de l'état, elle n'a point vu se lever à son horizon le doux soleil de liberté et d'amour qui eût fait épanouir à la surface les fleurs et les âmes.

Cette résurrection devait commencer par une compréhension nouvelle de la femme et par le respect de sa personnalité.

Platon, le sublime précurseur du sentiment moderne, qui exalte jusqu'à l'adoration une sorte de pudeur céleste, eût pu inspirer ce respect, mettre en éternel honneur les vertus de l'épouse, relever avec elle la famille, et poser les assises d'une révolution glorieuse dans les mœurs de l'humanité : il n'avait qu'un pas à

---

[1] L'amour de la patrie commence à la famille. — BACON, De Aug., livre VI. — JULES SIMON, Le Devoir, 197.

faire, qu'un effort à tenter, et la cloison de ténèbres et de préjugés croulait d'une pièce ; il entrait soudain en pleine lumière de l'avenir. Mais ce bonheur a manqué à son génie, cette perfection à sa République, parce qu'il a moins écouté son cœur que son temps. Plus grand que Lycurgue, Solon et tous les philosophes ou rois législateurs qui le précédèrent, il ne sut pas échapper à leur influence trop voisine encore ; et, loin de réhabiliter la femme, en la montrant sous son véritable jour, il ne l'a faite égale à l'homme, sous certains rapports, que pour donner à celui-ci le droit de l'opprimer davantage et de l'obliger à partager les plus lourdes charges de l'Etat, par exemple, celles relatives aux travaux publics et à la guerre, par le motif que tout doit être commun entre les sexes dans la proportion des forces physiques comme des capacités intellectuelles.

Cette déplorable confusion n'est pas sans analogie avec l'erreur d'une école contemporaine qui, méconnaissant aussi ces attributions distinctes, voudrait, encore aujourd'hui, sous prétexte de grandir son rôle, appeler la femme à remplir des fonctions civiles ou politiques qui sont, nous ne dirons pas au-dessus, mais en dehors de toutes ses aptitudes bien constatées. Dans l'un comme dans l'autre cas, soit qu'elle embouche la trompette guerrière, soit qu'elle monte à la tribune, la femme est alors déplacée, et c'est sa déchéance que l'on prépare, non son émancipation, car à l'instant tout son prestige disparaît. La loi des sympathies a précisément pour base cette différence profondément accusée entre l'homme et la femme. Nous cesserions de rechercher celle-ci le jour où elle affecterait d'avoir nos qualités, et elle veut trouver en nous celles qui lui manquent.

Platon allait plus loin dans le renversement des lois de la nature : il voulait que toutes les femmes fussent communes entre les guerriers et que les pères ne connussent pas leurs enfants. Chaque génération comptait pour ascendants ceux qui l'avaient précédée dans un intervalle marqué; pour descendants ceux dont elle était suivie, et tous étaient ainsi frères et sœurs, aïeuls, oncles et neveux, selon le rapport des âges, dans une égalité terrible qui détruisait les liens du sang, ne laissant planer sur le corps social que la loi politique.

L'indication de ce système, que nous qualifierons plus loin, n'aura d'autre avantage que de faire ressortir avec éclat les progrès accomplis par le temps dans le sens de la dignité humaine et de la sainteté du foyer.

Pour arriver à inspirer le respect et surtout l'amour du faible, peut-être fallait-il au monde ancien, courbé sous ce niveau inexorable, un élément qu'il ne connaissait pas : la miséricorde. Mais pour éveiller dans ses profondeurs cette fibre ignorée, de longs ébranlements étaient nécessaires, et le juste dont Platon a peint le supplice, devait, écrasé sous le poids de ces colossales oppressions et les dénonçant dans un dernier cri, commencer la réaction dans l'histoire et faire entrer la pitié dans la loi.

Ce fut l'effet de ce drame divin, si surprenant d'èmotions et de larmes, que tout petit enfant répète, et au récit duquel s'affaissa, frappée au cœur par ce long sanglot de la Croix, la domination qui avait subjugué et asservi le globe.

L'humanité, éclairée antérieurement par tant de génies, se sentit vivre d'un sentiment nouveau, épuré et contenu par ces lumières mêmes de la sagesse antique; car le principe importé d'orient n'était plus la calme et savante raison grecque, mais la sensibilité outrée, l'amour sans contrepoids, l'incendie qui dévore, le délire qui emporte, le prosélytisme à qui l'univers ne suffit plus. Son irrésistible puissance était dans un mot : aimez! Il livrait le monde à l'empirisme du cœur, à l'extase, à la femme. Celle-ci, étrangère aux spéculations de l'esprit, allait régner par la faculté brillante de l'imagination. Ce qu'il y avait eu jusque là de faible et d'abandonné, apparaissait maintenant au sommet de cette société lentement victorieuse dont le signe était la miséricorde et la pitié.

Mais le moyen âge surgit, mariant, dans sa nuit sépulcrale, la profonde basilique et le noir donjon, clef de voûte d'une puissance néfaste élevée sur le chaos de toutes les invasions, et tombeaux de la vie civile. Sous cette double étreinte théocratique et guerrière, au bruit de l'airain sacré comme au choc des batailles, l'intelligence se sentit étouffer. Une sorte d'horrible hallucination la remplaça. Foulé comme la poussière du chemin, confondu avec la terre et partagé comme elle, le faible devint une chose où l'âme n'apparut que pour donner prise aux menaces éternelles, parceque, toujours tremblant sous la main du fort; il ne resta en lui d'autre mobile que la terreur, d'autre idéal que la vision des tourments sans fin. Plus abaissé que l'esclave antique, plus méprisé que la brute, il ne représenta ni un principe, ni une valeur sociale ou morale; il personnifia la misère, et la misère au nom de Dieu; son sort était de pleurer, de souffrir et de traîner sa chaîne. L'Eglise a trouvé, pour peindre l'état de cette pauvre créature, des images pittoresques et qui surpassent en énergie les lamentations des prophètes; elle a appelé sa vie un bannissement, l'arène de tant de maux une vallée de larmes.

Sous le poids de cet odieux asservissement, la pensée, en tant qu'elle chercha à se produire, n'eut de place que dans les cachots ou sur les bûchers; ce furent ses cénacles, sa lumière au sein de ce matérialisme dogmatique protégé par le glaive et mieux encore par l'ignorance incomparable où étaient alors plongés peuples et rois.

La femme, dont le sort est si intimement lié à celui de l'esprit, descendit d'une manière non moins étrange. On vit en elle l'origine du mal, la cause de la chute et de l'universelle douleur, de la mort dans la créature et dans le ciel, la pécheresse, dont le regard souille et fascine. Elle ne trouva entièrement grâce que sous le voile, dans ce demi-jour terrible et doux du sanctuaire où la conviait l'époux mystique. Dans le monde, les devoirs de la maternité lui furent signifiés comme un châtiment : « Tu enfanteras avec douleur. »

La vierge d'abord; la mère ensuite. La compagne de

l'homme, son égale, ne prit jamais près de lui, ni dans la société, malgré les légendes de l'amour chevaleresque, le rang et l'influence qui lui appartenaient. Il fut même un moment où l'on se demanda s'il était sage de laisser voir dans cette frêle créature le rayon de flamme qui transporte l'amour, à travers sa voluptueuse et mortelle image, par de là la mort et les cieux !.... Tout s'éteignit alors avec cette lumière ; car la femme n'a pas seulement été donnée au cœur de l'homme en vue de la famille, mais parce que, dit l'écriture, il n'est pas bon qu'il soit seul. » Or, le vide qui presse de toutes parts ce triste solitaire est-il vraiment comblé, si la douce associée n'est à ses côtés que le témoignage et le vestige de la faute, la pénitente abaissée et flétrie, dans les bras de laquelle il peut à peine nommer l'amour, puisque l'amour implique deux êtres libres et un niveau commun. Cette rupture d'équilibre dans l'exemplaire divin que Platon proclamait le plus beau spectacle que l'œil de l'âme puisse contempler, a bien souvent troublé à sa source le bonheur domestique, et plus d'une fois compromis l'ordre général.

Aujourd'hui, si la femme n'est guère plus indépendante qu'au moyen âge (à certains égards), elle ne le doit qu'à elle-même et à l'éducation qui lui est faite. Le sceptre du foyer est en ses mains. Elle en fait le charme, l'ornement, la gloire, et la famille est devenue si prépondérante, grâce au développement et à l'influence de la vie intime dans les classes aisées, que les termes sont complètement changés, par rapport aux temps anciens, et qu'une exagération contraire semble opprimer la cité et l'esprit philosophique; mais cette oppression devient légère aux plus intrépides : la femme applique à la déguiser, tout en l'aggravant, sa beauté, l'ineffable amour, sa foi attendrie, le bienfait de l'émancipation civile, et dans leur magnifique épanouissement, toutes les vertus qui rayonnent du milieu spiritualiste et chrétien où nos mœurs l'ont graduellement élevée.

C'est que le catholicisme, en exaltant sans cesse les facultés de son cœur, sans parler suffisamment à l'esprit, lui a laissé l'intolérance, c'est-à-dire l'esclavage encore pour elle et pour les siens. L'épouse la plus accomplie, la plus dévouée, alors qu'elle subit cette direction exclusive, met son savoir, son habileté, son orgueil, à émousser la hardiesse native du génie masculin, à mitiger ce qu'il comporte de grand, d'osé, de généreux, à le ramener invariablement, uniquement aux exigences égoïstes, aux convenances mesquines qu'elle prend pour des lois. Elle n'aime des fonctions publiques que ce qui rapporte ou ce qui la fait briller, se soucie peu des devoirs civiques et se donne la mission de tout amoindrir, sans penser que, par cette conspiration aveugle et tristement opiniâtre, elle fait, autant qu'il est en elle, dévier de leur axe la famille et la société, qu'elle trouble également la paix de la chaumière ou la majestueuse harmonie de l'Etat, suivant qu'elle s'assoit sur un trône ou sur la pierre de l'âtre. Et ce n'est point assez : elle exige, non pour elle, le sacrifice de ce que l'homme a de plus cher, son autonomie individuelle, le for intérieur, et ne sera satisfaite que si, à l'exemple de Dalila,[1] elle l'a enfin livré, dépouillé de ses forces, aux adversaires de sa liberté. Mère, c'est au nom des enfants qu'elle parle et pleure, tout devenant fantôme à sa sollicitude égarée, même l'éducation libérale.

C'est ainsi que le doux et puissant attrait de la famille peut devenir un danger à son tour, au point d'annihiler ou tenir dans un lâche silence des opinions justes, désintéressées, honorables. L'homme oublie qu'il est citoyen, que la nature, la civilisation et la patrie lui imposent des obligations qu'il ne peut trahir sans renier toutes les prérogatives de son sexe, sans cesser, en quelque sorte, d'être homme.

Le voilà donc pris de défaillance dans la route, ce vaillant athlète qui, en d'autres temps, déploya bravement et porta d'une main ferme le drapeau du progrès. Ne nous hâtons pas de l'accabler des reproches les plus mérités. Il eut sans doute alors tout supporté, tout engagé pour défendre une noble cause; mais a-t-il pu, depuis, résister à cet assaut permanent de l'être aimé, à cette influence des affections les plus sacrées, à ce dissolvant de tendresses et de larmes, à ces tièdes souffles de la femme et de l'enfant qui l'ont enveloppé et amolli à tout instant, jusqu'à faire de lui ce décou-

---

[1] La légende de Samson et de Dalila est l'histoire de la famille moderne. — VACHEROT.

ragé, cet eunuque moral que nous voyons? Heureux encore, s'il n'a pas été transformé en adversaire de la vie civile!

L'éducation dangereusement superficielle, pieusement romanesque, toute de sentimentalisme et de préjugés, que nous donnons à la jeune fille, conduit trop souvent à ce résultat marqué, voulu même, par toutes nos tendances religieuses et sociales. La femme, ayant une force d'absorption prodigieuse, nous entraîne dans le courant où nous l'avons jetée, comme en d'autres conditions, son irrésistible attraction entraînerait le monde entier dans le progrès. C'est pour cela que les siècles où elle ne fut pas libre furent des siècles d'abaissement et que les civilisations les plus célèbres, sous les rapports militaires et littéraires, ont été sans véritable grandeur, faute d'avoir compté avec elle.

L'auteur de la République n'a pas connu ces lois; il identifiait en esclave la femme à l'homme et ordonnait que son éducation physique, morale et intellectuelle fut également virile; en d'autres termes, il ne confondait pas seulement, il intervertissait les agents, faisant de l'être expansif et tout extérieur, — l'homme, — l'élément absorbant; tandis que l'observation nous révèle un autre ordre de faits : c'est la femme qui, passivement souveraine, attire, absorbe, concentre, retient par la puissance de l'attrait et se fait la base de la réceptivité.

Sans insister sur ces conséquences, il conviendrait d'examiner si l'erreur même de Platon, en matière d'éducation, ne peut nous instruire, et s'il n'y a pas un milieu entre un projet si téméraire et l'inanité de l'enseignement que nous donnons à la jeune fille, sous prétexte que son infériorité intellectuelle la sépare complètement, sur ce terrain, de notre sexe.

A ce sujet, de nouvelles distinctions sont nécessaires, et peut-être n'ont-elles pas été faites.

Chez la femme, le cœur est lumière. Toutes les aptitudes procèdent de ce foyer qui éclaire, échauffe, dilate même l'entendement, et à certains moments en double la puissance. Il suit de là que les méthodes destinées à un pareil élève doivent être essentiellement différentes de celles qui peuvent nous concerner; mais non pas que la science lui soit inaccessible ou puisse légitimement lui rester étrangère. Loin de là! elle lui est indispensable pour faire contre-poids à la spontanéité souvent dangereuse de ses impressions, pour former, développer, rectifier, diriger, contenir l'essor hatif de ses facultés si multiples, si fécondes; mais qui, faute de règle ou d'aliment, s'égarent ou se dépensent dans le vide; elle lui est nécessaire encore pour donner à ses actions une impulsion sûre, un mobile élevé, un but rationnel; enfin, pour substituer à ses opinions des idées de raison, de solidarité, de travail et marquer dans la société sa place d'être pensant, alors que le premier rang lui est acquis par la grâce. « C'est être aveugle de calculer la dot d'une fille en écus, et de ne point la calculer en talents, en élévation d'esprit, en caractère. » [1]

---

[1] Jules Simon. — *L'Ecole.*

Nous remplirons cette lacune en lui traçant un programme qui puisse l'initier convenablement aux plus belles connaissances actuelles, dans le triple domaine de la philosophie morale, de la littérature et des sciences positives. Ne nous effrayons pas des mots. Il n'est point de morale bien assise, sûre d'elle-même, ni surtout méritoire et digne d'un être libre, si elle s'ignore, si le regard intelligent ne la pénètre et l'éclaire de toute part dans le limpide miroir que nous appelons la conscience; il n'est point de rectitude dans le jugement sans justesse dans la pensée, ni même de pensées suivies sans quelques procédés logiques. Or, ces notions si précieuses qui, dans leur simplicité, peuvent comprendre les vérités les plus sublimes, seront vite familières à la curieuse fée et lui donneront les points d'appui, les éléments de certitude qui lui manquent dans la vie, si nous avons soin d'intéresser toujours son cœur, de parler à l'imagination, de relever, par l'attrait de la vertu, par le sentiment du beau, par des vues d'humanité et de justice, des spéculations qui, au premier abord, semblent n'avoir pour elle rien que d'ardu et de décourageant.

A défaut de cet âpre plaisir de recherches qui nous pousse à toutes les découvertes, la femme a l'amour et la passion de la vérité, et quand elle croit l'avoir trouvée, elle en éprouve un bonheur singulier; se déclare pour elle sans calcul, et l'embrasse avec l'enthousiasme et la flamme d'une amante.

Enseignez donc à la jeune fille, tout en respectant les dogmes et les symboles de sa foi, et plus encore ses instincts pudiques, le culte pur de l'idée, de la raison, de la justice; mais ouvrez devant ses pas de frais méandres, fleurissez les sentiers qui conduisent au temple. Pas de formules abstraites, de sèches analyses, de démonstrations longues et pénibles. Tremblez de lasser son attention ! Qui lui impose l'ennui un seul instant, la rebute à jamais.

Le même système lui ouvrira le cycle des connaissances dites exactes, qui lui apprendront les lois et les principaux phénomènes de la nature et de la vie dans les divers règnes. Ici ne craignez rien encore. Si vous êtes habiles, si vous savez éveiller l'idée sans effort apparent, accompagnant toujours la théorie d'expériences propres à saisir les facultés étonnées, ravies quelquefois, à montrer plutôt qu'à expliquer les prodiges si naturels, et désormais passés dans nos usages, de la chaleur, de l'électricité, de la lumière; oh ! alors celle que l'on semble croire prédestinée à l'ignorance aura souvent le don de divination, et sur ce trépied de lumière, la nouvelle Pythie rendra de véridiques oracles. Son esprit charmé poétisera toutes ces sciences dont nous ne savons que réciter les nomenclatures et disséquer les squelettes : la chimie, la physique, la botanique, etc., et les vrais éléments des choses auront remplacé, dans son cerveau, les mystères, les fables, les légendes et toutes ces données obscurantistes qui l'inquiètent et la troublent. Elle en sera beaucoup plus religieuse, dans le bon sens du mot, puisqu'elle sera éclairée et transmettra ces clartés de l'esprit aux générations dont elle sera ainsi deux fois la mère. Elle aura conquis du même coup sa liberté, relevant directement de la morale de tous les siècles, de la science et de sa conscience affirmées sur des principes impérissables.

Avec tous les moyens de se développer par le savoir, de se fortifier par la réflexion et de contribuer plus puissamment au bonheur de tous, la femme comprendra la nature, ses lois formelles, ses terribles nécessités; elle envisagera les biens et les maux sans superstition, sans vaines alarmes, dévouée au devoir jusqu'à la mort, mais confiante dans la justice qui, chaque jour, élabore cette République des intelligences, cet Etat modèle de tous les Etats, que Platon voyait germer dans les magnifiques profondeurs de l'avenir. L'homme cherchera et trouvera en elle, non plus la compagne asservie et qui veut asservir, l'instrument de ses plaisirs ou de sa domination; mais l'auxiliaire délicat et élevé qui lui apporte la force morale dans l'amour, la volupté souveraine de deux âmes, et avec cette union, l'enfantement divin à tous les degrés de l'être, dans la nature physique comme dans les hautes conceptions idéales qui rendent cet amour mortel infini, en l'assimilant à l'infini créateur. O ma beauté! Qu'y a-t-il de plus grand, de plus saint dans les mondes et dans le principe qui les régit que ce sentiment qui nous enflamme et qui, nous instituant les coopérateurs de l'œuvre immense, nous fait en quelque sorte les égaux de la divinité. O femme, muse sacrée, lien, rapport, complément et couronnement de tout, qui nous intéresses si vivement à la terre et qui touches aux cieux, vois ces espaces, ces champs d'azur où flottent des millions de soleils emportant, éclairant, animant des myriades de sphères, et dis-moi si ces voûtes, ces arceaux du temple sans bornes, ces lustres qui le décorent ne suffisent pas à tes adorations? Sois donc toute à Dieu et toute à moi! Embrase et dilate mon cœur, prête-moi ta tendresse, ton souffle et ton âme pour rendre nos admirations fécondes, immortelles; car avec toi, ma libre-pensée parcourt ces étendues et d'une aile audacieuse secoue toutes les ténèbres, recule tous les horizons et ne voit de limite nulle part, si ce n'est le mal. O fille de lumière, c'est toi que le poète a cherchée à travers les siècles pour régénérer l'amour et poser sur ton front le diadème d'indépendance et de royauté morale qu'en fit tomber l'antique législateur. Tu portes l'humanité dans tes flancs; ce n'est pas assez. Ne cesse point de l'étreindre dans tes bras d'épouse, de sœur, de mère, de femme héroïque enfin, qui la veut noble et forte par le caractère, aguerrie au combat, plutôt morte qu'abaissée. Fais qu'elle s'appartienne comme la création elle-même s'appartient; car Dieu a tout créé pour la liberté, la conscience humaine et l'univers. Ravis sur les routes lumineuses ces générations innombrables, et puisses-tu les conduire, du néant où ton souffle les fait éclore, à la plénitude de la justice, à la splendeur de l'être intelligent, plus grand et plus près de Dieu que tous ces mondes ensemble! O mère de l'immortalité, qui tresses dans l'ombre et déroules sur l'abîme des temps la trame légère de la vie, rattache de ta main bénie ces fils tremblants aux constellations qui roulent sur nos têtes, au moteur caché qui les soulève et les dirige, à cette loi universelle de l'amour, une et multiple, qu'aucune formule ne renferme, qu'aucune parole ne traduit, parce qu'elle est elle-même la vie en acte, qu'elle domine l'espace et la durée et que le monde entier la proclame.

Autant que nous pouvons le sentir et l'exprimer, l'amour platonique aurait ainsi pour caractère, avec l'émancipation absolue de l'âme, l'éternelle activité du principe créateur qui produit, audessus des phénomènes physiques, les vertus et les œuvres d'intelligence. L'homme dégagé de tous préjugés devant la beauté suprême qui se réfléchit dans l'entendement et le féconde : telle nous semble la doctrine.

Mais on l'a vu : dans la société politique ce magnifique idéal croulait. Le blanc cygne de l'Académie, adoptant les erreurs et les coutumes de Sparte, détruisait la tendresse conjugale, la pudeur de la femme, qui n'est pas moins sa vie que l'amour, la famille enfin. Il portait, dans l'application, un coup mortel à sa

République, d'ailleurs peuplée de tant de vérités supérieures qui en font l'un des plus admirables édifices de la pensée humaine.

C'est de cette utopie communiste, si puissamment rêvée, qui nous montre les citoyens, grands et petits, unis entre eux comme l'âme l'est au corps, attristés des mêmes maux, heureux des mêmes joies; c'est de cette donnée généreuse, dis-je, qu'il déduit les principes d'un gouvernement juste, si fort au-dessus de ce qui existait de son temps et même de tout ce que nous connaissons aujourd'hui. On en jugera par cette simple comparaison.

— Quel titre le peuple donne-t-il, dans les autres États, à ceux qui le gouvernent?
— Celui de maîtres.
— Et chez nous?
— Celui de défenseurs.
— Dans les autres états, comment les chefs traitent-ils le peuple?
— D'esclave.
— Comment l'appelleront-ils chez nous?
— L'auteur de leur salaire et de leur nourriture.

Ne croit-on pas voir poindre l'aurore d'une démocratie toute de fraternité et d'amour!

C'en est fait! la flamme civilisatrice, quoique resserrée encore dans les bornes de la fédération hellénique, brille désormais, et par degré elle éclairera toute la terre. C'est le moment unique, sacré dans l'histoire et dans la philosophie, où le code de l'humanité, se substituant aux droits barbares de la guerre, porte le premier coup à l'esclavage.

Platon, ne pouvant détruire universellement cet état de choses, l'attaque du moins avec vigueur dans son pays et fait rougir ses contemporains d'un usage si déshonorant pour les oppresseurs et pour les victimes.

Il déclare odieux que des Grecs réduisent en servitude des cités grecques, et il pose pour principe qu'il faut toujours épargner la patrie, de peur qu'elle ne tombe elle-même sous le joug dont s'écrasent mutuellement les partis. Il défend à ses compatriotes de faire des esclaves grecs, afin qu'au lieu de travailler à s'entre-détruire ils soient prêts à tourner l'ensemble de leurs forces contre les étrangers. Il flétrit ceux qui, dans la guerre, dépouillent les morts, comme si c'était le fait d'un soldat de rester penché sur des cadavres et de traiter en ennemis ces débris de nos semblables, quand le véritable ennemi dont il n'était que l'instrument, s'est envolé. Ah ! que les enfants de la Grèce, s'écrie-t-il, ne commettent point ces indignités ! Qu'ils ne refusent jamais à l'ennemi la permission d'enlever ses morts ! Qu'ils ne portent jamais en triomphe, dans les temples, les armes des vaincus, surtout des Grecs, car c'est souiller les temples de les orner des dépouilles de nos frères.....

Poursuivant ce noble enseignement, il répudie au même titre les incendies et les dévastations de territoires ; il bannit même jusqu'au nom de la guerre, entre alliés et concitoyens, ne voulant voir que des discordes passagères et des maladies dans le corps d'une nation dont les membres sont assez malheureux pour se déchirer; car un jour tous les partis devront se réconcilier dans le sein de la mère commune.

C'est pourquoi, conclut-il, soyons humains dans ces luttes et contentons-nous de réduire nos adversaires à la raison, sans les humilier par les châtiments, les asservir ou les ruiner.

Les auditeurs de Socrate admiraient de si beaux sentiments, exprimés avec l'éloquence de l'âme; mais ils demeurèrent comme frappés de stupéfaction, car ces maximes et beaucoup d'autres étaient tout-à-fait nouvelles, et ils doutaient qu'aucun Etat pût les mettre en pratique et que cet Etat lui-même fût réalisable.

Le philosophe, les ramenant au principe fondamental, profite de leur scepticisme pour indiquer les moyens d'arriver à la connaissance raisonnée des choses.

Il reprit ainsi :

Il est bon de rappeler que ce qui nous a conduits

jusqu'ici, c'est la recherche de la nature de la justice et de l'injustice. Mais quand nous aurons fait cette découverte, exigerons-nous du juste qu'il personnifie exactement la justice, ou bien ne nous suffira-t-il pas qu'il en approche le plus près possible?

Dites, mes amis : croyez-vous qu'un peintre en soit moins habile, parce qu'après avoir créé le plus beau modèle d'homme qui se puisse supposer et avoir donné à chaque trait la suprême perfection, il se trouve incapable de prouver que la nature peut produire un homme semblable.

Nous avons fait comme le peintre, en traçant un modèle d'Etat; mais autre chose est d'en démontrer la réalisation ! Il est toujours plus facile de bien dire que de bien faire.

Cependant puisque vous m'avez conduit sur ce terrain, tâchons de découvrir pourquoi les Etats sont mal gouvernés.

Une seule chose importe, d'abord, pour que tout change de face pour le bien des nations : c'est qu'elles mettent à leur tête des hommes sages et justes, ou que les souverains régnants deviennent tels; en sorte que l'autorité politique et la philosophie marchent dans la même voie et qu'on écarte des affaires ces dominateurs altiers, exclusifs, qui veulent appliquer l'un seulement de ces deux moyens; car si cet accord de l'autorité et des idées de progrès n'existe pas; si les sages ne sont pas rois, ou si les rois ne deviennent sages, il n'est point de remède aux maux qui accablent les Etats, ni même à ceux du genre humain, et jamais organisation juste ne présidera aux affaires terrestres!

Voilà ce que j'hésitais à dire, prévoyant combien cette vérité me fera d'ennemis.

Glaucon. — Tu ne t'es pas trompé, Socrate, et tu peux bien t'attendre à voir une foule de gens, même de ceux qu'on appelle avancés, jeter là leurs habits pour faire armes de tout et fondre sur toi à coups redoublés, car ils croiront, en t'écrasant, faire merveille.

Socrate. — Hélas! c'est vous qui en êtes cause.

Glaucon. — Et nous ne saurions le regretter, ô maître! Aussi te défendrons-nous avec la dernière énergie... Persévère donc dans ta lutte généreuse du bien et essaye de confondre tes adversaires en mettant toujours la raison de ton côté.

Socrate. — Avec votre secours, je continuerai. Pour échapper à ceux qui nous attaquent, il semble nécessaire de leur expliquer quels sont les hommes à qui nous osons dire qu'il faut déférer la conduite des gouvernements; nous pourrons ensuite plus aisément nous défendre et montrer qu'il n'appartient qu'à eux d'être à la fois chefs d'Etat et philosophes, et que les autres ne doivent se mêler ni d'enseignement, ni de politique.

Glaucon. — Explique ta pensée.

Socrate. — Suivez-moi. — Lorsqu'on dit de quelqu'un qu'il aime une chose, il l'aime tout entière. Tu sais cela, toi, Glaucon, maître expert en affaires d'amour?

Glaucon. — Soit! prends-moi pour exemple. J'y consens, pour ne point cesser de t'entendre.

Socrate. — Ainsi le philosophe aime la sagesse tout entière. Il en est avide. Il se porte vers elle avec une extrême ardeur, il voudrait l'embrasser, la posséder sans limite, parce qu'il est insatiable d'apprendre et d'acquérir et que, sur les ailes de cette muse, il s'élève à la vérité. Mais il faut distinguer de ces rares amants, pleins de transports et de feu, toujours planant vers les sources vives de la connaissance, ces frivoles amateurs dont toute la curiosité est dans les yeux et dans les oreilles, qui ne peuvent, par conséquent, distinguer la notion du beau et encore moins s'y attacher, parce qu'ils se laissent prendre aux surfaces et au mirage des choses.

Qu'est-ce que la vie d'un homme qui, appréciant les choses belles, ignore le beau et ne peut suivre ceux qui voudraient le lui faire connaître? Cette prétendue existence est-elle un rêve ou une réalité? Prenons-y garde! Qu'est-ce que rêver? N'est-ce pas, endormi ou éveillé, prendre la ressemblance pour la chose même?... Cet homme ne vit pas, il rêve!

Mais celui-là, au contraire, qui sait découvrir le beau, sans jamais le confondre avec les choses belles, fait-il encore un rêve, ou plutôt ne vit-il pas de toute la réalité de la vie morale, puisque ses connaissances, fondées sur une vue claire des objets, procèdent de la science; tandis que celles de l'autre, reposant sur l'apparence, ne méritent que le nom d'opinion?

Cependant, par cela même que l'ignorant joue avec l'ombre, c'est lui qui s'emportera tout d'abord, soutenant que les autres se trompent. Essayons, ne fut-ce que pour le calmer, de le persuader doucement ; mais cachons-lui bien qu'il est malade, et prions-le lui-même de nous instruire, car nous serons charmés de trouver un homme qui sache quelque chose. — Vous répondrez pour lui à mes questions.

Celui qui connaît, lui dirai-je, connaît-il quelque chose ou rien ?

Glaucon. — Il connaît quelque chose.

Socrate. — Qui est ou qui n'est pas ?

Glaucon. — Qui est !

Socrate. — Donc, sans aller plus loin, nous savons à n'en pouvoir douter que ce qui est pleinement peut être connu de même, et que ce qui n'existe à aucun degré ne peut être nullement connu.

Mais s'il y avait quelque chose qui tînt à la fois de l'être et du non être, cette chose n'occuperait-elle pas le milieu entre ce qui est tout-à-fait et ce qui n'est point du tout ?

Glaucon. — Oui, sans doute.

Socrate. — Si donc la science a pour objet l'être, il faut chercher une manière de connaître qui soit intermédiaire entre les deux termes que nous venons d'exprimer. Ce mode d'appréciation, qui devra fonctionner entre l'être et le néant, n'est ni la science ni l'ignorance, mais c'est la faculté que nous avons de juger sur l'apparence.

Les facultés sont aussi des espèces d'êtres qui nous rendent capables des opérations de l'esprit ; c'est la puissance qui nous est donnée de voir, d'entendre, de juger. Je n'aperçois en elles ni couleur, ni figure, ni rien de semblable à ce qui affecte mille autres choses sur quoi je puisse porter les yeux pour établir des distinctions. Je ne considère dans chacune que sa destination et ses effets. C'est par là que j'en fais la différence. J'appelle facultés identiques celles qui produisent les mêmes résultats.

La science a pour objet ce qui est.

L'opinion ne représente que ce qui paraît être, une sorte de réalité douteuse, au-dessous de l'être, au-dessus du rien, car on ne peut avoir une opinion qui porte sur rien. Elle a donc moins de clarté que la science, moins d'obscurité que l'ignorance, celle-ci étant la négation de l'être, la nuit complète.

Si nous découvrons quel est l'objet de l'opinion, nous assignerons alors à chacune des facultés son objet, les extrêmes aux extrêmes, et l'objet intermédiaire à la faculté qui lui revient.

Cela posé, qu'il me réponde, cet homme qui, ne croyant pas qu'il y ait rien de beau en soi, ni que l'idée du beau soit absolue, ne reconnaît que les choses belles, et qui pareillement ne peut souffrir qu'on lui parle du juste absolu. Ces mêmes choses frivoles que tu appelles belles, justes, saintes, lui dirai-je, n'ont-elles pas, sous d'autres rapports, toutes les qualités contraires? Ne peuvent-elles pas, suivant les circonstances et le jour, varier à l'infini, être grandes, petites, mauvaises, etc. Par conséquent, elles sont et ne sont pas, suivant le côté par lequel on les envisage.

Ces catégories de choses accidentelles, auxquelles le vulgaire attribue la réalité et la beauté, flottent dans le vague qui sépare l'être du néant, car elles sont l'objet, non de la science, mais de l'opinion : c'est ainsi qu'à l'égard de tous ceux qui voient la multitude des choses belles, mais non le beau essentiel ; les choses justes, mais non la justice même, nous dirons que leurs jugements sont des opinions et non des connaissances.

Au contraire, ceux qui approfondissent la notion et la raison des choses ont des connaissances et non des opinions.

Les uns et les autres embrassent les choses qui découlent de la science ou celles qui relèvent de l'opinion ; mais ceux-là seuls se conduisent en hommes qui s'attachent à découvrir et à contempler le principe éternel des êtres.

LIVRE SIXIÈME

Aux plus dignes, aux plus capables, aux vrais sages, le gouvernement des hommes. Que les rois descendent de leurs trônes, les magistrats de leurs sièges, le professeur de sa chaire, l'orateur de la tribune, s'ils ne représentent et ne traduisent dans toutes leurs actions, comme dans leurs paroles, la justice, la science, le progrès, l'humanité, toutes les vertus, toutes les lumières ! C'est à ceux-là qui savent, qui aiment, qui se dévouent, qui adorent la vérité et la font régner dans les âmes, qu'appartiennent le pouvoir et toutes les fonctions importantes dans l'Etat, sans quoi le monde est livré aux tyrans et aux sophistes ; la société est perdue, et la science elle-même devient la courtisane des trônes, la servante du mensonge, l'instrument des pervers, la corruptrice du sens moral des peuples et la confusion des savants dignes de ce beau titre.

C'était la thèse de Socrate, lorsque la foule scandalisée a jeté là ses habits pour le lapider, croyant faire merveille ; ce qui n'empêche pas le penseur de reprendre le sujet pour le développer avec calme et force; car telle est sa résolution inébranlable, et rappelée ici à chaque page : convertir les puissants à la justice ou confier le sort des nations aux hommes justes, et si ce but n'est atteint par la loi, il le sera par l'éducation qui fera doucement la lumière dans l'âme de cette multitude.

Ah ! s'écrie-t-il, si le peuple pouvait un jour comprendre ces choses !... Ce vœu expire sur les lèvres du sage, dont le regard interroge plus douloureusement l'avenir, car au sein de cette ignorance qu'il déplore, et plus désastreux qu'elle, il voit se dresser le Sophisme, ce faux visage de Dieu, ce faux jour de la science, qui de siècle en siècle, sous des formes nouvelles, apparaît pour tromper l'humanité et la conduire, par une sorte de vertige qui est sa lumière, à tous les attentats dont la liberté frémit, souvent à des conflagrations qui embrasent les continents. C'est le sophisme qui tuera Socrate comme il immolera Jésus, comme il étouffera la conscience humaine sous les vaines subtilités de la scolastique, comme il fera taire, enfermer ou brûler Abeilard, Roger Bacon, Bruno, Galilée, Descartes et tant de martyrs de la science et de la raison. Ceint du diadème, coiffé de la tiare ou du bonnet rouge, on le vit constamment, dans l'histoire, se substituer à Dieu, à l'humanité, à la loi ; il s'est appelé, selon les temps, Tyrannicide, Raison d'Etat, Salut public, Saint-Office, Inquisition, Syllabus. C'est lui qui a écrit que la fin justifie les moyens ; qu'il y a deux morales, une grande et une petite ; deux libertés, celle du Bien, qui est la sienne, et celle du Mal, que réclament ses adversaires ; que la tolérance moderne est une perversion de l'esprit ; que la justice n'est point absolue, et que l'on peut, en vue d'un grand intérêt, de ses opinions ou de sa religion, transiger avec la conscience. Il a fait les Judith, les Jacques Clément, les Ravaillac, les Charlotte Corday, les Orsini........ Son privilége, à jamais funeste, est de présenter à l'esprit un certain mirage qui l'éblouit, le fanatise, et si l'éloquence lui prête ses entraînements, si la philosophie le pare de ses formules, tout un peuple, toute une époque peut s'y laisser prendre. Souvent il masque de sa flamme les écarts du génie ou l'invincible erreur d'une intelligence réfractaire à la marche des temps. Le premier ouvrage de Rousseau[1] n'est qu'un sophisme admirablement développé. L'*Indifférence en matière de Religion* n'a pas d'autre point de départ. Les de Maistre, les de Bonald lui ont emprunté leurs constructions philosophiques, leurs prétendus oracles.[2] C'est

---

[1] *Discours sur les arts et les sciences.*

[2] Dans une discussion sur la peine à infliger au Sacrilège, M. de Bonald prononçait ces paroles affreuses : « C'est Dieu qui est l'offensé ; renvoyons le coupable devant son juge naturel. » Voilà où le sophisme a pu conduire cette belle

quelquefois aussi un bon mot qui donne habilement le change à l'opinion surprise; telle cette phrase d'un homme d'esprit au sujet de la suppression de la peine de mort : « que messieurs les assassins commencent. » Cependant quoi de plus déraisonnable, de plus immoral que d'attendre des criminels et l'exemple et la loi !

En général, comme ce qui est faux a pour antagoniste naturel ce qui procède de la vérité, l'esprit sophistique, contempteur de la vraie gloire qu'il ne peut comprendre et ne saurait atteindre, vise aux hautes positions, aux honneurs, au pouvoir, et s'il y parvient, son système de gouvernement est d'imposer aux multitudes, de fasciner les majorités, de couvrir de fleurs l'abîme où roulent l'indépendance et l'or de la patrie. L'auteur de la République, en réunissant tous ces traits, ne sera donc que juste envers les sophistes.

Mais le moyen de reconnaître ces derniers des sages irréprochables? Autre difficulté, et noble étude, qui

---

intelligence, ce cœur honnête, cette âme loyale, cet homme doux et indulgent dans la vie privée! N'est-ce pas à faire frémir? Être sans le savoir, sans le vouloir, le théoricien du crime : qu'elle dépravation mentale plus profonde! quel plus grand malheur pour un mortel! M. de Bonald disait encore : « Demander la liberté de la pensée est un peu plus absurde que de demander la liberté de la circulation du sang » Ainsi, il ne répugnait pas à cet ingénieux esprit de confondre la fonction de penser avec la manifestation publique de la pensée, réglée, garantie par les lois, et en vertu de ce paralogisme, il repoussait la première, la plus essentielle, la base même de toutes les libertés sociales.

nous révèlera les conditions des grands et solides caractères, des véritables savants dont le génie est raison, force, dévouement, bonté et sincérité.

Quels sont donc les vrais philosophes, de ceux qui embrassent l'immuable vérité pour elle-même, parce qu'ils ont la faculté de la connaître et de la posséder, ou de ceux qui errent sans cesse autour de mille objets changeants et mobiles comme eux-mêmes ?

Est-il difficile de décider si un bon gardien doit être aveugle ou clairvoyant ?

Or, quelle différence mettre entre les aveugles et ceux qui, privés de la connaissance du vrai, n'ayant même dans leur âme aucune idée claire et distincte, ne peuvent, à l'exemple des grands artistes, arrêter leurs regards sur le vivant modèle de l'Être, pour en faire découler les lois destinées à fixer et conserver dans l'État ce qui est honnête, juste et bon ?

Il faut donc préférer, pour gouverner, l'homme qui, supérieur par la spéculation intellectuelle, ne le cède en rien aux autres pour l'expérience des affaires.

La première marque d'un tel esprit est d'aimer avec passion tout ce qui peut conduire à la connaissance élevée et générale des choses ; il en est de ce prédestiné du savoir comme des amants et des ambitieux par rapport aux objets de leur ambition et de leur amour. N'est-il pas vrai qu'un cœur vraiment amoureux étend son affection à tout ce qui approche l'objet aimé ? Or, quoi de plus étroitement lié à la science que la vérité ! Et se peut-il que le même homme aime à la fois la sagesse et le mensonge ? Le sage aura, au contraire, le mensonge en horreur.

Pour ne pas nous y tromper, prenons, pour ainsi dire, dès le berceau, le sage futur. Déjà le génie de la vérité le tourmente; il l'aime le jour où son cœur s'éveille; il la cherche aussitôt qu'il voit la lumière; il la revendique, avec le sentiment de la possession, comme son unique patrimoine. Dans l'enfance, dans la jeunesse, tous ses vœux, toutes ses aspirations sont pour elle; car, ne séparant jamais la science de la vérité, ce n'est pas le masque du philosophe qu'il emprunte. Il n'a de goût que pour les plaisirs purs qui émanent de l'âme. Il est tempérant, désintéressé. Les mêmes motifs qui font courir les autres après la fortune le trouvent indifférent. Ce qui le distingue encore des faux sages, c'est qu'il n'a rien de bas ni de rampant. La petitesse est incompatible avec les qualités de celui qui doit embrasser, dans le cercle de ses investigations, les choses divines et humaines.

Mais cette âme qui porte sa pensée sur tous les temps et sur tous les êtres, regarde-t-elle la vie comme quelque chose d'important? Peut-elle craindre la mort? En est-il d'elle comme de l'âme basse et lâche qui ne saurait avoir rien de commun avec la philosophie? Sera-t-elle injuste, cupide, d'un commerce difficile?

Pour prononcer définitivement sur sa vocation, voyons, en effet, si, loin de montrer des instincts farouches, rebelles, indomptables, elle possède l'équité, la douceur, l'esprit de mesure, de suite et de sociabilité; si les penchants vertueux répondent à la vivacité du désir qu'elle manifeste de s'instruire; si d'elle-même, et pour ainsi dire d'une pièce, elle tend vers l'amour du bien comme vers la connaissance; si douée de mémoire, de pénétration, de grandeur, d'humanité et de bienveillance, elle est l'alliée de la vérité, la sœur de la justice, de la force morale, de la tempérance.

C'est à ce naturel vertueux, fécond, incorruptible, perfectionné par l'éducation, que nous devrons confier le soin du gouvernement.

A cet instant, Adimante prit la parole pour faire entendre à Socrate qu'il pourrait bien avoir tracé là un portrait fort éloigné de la vérité, bien qu'il semblât se confondre avec elle, grâce à l'extrême habileté de langage du maître. Je te ferai remarquer, dit-il, que la plupart de ceux qui s'appliquent ainsi à la sagesse passent pour des hommes d'un caractère bizarre, difficile, insupportable même, et que souvent les meilleurs sont considérés comme inutiles à la société.

— J'en conviens, reprit Socrate.

— Alors pourquoi nous dis-tu qu'il n'est point de remède aux maux qui accablent les Etats, si le commandement n'est remis aux plus sages?

— Je te répondrai par une comparaison; mais d'abord sur qui retombe ce reproche, si ce n'est sur les gouvernements, qui livrés aux flatteurs, aux intrigants et aux ambitieux, font aux sages une situation tellement intolérable qu'aucun autre citoyen n'éprouve les mêmes injustices ou n'est l'objet du même abandon injurieux.

Le pouvoir est un patron à la vérité grand et robuste, mais un peu sourd et presque aveugle, comprenant très-peu, du reste, l'art de gouverner. Quant à l'Etat, c'est un vaisseau sur lequel tous les intrigants dont je parlais se disputent le gouvernail. Chacun d'eux s'imagine qu'il doit commander au détriment des capitaines et des pilotes instruits, et sans jamais avoir fait comme eux les études requises. Ils prétendent d'ailleurs que ce n'est point là une science, mais un poste à conquérir, et malheur à qui leur soutiendrait le contraire! Donc, sans cesse autour du patron, l'importunant de demandes et de prières, employant tous les moyens, toutes les obsessions pour le circonvenir, ils finissent par lui arracher le gouvernail. Il y a lutte ensuite à qui s'en emparera le plus promptement, pour son propre compte, et ceux qui craignent d'être supplantés jettent les autres par dessus le bord. Puis, nos parvenus entourent l'homme-pouvoir, s'assurent des bonnes grâces de cet excellent patron, l'enivrent de vin, l'endorment dans les jouissances ou s'en débarrassent de toute autre manière. Alors, ayant en main l'autorité pour faire ce qu'ils veulent et la fortune publique à dévorer, ils se repaissent de l'une et de l'autre et conduisent le vaisseau comme de pareils gens peuvent le conduire.

Ces ambitieux croient donc avoir de bonnes raisons de mépriser le vrai pilote, observateur inutile, suivant eux, des vents, des saisons et des astres ; et, qu'il y ait ou non opposition, ils déclarent que l'on peut gouverner à l'aise sans tant de science, de capacité et de moralité.

Je n'ai pas besoin de faire observer que le sage est

ce pilote rejeté des gouvernements et méprisé des hommes, parce qu'il n'est ni assez flatteur, ni assez mendiant pour désirer les charges publiques à ces conditions.

Dans un pareil état de choses, ce serait même un phénomène qu'il fût honoré.

Toutefois, les plus odieuses calomnies qui s'élèvent contre la philosophie lui viennent de ceux qui se disent philosophes et qui ne le sont pas. La légèreté ou la perversité de ces derniers est seule la cause du décri jeté sur cette science divine et sur ceux qui la cultivent avec courage et désintéressement, car, comme nous l'avons vu, elle est étrangère à tout esprit d'imposture, et l'âme qui en est éprise, tendant avec une ardeur insurmontable vers les réalités dont ce monde n'est que l'apparence, s'attache à elle d'une union intime, jusqu'à ce que, de cet accouplement divin, naissent l'intelligence et la vérité, et qu'ainsi l'âme soit délivrée des douleurs de l'enfantement. Et quand la vérité est à ce point la passion d'une vie, la base d'un système, quand elle ouvre la marche et guide, pour ainsi dire, le cortége des idées justes, il n'est guère probable qu'elle traîne à sa suite celui des vices ; au contraire, les mœurs pures et réglées sont ses fidèles compagnes et constituent le caractère philosophique.

Oh ! que rarement de si heureux naturels paraissent sur la terre !

Et encore, que de causes puissantes concourent à la perte de ce petit nombre d'élus, souvent détournés de leur route par les qualités mêmes de leur intelligence, comme par tous les autres avantages du corps, de la naissance, de la fortune, par les riches alliances qui attachent au monde et dégoûtent de la sagesse ! Mais il est pour eux d'autres causes de chute ou de perversion.

Toute plante, d'ailleurs excellente, qui naît dans un climat peu favorable, exige d'autant plus de soins et de culture que l'essence en est plus féconde; car le mal est plus contraire à ce qui est bon qu'à ce qui n'est ni bon ni mauvais. C'est ainsi qu'un régime mal approprié nuit davantage à ce qui est excellent de sa nature qu'à ce qui n'est que médiocre, et que les âmes les mieux nées deviennent les pires par une direction vicieuse. Il faut même considérer, et cela est terrible, que les plus grands crimes et la méchanceté noire partent moins souvent d'une âme ordinaire que d'une forte nature à qui a manqué une heureuse impulsion. Pour ce qui est des âmes vulgaires, elles ne feront jamais ni beaucoup de bien ni beaucoup de mal.

De deux choses l'une : si l'élu de l'intelligence reçoit à temps la culture qui lui convient, c'est une nécessité qu'il s'élève graduellement à toutes les vertus; si, au contraire, il se trouve, par le hasard des circonstances ou par la faute des maîtres, entravé dans son essor ou livré à un système d'éducation impropre à sa nature, il n'est point de malheurs auxquels on ne l'expose. Le danger n'est pas seulement, comme le public le pense, dans l'enseignement particulier de quelques sophistes. Les plus grands sophistes, les corrupteurs effrontés du sens et de la morale du peuple, sont ceux-là qui, dans les assemblées, au barreau, au théâtre, au camp, partout où il y a foule, tiennent de bruyants discours, blâment ou approuvent avec tumulte, sans justice ni jugement, sèment l'aberration dans les esprits, passionnent et égarent les multitudes entraînées par le fracas de leurs déclamations banales et cependant applaudies et répétées par tous les échos. Quel effet produiront de semblables scènes sur le cœur des jeunes gens? Quelle solide éducation les sauvera de ce cataclysme de maximes paradoxales, d'apologies outrées ou de critiques ignorantes? Ne se modèleront-ils pas sur ces crédules auditoires, sur ces majorités brutales dont les errements, les vues et toutes les impressions deviendront le principe de leurs pensées et le fondement de leur conduite?

Mais ce qu'il y a de plus redoutable, c'est que ces habiles maîtres, dans leur superbe intolérance, n'entendent pas seulement dominer par la parole. Contre ceux qui ne voudraient pas se laisser persuader, ils ont la calomnie, les dénonciations infâmes, et, s'ils le peuvent, les supplices et la mort. Encore une fois, quel enseignement balancera leur puissance usurpée, et doit-on même concevoir l'idée de la combattre? — Non, il n'y a point eu dans le passé, il n'y aura jamais dans l'avenir d'enseignement philosophique capable de triompher de cette contagion dont le peuple est la proie, et c'est miracle si quelque âme vertueuse échappe au naufrage.

Tous ces docteurs mercenaires n'enseignent pas. Sous ce beau prétexte, ils ne font que répéter, dans les assemblées et à la jeunesse, les maximes et les erreurs qu'ils supposent agréables au peuple. On dirait, en examinant le sophiste, un homme qui, après avoir observé les mouvements instinctifs et les appétits d'un animal grand et robuste, par où il faut l'approcher et le toucher, quand et pourquoi il est farouche ou paisible, quel cri il pousse en chaque occasion et quel ton de voix l'apaise ou l'irrite; qui, enfin, après avoir appris tout cela avec le temps et l'expérience, en formerait une science qu'il se mettrait à enseigner, sans discerner, parmi ces habitudes et ces appétits, ce qui est honnête, bon, juste, de ce qui est honteux, mauvais, injuste; se conformant, dans ses jugements, à l'instinct de l'animal, appelant bien tout ce qui le flatte et lui fait plaisir; mal tout ce qui le courrouce; juste et beau ce qui satisfait les caprices de sa nature, sans faire d'autre distinction, parce qu'il ne sait pas la différence essentielle qu'il y a entre ce qui est bon en soi et ce qui est bon relativement, qu'il ne l'a jamais connue et qu'il est hors d'état de la faire connaître aux autres. Certes, un tel maître est étrange!... Et c'est trait pour trait l'image de ces hommes qui font consister la sagesse à connaître ce que désire la multitude, ce qui la séduit ou la flatte.

N'est-il pas évident que cet esclave de la foule devra se conformer à tous ses jugements, et que ceux-ci seront le plus souvent faux, puisque, jusqu'à ce que nous ne l'ayons instruit, le peuple ignorera les plus simples éléments des choses de l'esprit.

C'est donc une nécessité qu'il méprise ceux qui s'adonnent à la philosophie, et que les sophistes, ses corrupteurs, lui donnent l'exemple de ce mépris.

Où se réfugiera donc le naturel vraiment philosophique? S'il se reconnaît, comme nous l'avons vu, par la facilité d'apprendre, le courage, la grandeur d'âme; si, dès l'enfance, comme cela doit arriver, l'heureux disciple est le premier par l'intelligence entre tous ses égaux; si les perfections du corps répondent à celles de l'âme, etc., ne sera-t-il pas, dans l'âge mûr, accaparé par ceux de ses concitoyens qui voudront exploiter ses talents? S'il est riche ou de haute naissance, ne se verra-t-il pas accablé de flatteurs, en prévision de sa grandeur future? Et alors, enivré des espérances les plus exagérées, perdu d'orgueil, conservera-t-il l'empire sur lui-même, ou plutôt son ambition ne dépassera-t-elle pas toutes les limites? A ce moment, que quelqu'ami sincère, le prenant à l'écart, l'avertisse que la tête lui tourne un peu, qu'il a néanmoins besoin de toute sa raison et même de tous les efforts de son intelligence: comment accueillera-t-il cette preuve de dévouement? Si, cependant, par la bonté naturelle de son âme, il écoute encore la voix de la sagesse, pourra-t-il s'arracher à la foule adulatrice qui le maîtrise et attend tout de lui?

Ce jeune homme renoncera donc à la philosophie. Ainsi, les qualités qui constituaient sa vocation contribuent à l'en détourner, tout aussi bien que les richesses et tous les autres avantages de même nature; ainsi se perdent ces génies si rares, nés pour le plus grand bien ou pour les plus grands maux de la patrie.

Cependant la philosophie, délaissée de ses propres

enfants, les voit remplacés par des bâtards, qui la déshonorent et lui valent tous les reproches, toutes les calomnies. De ces intrus qui l'appellent leur mère, les uns ne sont bons à rien, la plupart sont des misérables qui, voyant la place vide, et éblouis par les noms illustres et les titres qui la décorent, se jettent dans les bras de la sainte Muse comme les criminels dans un temple, comme l'esclave dans les bras de la fille de son maître appauvri : Quels enfants naîtront d'un pareil mariage ? Quelles œuvres sortiront du commerce de ces âmes basses, serviles, sans culture ?..... Quelque chose de hideux, le sophisme!

Il est donc un bien petit nombre de philosophes.

C'est quelque esprit élevé que l'éducation aura perfectionné, et qui, retiré dans la solitude, doit sa persévérance dans l'étude de la sagesse au soin qu'il a pris de s'éloigner des corrupteurs; ou bien quelque grande âme qui, née sans autre ambition, se consacre à la philosophie par le mépris qu'elle fait des charges publiques. A peine en trouverions-nous, quelques autres qui, par des motifs tout aussi exceptionnels, sont restés fidèles à l'inspiration sainte.....

Or, dans ce petit nombre, celui qui a goûté le chaste bonheur qu'on trouve dans cette étude, voyant la folie du reste des hommes, le désordre des Etats, les vains efforts des gens de bien pour tirer la justice de l'oppression, se regardant comme seul au milieu d'une multitude de bêtes féroces, inutile à lui-même et aux autres, en danger de périr avant d'avoir pu rendre quelque service à son pays, s'estime heureux de trouver un abri, semblable au voyageur assailli par l'orage, qui s'appuie au premier mur et tâche de conserver dans la retraite son cœur exempt d'iniquité, trop heureux d'emporter, en sortant de cette vie, une conscience tranquille !

Mais il n'a pas rempli ce qu'il y a de plus grand dans sa destinée, faute d'avoir trouvé un gouvernement juste, ami de la science, sous lequel le philosophe se fût encore développé, en développant le bien être général et particulier.

De tous les Etats actuels, je le répète, il n'en est pas un qui convienne au sage, et c'est une cause de décadence pour l'intelligence et pour les mœurs publiques qui prennent les vices des gouvernements ; comme les plantes s'assimilent les principes d'un sol mauvais et dégénèrent par là même ; tandis que, si le sage rencontrait un gouvernement dont la perfection répondît à la sienne, la vertu et la science qu'il possède communiqueraient au corps social une émanation de sagesse et un ferment de progrès qu'il ne peut attendre des hommes et des choses vulgaires.

Ce gouvernement qui n'existe point dans la pratique est celui-là même dont nous avons esquissé le tableau. Oh ! prenons toutes les mesures pour faire vivre et pour développer avec lui cet esprit qui nous a guidés dans l'œuvre de sa constitution ; car c'est une grande entreprise d'accorder l'Etat et la philosophie, en sorte que celle-ci ne périsse pas dans son sein. Mais si les belles choses sont difficiles, c'est une raison de plus de les vouloir fortement, et je donnerai la preuve de mon

6.

audace en dénonçant d'abord comme tout-à-fait opposées au but que nous poursuivons les méthodes aujourd'hui employées pour l'atteindre.

Quelle pitié ! Cette science admirable et profonde de toute la vie, on la livre aux enfants, qui en partagent l'étude avec celle de l'économie, du commerce et de toutes les autres carrières, car on a hâte d'en finir ! Aussi ces jeunes gens la quittent-ils juste au moment où, appelée à fortifier toutes leurs connaissances, elle n'a eu que le temps d'éveiller en eux d'heureuses dispositions. Ils perdent totalement la philosophie de vue pour se livrer aux affaires. Dans la suite, ils prennent peut-être part à des conférences scientifiques ou littéraires ; c'est un passe-temps. La vieillesse vient, et cette grande lumière, comme l'astre du jour, plonge sous l'horizon et éteint ses feux dans l'Océan, mais elle ne les rallumera pas pour cette génération !

Que faire ? Tout le contraire de ce que nous venons de voir. Appliquons d'abord les enfants aux études de leur âge, donnant des soins particuliers aux développements du corps, afin qu'il puisse, plus tard, seconder les travaux de l'esprit. Ensuite, et avec le temps, développons aussi ce dernier, en proportionnant toujours les nouveaux exercices aux forces acquises. La jeunesse, riche elle-même, fera ainsi la provision de l'âge mûr, et la vieillesse particulièrement s'adonnera tout entière à ce commerce intime de la sagesse, aux pures jouissances qu'elle procure, en attendant l'immortelle félicité qui les couronne, et elle regardera comme passagères et déjà évanouies les choses du temps, qui vont lui échapper......

Si de pareilles vérités ne trouvent point assez de crédit, c'est que jamais encore on n'a appliqué nos théories. Loin de là! On n'a entendu sur ces matières que des discours étudiés, pleins de recherches littéraires, non des propos naturels et sans art comme les nôtres. Ce qu'on n'a jamais vu surtout, ô mes amis, c'est un homme formé sur le modèle de la vertu, aussi exactement que la faiblesse humaine le permet, et placé à la tête d'un Etat parfait comme lui-même ; ce qu'on n'a jamais entendu, ce sont ces entretiens d'hommes libres et vertueux, où l'on cherche la vérité pour elle-même, où l'on jette bien loin les vains ornements et les subtilités de langage, où l'on ne parle enfin ni par esprit de contention, ni pour faire briller son éloquence.

Ces considérations m'ont tantôt empêché de m'expliquer librement. Mais la vérité m'a entraîné, et j'ai dit qu'il ne pouvait y avoir sur la terre d'homme ni de gouvernement parfait, à moins qu'une heureuse nécessité ne contraigne le petit nombre des philosophes à se charger du gouvernement et la nation à les écouter ; ou bien à moins qu'une inspiration divine ne donne aux rois un amour sincère de la justice et de la sagesse.

Dire que ces choses sont impossibles serait avouer notre ridicule de former de vains souhaits.

Si donc, dans l'étendue des siècles écoulés, il s'est trouvé qu'un vrai philosophe ait pris le gouvernail de l'Etat ; si le fait existe dans quelque pays lointain, ou s'il doit exister dans l'avenir, nous devrons soutenir qu'il y a eu ou qu'il y aura un Etat semblable au nôtre, lorsque la muse de la raison et de la science y possèdera la suprême autorité.

Que l'exécution de ce projet soit difficile, nous venons d'en convenir; mais il n'a rien d'impossible ni de chimérique.

Le commun des hommes ne pense pas ainsi, dira-t-on.

O mes amis, n'ayons pas trop mauvaise opinion de la multitude! Quelle que soit ta façon de penser, homme, au lieu de disputer avec elle, tâche de la reconcilier avec la philosophie, en détruisant les mauvaises impressions qu'on lui en a données. Montre-lui les vrais philosophes. Définis leur caractère, celui de la profession, de peur qu'elle ne s'imagine que tu lui parles des philosophes tels qu'elle les conçoit ou tels que la calomnie les lui a peints. Diras-tu qu'elle s'en fera quand même une idée fausse? Crois-tu que des cœurs exempts de fiel et d'envie s'emporteront contre qui ne s'emporte pas, et voudront du mal à qui n'en veut à personne? Un caractère aussi intraitable n'est pas celui de la multitude, mais du très-petit nombre.

Ce qui indispose contre la philosophie, ce sont ces faux sages dont les discours agressifs, sans portée, sont une satire perpétuelle du genre humain, et qui font à la philosophie un rôle tout-à-fait messéant; tandis que le vrai contemplateur de la vérité dédaigne d'abaisser ses regards sur la conduite des hommes pour la censurer et se remplir contre eux de haine et d'aigreur. Au contraire, il met toute son application à imiter et à exprimer dans sa vie l'ordre inviolable des lois et des choses célestes qui s'accomplissent dans des rapports constants, sans jamais se nuire, et il s'approche de leur belle harmonie comme de la beauté qu'il aime, essayant d'en faire le principe et la règle de toutes ses actions.

Si donc un motif puissant l'obligeait à ne point borner ses soins à sa propre perfection, mais à faire passer dans le gouvernement et dans les mœurs l'ordre qu'il a admiré dans l'essence des choses, croyez-vous que cet homme fût un mauvais maître, en ce qui touche la tempérance, la justice et les autres vertus?

Oh! si le peuple arrive à sentir une fois la vérité de ce que nous disons sur les philosophes, leur voudra-t-il tant de mal et se refusera-t-il à croire qu'une nation ne saurait être heureuse qu'autant que sa constitution est élaborée et le plan de l'Etat dessiné par ces législateurs et ces artistes qui prennent pour guide et pour type la raison éternelle.

Ces artistes, ces sages se feront un devoir de regarder l'Etat, ainsi que l'âme de chaque citoyen, comme une toile morale qu'il faut commencer par rendre nette, en la dégageant de tous les préjugés, ce qui n'est point facile; ensuite ils travailleront sur cette toile en jetant les yeux tantôt sur l'essence de la justice, de la tempérance et des autres vertus, tantôt sur ce que la nature peut comporter de cet idéal, et, par la combinaison de ces deux éléments, ils formeront l'homme véritable, d'après cet exemplaire qu'Homère dit semblable aux dieux, lorsqu'il le rencontre dans un mortel. Ainsi, après avoir beaucoup effacé et souvent ajouté, ils auront exécuté cette œuvre suprême, et l'on pourra voir sortir de leurs mains une peinture à peu près irréprochable.

Eh bien! Ai-je persuadé cette multitude, prête à fondre sur nous tout à l'heure, que l'homme capable de lui donner de sages institutions est précisément ce philosophe auquel elle refusait de confier l'autorité et le gouvernement? Nous écoutera-t-elle maintenant avec un peu plus de sang froid sur ce sujet? Conviendra-t-elle que les philosophes, épris de l'être et de la vérité, n'ont d'autre ambition que de susciter le droit, la justice et l'amour; que leur caractère même, tel que nous l'avons décrit, personnifie ce qu'il y a de meilleur au monde et constitue l'homme d'Etat par excellence, parce qu'étant les citoyens les plus instruits, les plus vertueux, ils sont aussi les plus aptes à faire le bonheur de tous? Le peuple accordera-t-il encore ses préférences aux faux sage, au despote, au bâtard de l'intelligence, à l'orateur banal ou mercenaire que nous avons chassé?..

Enfin, quand nous proclamerons sans cesse qu'il n'est point de remède aux maux publics et particuliers, à moins que l'intelligence ne remplace la force, qu'à cette condition seule l'ère de justice que nous évoquons sera établie sur la terre, le peuple s'effarouchera-t-il encore de notre système et de nos paroles?

Il est plus simple de le tenir pour adouci et convaincu par ces explications. C'est à nous, alors, de mettre la main sur des instruments capables de réaliser nos théories. Jetons d'abord un coup d'œil sur les familles en possession des trônes. Qui peut douter que des enfants de rois ou de chefs quelconques de gouvernements puissent naître avec des dispositions pour la philosophie ? On objectera sans doute qu'alors même c'est une nécessité qu'ils se pervertissent, et je conviens qu'il leur sera difficile de se sauver de la corruption générale des cours ; mais qu'un seul, dans toute la suite des temps, n'y puisse échapper, c'est ce que personne n'oserait prétendre. Or, un seul échappant, si ses concitoyens sont disposés à lui obéir pour accomplir une si grande révolution, cet unique fils de rois suffira pour édifier et montrer au monde l'Etat qui passe aujourd'hui pour impossible.

Quant aux philosophes qui seraient mis en demeure de gouverner, est-ce une chose étrange et qui répugne que ce qui est venu à la pensée d'un homme vienne un jour à la pensée de quelque autre ?

Puisque notre système, une fois supposé possible, est très-avantageux, allons plus loin encore, et voyons à l'aide de quelles sciences, de quels exercices nous formerons des hommes capables de maintenir intégralement, après sa fondation, le plus juste des empires.

———

Fort de ces deux évènements si considérables : la réconciliation avec la science d'un peuple amené graduellement à la tolérance philosophique, et l'inauguration d'un gouvernement juste, Platon imprime à sa République un nouvel élan, afin de la mettre en communication avec l'IDÉE DU BIEN, qui donne à toute œuvre politique, en même temps qu'à toute conscience et à toute science, la lumière et la vie morales.

Législateur de la raison, il ne gravit point seul la montagne, comme Moïse, pour entrer en colloque avec l'Eternel et ne rapporter au peuple que des commandements et la foudre; philosophe, il ne se perd pas dans les cieux comme le feront plus tard, en croyant l'imiter, l'école d'Alexandrie, Saint Augustin et tous les mystiques, dont le système, absorbant en Dieu les facultés intellectuelles, a presque totalement éteint leur flambeau sur la terre et fait de l'humanité un cadavre.

Mais procédant par un enchaînement de principes naturels qui élèvent la nation entière, sans terreur ni prodiges, sans coups d'Etat du ciel, il montre au terme de cette éducation politique si simple et si vaste à la fois, les rayonnants foyers d'activité et de puissance morales dont les intelligences ne peuvent pas plus se détacher sans mourir, que notre petite planète ne peut échapper à son centre d'attraction sans perdre tout à coup sa route dans l'espace et la vie qui lui est propre dans le concert des mondes.

Qu'est-ce que le Bien, si non la substance même des êtres,[1] la conformité de leur nature avec leur fin? Au point de vue général, l'ordre qui, dans le monde politique et physique, est « la raison visible; »[2] dans

---

[1] PLATON, *Gorgias.*
[2] BOSSUET, *Conn. de Dieu*, ch. I; — CIC. *De off.* 1, 5.

la conscience, la vérité morale; dans l'entendement, la vérité méthaphysique; en tout, l'accomplissement de la loi qui exprime elle-même le rapport dérivant de la nature des choses?[1]

Insistons, car ce point est d'une souveraine importance; il comporte à lui seul le problème de l'univers et de la destinée humaine.

L'idée du bien, c'est l'idée des idées, le bien lui-même, la vie de toute âme, le flambeau de toute intelligence, la source de toutes les conceptions morales, de la vertu, du devoir, du mérite, la morale tout entière, puisqu'elle embrasse les trois aspects sous lesquels nous envisageons l'être complet : le Vrai, le Beau, le Bien, en même temps qu'elle nous fait distinguer le mal et nous apprend à l'apprécier tel qu'il est, tantôt comme l'insuffisance, l'imperfection et l'ombre du bien,[2] nécessaires au bien lui-même, tantôt comme son hideux antagoniste, affectant sa puissance, mais heureusement et naturellement contenu dans sa rage de destruction.[3]

Si l'idée du bien pouvait s'éliminer de l'acte ou du fait permanent de la création, tout resterait inexpliqué, inexplicable, tout redeviendrait chaos et néant; cette idée n'est pas seulement l'aurore se levant sur le berceau des mondes, éclairant, enfantant l'harmonie

---

[1] Platon, Aristote, Zénon, Montesquieu.
[2] Jouffroy, Montesquieu.
[3] Le mal ne peut être infini, car il serait Dieu. — LAMENNAIS, *De l'Art et du Beau.*

universelle ; c'est le dernier soleil qui montre la fin des êtres, la source pure où s'alimente le Bon et qui produit éternellement l'Honnête. Ce soleil ne se voile et ne se couche jamais. L'homme assez abandonné pour rester en dehors de son influence n'a qu'un nom, imbécile ou monstre, et il semble également horrible sous ces deux dénominations.

La notion primitive, innée du bien, est ainsi gravée en nous en caractères tellement évidents qu'elle s'impose à la conscience ou plutôt qu'elle est la conscience même, admirablement traduite dans cette maxime de Kant : « Fais en sorte que le mobile de ton action particulière puisse être érigé en loi universelle. » D'où résultent, en pratique, pour tout homme droit, l'obligation de sacrifier toujours les fins inférieures aux fins supérieures, dernières, absolues, et la nécessité d'élever sans cesse son âme à la souveraine conception de l'ordre dans son essence.

Il s'en faut, il est vrai, que le monde intelligent suive aussi invariablement ces admirables lois que le monde physique suit les siennes, parce que ce dernier accomplit fatalement sa destinée, alors que l'homme est libre. Privilège admirable, cependant ! Par cela même que l'homme est libre, il voit seul, parmi tant de créatures et de créations qui pullulent ici bas ou se meuvent dans l'espace, ce fil d'or qui, s'il le veut, le guide victorieusement à travers ces dédales, bien autrement tenace et indestructible que ces câbles d'airain qui, suspendus dans l'air ou posés sur le lit de l'Océan, entourent le globe d'une ceinture électrique, et font de la foudre asservie la messagère instantanée des nations! Ces réseaux peuvent être rompus, détruits par un accident, une catastrophe quelconque, tandis que l'ébranlement de la terre et la chute des constellations ne sauraient déplacer ni obscurcir ce conducteur intime, cette spirale radieuse qui unit toutes les âmes entre elles et établit leur correspondance à travers l'infini. Oui, tant qu'il y aura une conscience dans l'univers, n'importe en quel point des temps ou sur quel débris de globe, l'idée du bien, planant sur les vides béants de cette création imparfaite ou déjà chancelante, comblera ces lacunes, chassera ces ténèbres du mal et de la mort et rallumera au besoin les astres éteints, car elle ne peut ni cesser d'être, ni étant, cesser de créer et de produire.

O mortel, ne maudis plus ces étroites limites où ton imagination se heurte et brise ses ailes. Vivant ou mort, tu veux explorer ces étendues, contempler, parcourir ces profusions de mondes planétaires qui émaillent les voûtes sidérales; tu demandes tour à tour à la science, à la foi, les moyens de t'y transporter. Noble rêveur! Descends un peu dans ton âme : tu y trouveras, tu y respireras cette universalité, cette omni-science dans le bien, qui satisfaisant tes généreuses ambitions, te fera toucher tous ces innombrables et flottants théâtres de la vie dont les tumultes matériels nous sont seuls dérobés, et identifié à l'univers pensant, tu ne feras qu'un avec lui. Sans sortir de ta retraite, tu vivras, par l'association des idées, avec tout ce qui sent, aime et adore, dans l'existence sans bornes et sans terme. Que sont les sublimes utopies des Dante, des Milton, des Jean Reynaud, près de cette réalité saisissante, de cette communion effective de toutes les créatures dont le bien est l'invincible attrait de globe en globe, de système en système, et qui forme la gravitation des consciences honnêtes vers le centre moral qui est l'âme des mondes, leur moteur et la raison de Dieu. Elevées par degrés à ces hautes spéculations, elles se parlent, se comprennent, s'applaudissent et jouissent, dans cette langue et dans cette patrie universelles, de plus de félicité que n'en connaîtront jamais les élus de tous les dogmes et les saints de tous les paradis. Sois donc homme de bien, nourris-toi de cette substance, de cette moëlle des forts qui anime des myriades d'autres êtres et les attire vers nous de la surface de toutes les sphères, — et dès à présent la vie éternelle est faite![1] Ont-ils comme toi la conscience du bien, le mérite de la lutte, ces esprits purs, créés et confirmés dans un état de béatitude céleste? S'ils sont heureux, c'est sans le savoir... Cieux des cieux, gardez vos mystères : le bonheur est dans le cœur du juste, et le juste n'est pas celui qui ignore l'épreuve.

---

[1] Qui dit Eternité, s'il entend ce qu'il dit, ne dit que ce qui est, et rien au-delà ; car tout ce qu'on ajoute à cette infinie simplicité, l'anéantit : qui dit éternité, ne souffre plus le langage du temps. — FÉNELON, *Traité de l'existence de Dieu.*

Comme l'idée du bien se révèle avec puissance dans les moindres objets ! Ne dirait-on pas qu'elle a nuancé la fleur, irrisé l'insecte, donné à la prairie ses parfums, à la nature ses rayonnements et sa joie ? Certes, « pour qui sait lire sur la face des choses ce qu'elles ne savent pas elles-mêmes, »[1] nous voyons, nous respirons le bien en tout cela, sans pouvoir le définir encore; mais il nous prend aux yeux, à l'ouïe, à l'odorat, il s'empare de nous par le phénomène de la sensibilité et donne à l'âme des transports qu'aucun bonheur ne surpasse, comme si le cœur d'une invisible fiancée battait sous cette manifestation extérieure du Verbe, que nous appelons le monde, nous conviant à des félicités nuptiales que l'univers proclame en les voilant. Ce n'est plus la force du raisonnement qui nous conduit à ces résultats; mais une initiation si profonde à la bonté créatrice qu'elle transforme les êtres en prédicants, le sentiment en loi, et détermine vers le bien cette impulsion immense, irrésistible, dont il faut tenir grand compte, puisqu'elle est d'ailleurs d'accord avec la science et la morale.

Un élément moderne à rattacher à la théorie du bien, c'est le Progrès, qu'on pourrait nommer, en lui appliquant un axiome de Newton, et malgré ses fluctuations énormes, *la plus substantielle des choses*; c'est le progrès qui, dans l'individu et dans la nation, a créé le mouvement ascendant vers l'ordre, conduit l'humanité

---

[1] Jouffroy.

de l'instinct à l'observation, du fait à l'idée, de l'intuition à l'induction; c'est lui qui a multiplié les forces individuelles ou collectives, fécondé ou relevé les civilisations, formé de leurs groupes divers un tout solidaire, une famille. Il est le plus actif, l'immortel instrument de l'idée, le char de feu emportant l'espèce vers le bien absolu; aussi accumule-t-il, dans sa course, tous les biens relatifs : industrie, savoir, santé, beauté, génie, inventions, découvertes, et plus le glorieux trophée s'élève, plus l'avide conquérant se presse; plus il disperse le divin capital, plus celui-ci est vite renouvelé et centuplé. Il a pour auxiliaire tout homme qui pense, médite, travaille, pour points d'appui, l'histoire et la nature; pour lévier, la science; pour arène, l'univers et le temps. Mais il ne se reposera jamais, car s'il pouvait se fixer un seul jour, il ne serait plus le progrès : le but est devant lui : il en approchera toujours; il ne doit pas, il ne peut pas plus le toucher que la planète ne peut s'arrêter dans son évolution prodigieuse, ou Dieu cesser d'agir au sommet de ces magnifiques gradations stellaires.

Nous avons vu que l'idée du bien se manifeste à à nous sous toutes les formes, partout et toujours. De cette intuition ou de cette vision constante, dérivent tous nos devoirs.

Intelligent et libre, l'homme discerne et décide entre le bien et le mal; consciencieux, il trouve en lui-même sa récompense ou l'inexorable réprobation, le remords, le châtiment; sensible et voulant jouir, il s'attache à ce qui est aimable et désirable, au point de vue de la raison, et le bonheur est ordinairement le prix de cette détermination vertueuse, de ce choix du cœur.

Deux agents jouent un premier rôle dans cette épopée de la conduite humaine : la liberté et la volonté. L'homme ne peut perdre la première sans se dégrader, ni la confondre avec le caprice ou la passion, sans devenir esclave d'une autre manière. La volonté, bien que n'étant que la conséquence de la liberté, doit donc faire effort pour contenir celle-ci dans les bornes du bien. Alors seulement l'homme devient le héros d'un poème obscur peut-être, mais toujours sublime, dont les pages laborieusement remplies, se déroulent chaque jour, plus curieuses et plus nourrissantes pour le cœur que les plus beaux chants d'Homère ou de Virgile, car la conscience est la muse et la pratique du bien le sujet de cette Iliade sacrée où tant de combats seront livrés. Homme juste, puisses-tu remporter autant de victoires sur toi-même, sur tes passions, sur le malheur, s'il te visite jamais?.. Et quel que soit l'humble asile qui abrite ta tête, le ciel n'aura vu rien de plus grand que toi ; tu seras vraiment ton maître, l'ordonnateur de tes actes, tu seras libre, semblable à la divinité !

C'est donc là le modèle sur lequel Platon veut former les gouvernants, afin qu'ils réalisent le bien dans leur personne et dans l'Etat. Rien n'est négligé, ni les comparaisons ingénieuses, ni les moyens de certitude les plus irréfutables pour produire une éclatante lumière dans les esprits. Ces efforts extraordinaires de Platon, témoignent de l'importance du sujet et méritent d'être rappelés, à une heure où les hautes études littéraires et philosophiques qui ouvrent à l'âme les sphères de la liberté, sont si étrangement méconnues. On n'a pas vu qu'en fortifiant les sciences dites positives, sans développer dans les mêmes proportions la science psychologique, on abaisse du même coup l'intelligence, par conséquent l'idée, et qu'on apporte à la domination matérielle l'appoint qu'elle aime à trouver dans l'absolutisme scientifique.

« Ce n'est pas un pareil enseignement, dit très-bien M. Vacherot, qui fait l'homme; il contribue sans doute beaucoup à l'éducation de l'intelligence par l'éducation des facultés logiques d'analyse et de raisonnement. Mais si l'homme vaut surtout par la conscience, le caractère, la dignité personnelle, le sentiment de la justice, l'amour de la vertu, la science est étrangère à cet homme-là. Par elle-même, et réduite à ses ressources, elle développe des aptitudes, crée d'excellents instruments, en un mot, elle fait des agents, non des hommes. Il est un phénomène étrange, auquel on aurait peine à croire, si l'on n'en faisait souvent l'expérience : c'est la faiblesse, l'inexpérience du sens moral chez les esprits de la plus haute culture scientifique ou de la plus vaste capacité industrielle et administrative. Combien d'administrateurs industrieux, d'ingénieurs, de savants, d'érudits qui ne sont pas des hommes dans l'acception libérale du mot! On voit des gens qui savent tout, comprennent tout, excepté la science humaine par excellence, la science du devoir, du droit et de la liberté. »

Rien ne paraissait plus redoutable à Platon, pour l'administration et le gouvernement de l'Etat, que ces hommes éclairés d'un seul côté, que nous appelons, nous, hommes spéciaux ; et voilà pourquoi il ne songerait guère, même aujourd'hui, à supprimer cette méthaphysique large et vivifiante qui, menant de front toutes les facultés, avec le cortège des sciences connues, se terminait par la théorie du bien. Volontiers même on eût cru qu'il substituait l'idée du bien à tout culte, à Dieu même, comme plus susceptible d'être comprise de tous les peuples, sans acception de foi ni de patrie. On se fût trompé, comme on peut le voir dans l'*Euthyphron* et dans le livre suivant ; mais séparant de Dieu la notion fondamentale du bien, il en proclamait l'indépendance absolue, refusait de voir l'origine nécessaire de la morale dans la religion, — le bien ne reposant que sur lui-même, — et subordonnait la volonté divine à ce principe essentiel.[1]

Voici, du reste, avec quelle clarté et quelle simplicité il reprend cette belle étude qui fait les citoyens vertueux et les gouvernements honnêtes.

---

[1] St. Anselme, St. Thomas, Malebranche, Fénelon, Leibnitz, etc., sont également pour l'indépendance absolue du bien.

Bien vaine a été mon adresse pour éviter de parler des femmes, des enfants et des magistrats, questions si délicates !... Et maintenant je ne suis pas moins obligé de m'occuper de ces derniers ! Rappelons-nous, toutefois, ce que nous avons déjà dit : [1] que les magistrats doivent être autant de sages ; qu'au sein du plaisir ou de la douleur, dans les mâles travaux comme dans le renversement de la fortune ou des positions, l'amour de la patrie doit briller en eux et ne jamais cesser de les enflammer ; que la République doit rejeter comme indigne celui qui succombe à l'une de ces épreuves et conserver seulement ceux qui en sortent aussi purs que l'or de la fournaise.

Mais combien le nombre en sera petit ! Car les qualités qui doivent composer leur caractère sont rarement réunies en un seul homme.

Les esprits faciles, vifs et brillants, ne joignent pas, d'ordinaire, à la chaleur du sentiment et à l'élévation des idées l'ordre, le calme, la constance ; mais le plus souvent ils se laissent aller où la vivacité les emporte.

Les hommes doués d'un grand sens, d'une solidité de jugement inébranlable, que l'on voit impassibles au milieu des dangers, sont d'une aptitude moins souple à la science et leur esprit est souvent rebelle à l'application.

Cependant nos magistrats doivent avoir en même temps l'esprit vif et ferme et réunir des conditions de capacité de tous genres.

---

[1] Livre III.

Outre les épreuves des travaux, des dangers et des plaisirs, auxquelles nous sommes convenus de les soumettre, il faudra surtout les exercer à un grand nombre de sciences, s'assurer de leur courage dans cet apprentissage de l'esprit, ou voir s'ils y perdront cœur, comme il arrive aux âmes lâches en toute espèce de choses.

Cette paresse, quand il s'agit d'embrasser le cercle des sciences et des vertus, est un défaut commun à bien des gens qui trouvent toujours les recherches trop longues. Mais s'il est quelqu'un qui doive éviter ce funeste écueil des études précipitées, c'est le futur serviteur de l'État. Pour lui, point de méthode abrégée, point de lacune dans cette vaste préparation qui fait l'homme supérieur et le gouvernant, rien d'imparfait n'étant la juste mesure de quoi que ce soit. Qu'il prenne donc la route longue d'une forte culture intellectuelle et qu'il n'épargne rien pour arriver, d'échelon en échelon, au terme de la science admirable qui lui convient particulièrement et qui surpasse encore celle de toutes les vertus dont nous avons parlé : l'Idée du Bien. Celle-ci est, en effet, l'objet indispensable et sublime des connaissances humaines. La justice et les autres vertus empruntent d'elle leur raison d'être et tous leurs avantages.

Si nous ne connaissons cette idée qu'imparfaitement, ou si nous l'ignorons, il ne nous sert de rien de savoir le reste, car toute chose nous devient inutile, sans la possession du bien, puisqu'il ne peut être avantageux de posséder une chose si elle n'est bonne, ni de connaître tout, à l'exception de ce qui est beau et bon.

Les uns font consister le bien dans le plaisir; les autres dans l'intelligence.

Mais il est fort plaisant à ces derniers de parler de l'intelligence du bien, comme si nous devions seulement les entendre dès qu'ils ont prononcé ce mot : BIEN.

Ceux qui définissent l'idée du bien par celle du plaisir ne commettent pas une moindre contradiction, puisqu'ils avouent qu'il y a des plaisirs mauvais.

A l'égard du beau et de l'honnête, beaucoup s'en tiendront aux simples apparences dans leurs paroles et dans leurs actions; mais, lorsqu'il s'agit du bien, les apparences ne satisfont personne.

Or, cet objet dont toute âme poursuit la jouissance, en vue duquel elle fait tout, mais qu'elle est dans l'impuissance de définir au juste; ce bien si grand et si précieux, convient-il que la meilleure partie de l'Etat, celle à qui nous devons tout confier, ne le discerne pas mieux que le commun des hommes?

J'augure mal de l'ignorance de cet homme d'Etat qui prétend faire régner le juste et l'honnête sans en savoir les rapports avec le bien, supposé qu'on puisse connaître le juste et l'honnête dans l'absence de toute notion antérieure du bien, ce que j'ose nier.

L'Etat sera donc bien gouverné, s'il a pour chef un homme qui joigne la connaissance du bien à celle du beau et du juste.

— Voilà, certes, qui est vrai, réplique Adimante; mais toi, mon cher Socrate, en quoi fais-tu consister le bien?

Socrate. — Tu es charmant, en vérité, de recommencer tes questions, et je te sentais venir! Ne peux-tu donc t'en tenir à ce qu'on dit les autres là-dessus?

Adimante. — Mais est-il raisonnable qu'un homme qui a réfléchi toute sa vie sur cette matière dise quel est le sentiment des autres, et pas le sien?

Socrate. — Te paraît-il plus raisonnable qu'un homme parle comme s'il la savait, d'une chose qu'il ignore?

Adimante. — Non, mais il peut exposer ce qu'il croit probable.

Socrate. — Eh quoi! ne vois-tu pas le ridicule de tous ces systèmes qui ne reposent pas sur la science certaine? Les meilleurs ne sont-ils pas pleins d'obscurité? Et les hommes qui, par hasard, trouvent la vérité, sans en pouvoir rendre compte, ne ressemblent-ils pas à des aveugles qui suivent le droit chemin?

— Au nom du ciel, Socrate, reprend à son tour le fidèle Glaucon, ne garde pas le silence, comme si déjà tu étais arrivé au terme. Nous serons heureux, si tu nous expliques la nature du Bien, comme tu as fait pour les autres vertus.

Socrate. — Et moi donc! Que ne donnerais-je pas pour vous procurer cette satisfaction? Mais le sujet ne passe-t-il pas mes forces? Croyez-moi, mes amis, laissons là, pour le moment, la recherche du bien tel qu'il est en lui-même : elle nous mènerait trop loin. Je ne veux vous entretenir que de ce qui me paraît dériver du bien et le reproduire comme sa propre image. Toutefois, prenez garde que je ne vous trompe sans le vouloir et ne vous livre une fausse effigie.

Il y a, nous en sommes convenus, plusieurs choses que nous appelons belles; plusieurs que nous appelons bonnes; il y a aussi le beau, le bon poussé jusqu'à l'idéal, c'est-à-dire que nous rapportons toutes ces beautés et toutes ces bontés particulières à une idée simple, unique, générale, qui les embrasse toutes.

Nous disons des choses particulières, simplement belles ou bonnes, qu'elles sont l'objet des sens et non de l'esprit; des idées du beau et du bon, qu'elles sont l'objet de l'esprit et non des sens.

Mais de tous les sens, la vue semble l'organe pour lequel l'ouvrier divin a le plus dépensé, et, cependant, pour opérer la vision, il faut entre cet organe et son objet un rapport : la lumière, le soleil.

Notre œil n'est pas le soleil, mais il lui emprunte la faculté de voir, qui découle, pour ainsi dire, de cet astre jusqu'à lui, comme le soleil, qui n'est pas la vue, mais son principe, est aperçu par elle.

Le bien, c'est le soleil par rapport aux intelligences et aux êtres intelligibles, c'est-à-dire qui appartiennent à l'esprit.

Quand l'œil de la chair regarde des objets éclairés par le soleil, il les voit distinctement; mais il hésite la nuit, à la lueur des étoiles, ou semble même atteint de cécité.

La même chose se passe à l'égard de l'âme. Quand elle fixe ses regards sur des objets éclairés par la vérité et par l'être, elle les voit clairement, les connaît et montre qu'elle est douée d'intelligence. Mais lorsqu'elle envisage ce qui est mêlé de ténèbres, ce qui naît et périt, sa vue se trouble, ses jugements sont incertains; elle paraît perdre l'intelligence.[1]

Tenons donc pour établi que ce qui répand sur les objets des sciences la lumière de la vérité, ce qui donne à l'âme la faculté de connaître sainement, c'est l'idée du bien, et qu'elle est le principe de la science et de la vérité, en tant qu'elles sont dans le domaine de l'intelligence. Mais, quelque belles que soient la science et la vérité, l'idée du bien les surpasse en beauté. Et comme, dans le monde visible, on a raison de penser que la lumière et la vue ont de l'analogie avec le soleil, mais qu'elles ne sont pas le soleil; de même, dans le monde intellectuel, on peut considérer la science et la vérité comme des reflets du bien; mais on aurait tort de prendre l'un ou l'autre pour le bien même, dont la nature est d'un prix infiniment plus élevé et la beauté au-dessus de toute expression, puisque le bien est la source de la science et de la vérité et qu'il est plus beau qu'elles. Nous n'aurons donc garde d'admettre que le bien soit le plaisir.

Mais le soleil ne rend pas seulement visibles les choses qui peuvent être vues : il féconde la planète, il donne à tous les êtres la naissance, l'accroissement, la nourriture, en un mot la vie, sans être lui-même la vie.

De même, les êtres intelligibles ne tiennent pas seulement du bien ce qui les fait tomber sous la lu-

---

[1] Fénelon a emprunté à Platon ces vérités et ces comparaisons dans son *Traité de l'Existence de Dieu*.

mière de l'âme, mais encore leur être et leur essence, quoique le bien lui-même ne soit point essence, mais quelque chose de bien au-dessus....[1]

Imagine-toi donc que le bien et le soleil sont deux rois, l'un du monde intelligible, l'autre du monde physique.

Nous aurons deux espèces d'êtres, les uns visibles, les autres purement intelligibles.

Pour avoir l'idée de ce double univers, concevons des figures qui représentent l'une le monde visible, l'autre le monde intellectuel, et coupons en deux chacune d'elles.

Par rapport au monde visible, l'une des sections représentera les reflets, les ombres, les images se détachant dans les eaux et sur toutes les surfaces susceptibles de produire les phénomènes de la réfraction; l'autre section nous montrera les êtres vivants ou réels d'où nous viennent ces fantômes, je veux dire les plantes, les animaux, les ouvrages de l'art ou de la nature.

Appliquant ces divisions au vrai et au faux, on aura cette proportion : ce que les apparences sont aux choses qu'elles reflètent, l'opinion l'est à la connaissance.

Par rapport au monde intelligible, nous avons en-

---

[1] Que veut dire Platon? C'est ce passage qui paraît le faire soupçonner de mettre le bien au-dessus de Dieu, ce qui ne saurait être. Il est très remarquable qu'ici les auditeurs de Socrate l'accusent de faire du merveilleux.

core deux parts. L'esprit comprend la première à l'aide des données fournies par le monde physique, comme nous venons de le voir, données qui lui servent d'hypothèses, non pour s'élever au principe, mais pour descendre à la conclusion. L'autre donne à l'âme la faculté de partir de l'hypothèse pour s'élever, sans image cette fois, au principe indépendant, en ne tenant compte que des idées pures.

Ainsi procèdent les géomètres et les arithméticiens qui supposent plusieurs sortes de nombres, et dans les figures trois espèces d'angles, etc., selon la démonstration qu'ils cherchent ; ils regardent ensuite ces suppositions comme autant de points de départ incontestés. Partant de ces hypothèses, et par une chaîne non interrompue, ils descendent de proposition en proposition jusqu'à celle qu'ils avaient à prouver.

Ces savants se servent encore, dans le même but, de figures visibles auxquelles ils appliquent le raisonnement, bien qu'ils ne pensent pas à ces figures, mais aux principes qu'elles représentent. Par exemple, le carré, la diagonale, tels qu'ils les tracent, ne sont pas l'objet de leurs raisonnements ; mais c'est le carré intellectuel, tel qu'il est en lui-même, avec sa diagonale, qu'ils ont en vue. Ainsi des autres figures : les géomètres les emploient comme autant d'images qui leur servent à démontrer les choses vraies qu'on ne voit que par l'œil de la pensée.

Voilà la première classe des choses intelligibles. Pour parvenir à les connaître, l'âme est contrainte de se servir de suppositions, non pour s'élever à un premier principe, car elle ne peut remonter au-delà des suppositions qu'elle a faites ; mais, employant les images sensibles qu'elle ne connaît que par l'opinion, et les supposant claires et évidentes, elle s'en aide pour la connaissance de la vérité scientifique.

On concevra maintenant que la seconde classe des choses intelligibles comprend celles que l'âme saisit immédiatement par la voie du raisonnement, en admettant quelques hypothèses qui lui servent de degrés et de points d'appui pour atteindre un premier principe indépendant de toute supposition. Elle saisit ce principe, et s'attachant à toutes les conclusions, elle descend de là jusqu'à la dernière, sans se préoccuper désormais de rien de sensible, et en s'appuyant toujours sur des idées pures, par lesquelles sa démonstration commence, se développe et s'achève.

Mon but est de prouver que la connaissance qu'on acquiert par la dialectique des réalités intellectuelles, est plus claire que celle qu'on se procure par le moyen des sciences et des arts qui n'ont d'autres principes que des suppositions, et j'entends par ces connaissances scientifiques moins sûres, celles par exemple que donnent la géométrie et d'autres semblables, qui doivent se ranger entre l'opinion et la pure intelligence.

Appliquons maintenant à ces quatre classes d'objets sensibles et intelligibles quatre différentes attributions de l'âme :

A la première classe, la pure intelligence ;

A la seconde, la connaissance raisonnée ou scientifique ;

A la troisième, la foi ;

A la quatrième, la conjecture,

Et donnons à chacune de ces manières de connaître plus ou moins d'évidence, selon que leurs objets participent plus ou moins de la vérité.

Ainsi, d'après Platon, comme d'après tous les moralistes, ce que nous savons est ce que nous n'avons point appris : quelques vérités ou axiomes indémontrables, parce qu'ils sont dans notre nature, et tout l'édifice de nos croyances et de nos connaissances s'élève sur ce fondement.

LIVRE SEPTIÈME

Le vulgarisateur de Socrate complète par une image grande et saisissante, autant que juste, l'exposition de sa théorie des préjugés par rapport à la connaissance pure. Les premiers sont des liens rivés et scellés par l'habitude, qui tiennent l'humanité dans son coin, privée de véritable jour, sans mouvement pour gravir les hauteurs où la vérité rayonne, et sans liberté pour embrasser du regard l'horizon qu'elle éclaire. Dans cette situation, tout lui est caché du monde et de ses phénomènes, dont quelques lointains échos et de fausses apparences ont peine à lui parvenir. Le narrateur a d'autant plus raison que, s'il avait à un degré admirable l'intuition et l'enthousiasme des grandeurs de l'univers, il en ignorait l'ordre rigoureux, ainsi que les gigantesques révolutions qui emportent les corps célestes et leurs habitants à travers l'infini. La majestueuse Uranie qu'il aimait à contempler dans ses tranquilles extases n'avait pas encore déposé sa couronne de feu au pied de la science, et le précepteur du genre humain était lui-même confiné dans l'étroit système qui tenait la terre et l'homme immobiles.

Cependant, comme Pythagore, il avait entrevu ce mouvement universel que la science moderne a depuis déterminé avec tant d'exactitude, et sa *Caverne* exprime, bien mieux encore qu'il ne le dit, la condition infime de l'humanité et la succession de ses évolutions douloureuses ou glorieuses vers la délivrance et la lumière, achetées par des martyres sans nombre.

L'indication de ces péripéties émouvantes et des progrès accomplis, devrait précéder l'ouverture de ce livre, et permettrait de comparer la science hellénique, telle que Platon va la décrire, avec les résultats de la science actuelle.

Messies, prophètes et savants, tous ont été, à peu d'exceptions près, également mal venus dans la Caverne, lorsqu'ils ont divulgué une découverte, un grand principe, une nouvelle loi.

Sans revenir aux philosophes de l'antiquité, dont plusieurs payèrent de la vie ou de l'exil les révélations du génie, il nous suffira de prendre des exemples plus rapprochés et de citer quelques noms célèbres.

Reconnaissons d'abord qu'à la suite de la chute de l'empire romain, comme de toutes les dominations militaires, il se produisit un état intermédiaire de profonde anarchie, et que le moyen-âge ne fit guère que constituer et perpétuer, sous une forme politique hybride, cet écrasement social et cette pétrification intellectuelle.

Ce sont les catacombes, les limbes de notre histoire, la vraie Caverne. L'atmosphère était si lourde que, n'y voyant plus, ces dominateurs et ces esclaves s'effrayèrent de tous les bruits, de tous les météores et n'attendirent plus que la fin du monde.

Tout à coup un homme décharné, vrai génie du temps, traversa l'Europe, et fit entendre à ces ombres humaines la seule parole qui pût galvaniser le grand cadavre. Aussitôt des multitudes se levèrent au cri de : Dieu le veut! et se précipitèrent sur un autre continent. Cet ébranlement formidable leur rendit la conscience d'elles-mêmes, mais elles ne sortirent de la Caverne que pour y rentrer avec un peu moins de préjugés et quelque foi au mouvement.

Bientôt, — peut-être quelques siècles plus tard — Christophe Colomb, s'inspirant des données d'Hipparque et de son propre génie, fit une trouée dans la cloison de ténèbres et revint annoncer un autre hémisphère. Les gens de la Caverne le couvrirent de chaînes ; mais en même temps ils débordèrent en bêtes féroces sur les nouvelles contrées, y transportèrent leurs préjugés, leur servilisme, les exterminations et tous les crimes, car, élevés par l'intolérance et la tyrannie, ils ne pouvaient transmettre que ce qu'ils avaient reçu.

La boussole émancipatrice nous faisait citoyens du monde. L'astronomie appliquée à la marine et à la géographie communiquait à l'esprit de l'homme son immensité, lui fournissait des points de repère et donnait à ses courses, à ses explorations sur la terre comme sur l'océan, une précision mathématique. La poudre et les armes à feu changeaient au profit du nombre la tactique militaire. C'était une préparation à de plus grandes choses.

Presque simultanément on se montrait un objet microscopique, en bois ou en métal. Tous n'y firent pas d'abord attention. Cependant ce fut le signe et l'instrument de la plus grande révolution des siècles, — parce qu'elle comportait toutes les autres, — et comme le second *Fiat lux* prononcé sur le monde. La typographie était inventée, machine incomparable de paix ou de guerre; les idées s'envolèrent par légions, comme de puissantes armées, et le glaive, la poudre ni les boulets n'y pouvaient rien. Elles avaient des ailes. Il y eut dans l'Occident des centres de lumière d'où les esprits se répondaient, et l'échange de ces nouvelles richesses forma un capital devant lequel les rois se trouvèrent pauvres et faibles, la science se substituant à leur oligarchie, l'opinion publique à la puissance, le sentiment de la justice naturelle aux abus séculaires. Aussi brisèrent-ils plusieurs fois cette presse antagoniste ou rivale du sceptre, qui ne tendait à rien moins qu'à ranger les esprits sous l'empire de la raison sans acception de frontières.

Ce fut d'abord une fascination et un enivrement, quand ces générations qui fermaient le moyen-âge purent apprécier les progrès attachés à l'invention de Gutenberg. Pendant un siècle environ, elles fouillèrent l'antiquité et en exhumèrent les trésors avec un incomparable ardeur, reliant dans le temps la chaîne interrompue de l'esprit, voyant les barbaries s'effacer, et pour la première fois surgir cette pléiade de génies de tous genres qui avaient fait la gloire et révélaient la grandeur de la race humaine. Ce retour aux astres éclipsés, ils l'appelèrent Renaissance, — et le mot n'était que juste.

Les arts renaquirent aussi. A la place de la statuaire sans vie, des images ineptes et des draperies collantes du moyen-âge, on vit reparaître la vie, l'ampleur, la grâce, la vérité anatomique, l'expression idéale, la beauté, enfin, et avec ces chefs-d'œuvre qui illustrèrent principalement Rome et Florence, de grands restaurateurs comme Vinci, Raphaël, Michel-Ange, Le Titien, Le Guide, Durer, Rubens, Van Dyck, etc., éternel honneur de cet âge et de tous les âges.

L'essor était donné aux esprits comme aux masses, comme à l'érudition, comme à toutes les initiatives, et déjà l'ancienne discipline se détraquait. La plus puissante des hiérarchies, celle qui enserrait à la fois la Caverne de ses racines et de ses rameaux, venait d'être ébranlée convulsivement par un des captifs, le premier qui cessa de voir avec plaisir que tous les regards dussent être fixés sur le même point. Il n'apportait, il est vrai, qu'une faible déviation à cette direction uniforme, mais comme l'habitude était prise, qu'on n'avait jamais regardé ni vu autrement, que tout, dogme, monarchies, ordre public, institutions, s'étaient comme immobilisés autour de cet axe réputé éternel, cette vaste homogénéité se trouva brisée, et les guerres religieuses et sociales éclatèrent avec les horreurs qu'elles déchaînent toujours. Faute d'avoir appris pacifiquement la liberté de se mouvoir et de voir, on l'acheta par de grandes batailles, au prix du repos et de la vie des populations, des bastilles, des bûchers et des Saint-Barthelémy, et ces massacres remplirent près d'un siècle !

Pendant que l'idée se faisait jour à travers tant de sang, comme l'éclair dans l'orage, des insurgés plus sublimes, avides de lumière, gravissaient les hauteurs, refaisant les cieux, comme d'autres allaient refaire la philosophie, la théologie, l'économie politique, les sciences, la mécanique. Copernic, au bout de trente-six années d'étude, découvrait et décrivait tout le système solaire; Kepler, avant de mourir de faim, donnait ses trois grandes lois sur l'ellipticité des orbites et les véritables mouvements des planètes ; Galilée, qui fut la victime et qui restera l'éternelle confusion de ceux qui jugent dans l'ombre, confirmait ces phénomènes, déterminait la pesanteur de l'air et la chute des corps. Ces travaux embrassent une période de cent ans,[1] pendant laquelle les plus hardis osèrent à peine chuchoter leur approbation, de peur de s'attirer la persécution des autorités et des populations de la caverne.

---

[1] 1543 — 1642.

En effet, ces choses, si vulgaires pour nous, n'étaient point faciles à faire entendre. « Il fallait contredire tous ces hommes qui ne jugent que par les sens ; il fallait leur persuader que ce qu'ils voyaient n'existe pas. En vain, depuis leur naissance ils ont vu soleil et étoiles se mouvoir : soleil et étoiles sont immobiles; il faut oublier le mouvement que nous voyons pour croire à celui que nous ne sentons pas... Ce n'est pas le tout, il fallait détruire un système reçu et approuvé dans les trois parties du monde et renverser le trône de Ptolémée qui avait reçu les hommages de quatorze siècles. »[1] Il fallait triompher de ce qu'on appelait unanimement alors le *sens commun*, la *tradition*, la *foi*.[2]

Certes, on comprend que la stupeur et l'incrédulité furent au comble.

Des docteurs redoutables, puisqu'ils avaient les trônes pour marchepied et les rois pour valets, croyant représenter la science au même titre que l'orthodoxie, s'élevèrent avec force contre une doctrine qui renversait, pensaient-ils, l'économie des lois divines, et ils crurent, par des décrets et des exécutions, arrêter le mouvement qui emportait la Caverne et ses hôtes.

Cependant avant que ce siècle fût revenu de son émotion et que les contemporains se fussent instruits, — si lente est la propagation de la lumière morale — un nouvel investigateur des cieux, Newton, s'é-

---

[1] BAILLY, *Hist. de l'Astron. moderne.*
[2] Pierre LAROUSSE, *Grand dict. du XIX° siècle.*

levait au principe générateur et centralisateur de toutes les lois, à celui qui, les rassemblant en un faisceau, achève de lier, par l'identité des phénomènes, la nature terrestre et la nature céleste : à l'attraction universelle. La voûte de ténèbres croulait de toutes parts, cette fois, et se dissolvait dans la lumière, comme les brouillards du matin qu'un jour splendide dissipe. L'esclave était matériellement délivré, l'ignorant remontait, selon le vœu de Platon, à la connaissance exacte des choses, et Dieu réapparaissait au sommet de son œuvre comme le soleil d'un firmament sans ombres et sans bornes.

Tel a été le rôle de la science.

Il s'agit maintenant de poursuivre l'évolution sur un autre terrain et d'ouvrir à « l'esprit enquesteur, » suivant l'expression de Montaigne, les sphères morales, comme nous lui avons ouvert tout à l'heure les horizons géographiques et physiques. Les progrès des mathématiques, si considérables au seizième siècle, semblent avoir tout disposé pour cette rénovation. En changeant la conception du monde, elles ont donné à l'homme confiance en ses moyens; elles l'ont mis à même de prendre corps à corps ce formidable assemblage de préjugés et d'opinions s'érigeant en dogmes, et qui tenaient toutes les facultés sous le joug. Or, la faculté mathématique, appuyée sur la constitution même de l'entendement, est de sa nature *formelle*, absolue, s'affirme à tous les degrés, démontre toutes ses propositions, et ne compose avec aucune puissance. Elle a pu marcher silencieuse ou tremblante, en appeler à la postérité, laisser contester ses titres ou brûler ses théories ; mais accorder qu'on avait raison contre elle dans les matières de son domaine, jamais ! Dieu a soumis scientifiquement l'Univers à la loi des nombres : *mundum regunt numeri*, et ce qui régit l'Univers, ce qui en est comme l'âme et la conscience matérielle, ce qui en détermine la forme et l'ordre ; ce qui, sans doute, est la vertu la plus active de la nature divine, ne pouvait s'abdiquer : la victoire n'était qu'une question de temps, et nous savons avec quel éclat elle s'est manifestée, non-seulement dans l'astronomie, mais dans la chimie, dans la physique, dans la mécanique, dans tous les arts spéculatifs ou industriels.

Pour arriver là, il avait fallu remonter à l'essence mathémathique pure, appliquée à la Géométrie, telle que la concevait Platon, qui s'impatientait de la grande complication des chiffres et des signes, voile oppressif de la pensée, et voulait qu'on les écartât pour voir le principe seul. L'invention, ou si l'on veut, le perfectionnement de l'algèbre, cette admirable langue, cette philosophie, nous dirions volontiers cette poésie des nombres, vint simplifier, tout en décuplant sa puissance, le mécanisme du calcul, porter l'art des solutions à un point inouï jusqu'alors, élever l'équation à la hauteur des lois universelles et mettre au niveau de leur tâche, dans toutes les branches de la science renouvelée, les Fermat, les Descartes, les Newton, les Leibnitz, les Herschell, les Lagrange, les Laplace, les Galvani, les Lavoisier, les Humboldt, les Ampère, les Arago, tous les travailleurs contemporains ou futurs.

En effet, dans cette vaste série des connaissances positives, dont Platon indiquait les lacunes aux hommes et aux gouvernements de son siècle, toutes les principales bases étaient jetées et resteront l'inébranlable fondement des découvertes ou des constructions de l'avenir. La science est reine; elle est devenue le type de toute logique qui veut être irréfutable, de tout verbe de vérité, de tout instrument qui veut atteindre partout avec précision, sans obstacle et sans limite, et et à qui les globes et les atomes obéissent comme à Dieu même, ce père et ce principe de la science, la science à son foyer. Cherchez donc ! Montez ou descendez les infiniment grands, les infiniment petits : l'analyse mathématique suivra de ses notations rapides ces investigations dans les diverses catégories de l'espace, du mouvement, du temps et de la nature, et, sans s'arrêter jamais, elle vous laissera là haletant, éperdu, ravi. O pâture de l'âme ! Moisson sublime ! Théorèmes plus beaux que les chants d'Ossian ou de Lamartine, qui donc osera se dire chercheur, poète ou philosophe, s'il ne trouve en vous la joie première de l'esprit, l'invincible amour du vrai, la prière qui s'envole en formules et l'adoration qui s'énonce en attributs de la souveraine essence et de l'éternelle raison? Ou renversons les monuments de la science, en fermant les yeux sur ce brillant univers qui nous en a donné les matériaux, ou quittons les idoles de la Caverne pour le culte supérieur des idées et des vérités que la science décèle.

En regard de ces classifications, le réveil moral, politique et philosophique présente, sans doute, plusieurs phases ; mais nous ne pouvons que relever les points saillants, constater l'évolution dernière, le grand mouvement qui a changé les bases du droit civil, le système des gouvernements et le sort des peuples.

Le règne de la scolastique fut marqué par de longues disputes, telles qu'en peuvent faire des hommes qui n'observent que des ombres, et qui, sous peine de mort matérielle et éternelle, n'ont pas même le droit de chercher à voir au-delà. L'un deux cependant, dont le souffle d'une jeune femme avait enflammé la belle intelligence, devança les temps, et du haut de son amour, tribune orageuse, il releva un instant la raison du rôle d'humble servante, *ancillæ humilis* ; son éloquence soulevait d'enthousiasme les cités, les cloîtres, les universités, et le bruit seul de sa présence suffisait pour peupler les solitudes. Mais des leçons et des succès si extraordinaires firent trembler les pâles ascètes, qui accusèrent Abeilard de « fouiller Dieu jusqu'aux entrailles. » Amant, l'immortel agitateur fut mutilé par les bourreaux de la Caverne ; philosophe, il mourut dans l'exil !...

Roger Bacon, l'homme-prodige du treizième siècle, avait entrevu et quasi parcouru ou inventé le cycle entier des sciences, créé une philosophie expérimentale et affranchi de toutes barrières le génie humain, qu'il déclarait apte à progresser, à s'étendre, à conquérir toujours. Cette ardeur novatrice le fit jeter dans les cachots. Ce grand infortuné n'en sortit que pour mourir. On dit que ses savants manuscrits furent cloués aux murailles, comme inspirés par la magie, et cela se passait au milieu d'un siècle recommandable entre tous par l'émulation intellectuelle.

La philosophie « avait porté pendant six siècles les liens de la théologie, »[1] c'est-à-dire qu'elle n'était pas la philosophie. « Longtemps captive dans ce cercle »[2] de fer, elle en sortit comme en délire et en se portant dans toutes les directions. Au sein de cette déroute générale, la principale lumière autour, de laquelle se groupèrent les esprits, fut Platon dont la doctrine, essentiellement libérale, eut contre elle l'autorité et l'inquisition.

C'est à titre de promoteur des idées Platoniciennes que le malheureux Pierre la Ramée, enfant du peuple et professeur de génie, fut massacré en 1572. Ses meurtriers lui arrachèrent les entrailles.

En 1600, Jordano Bruno périt sur un bûcher, à Rome, pour la même cause.

Nous ne citons que les plus illustres de ces apôtres entraînés et dévorés dans la spirale ténébreuse de l'ignorance et du fanatisme.

Transition et révolution, ombre et lumière, indépendance et foi, flamme et sang, tous ces éléments se heurtent dans une confusion et dans un chaos inexprimables au seizième siècle.

Descartes surgit bientôt de cette conflagration qu'il

---

[1] Cousin — [2] *ibid*.

domine glorieusement ; il refait l'unité métaphysique, qu'il assoit sur la pensée, de même que Socrate et Platon lui avaient donné pour base la connaissance¹. Avec eux, et par toutes les sciences qu'il adore comme Platon les a jadis adorées, c'est l'entendement humain qui triomphe, c'est l'éducation artificielle et le dogmatisme de convention qui croulent à l'entrée du vestibule de terreur et de mort où chaque progrès a été le fruit d'une grande bataille.

De l'homme jusqu'à Dieu, l'ordre scientifique et psychologique est reconstruit. L'ordre économique, juridique et social le sera de même. La Caverne scolastique, la Caverne féodale, la Caverne monarchique céderont tour-à-tour à cet assaut de vive lumière qui les pénètre ou les dissout.

Si, au fort des institutions féodales, quelqu'un eût dit aux seigneurs, en possession immémoriale du sol et des populations : « Il viendra un temps où ces forteresses, ces puissantes abbayes, ces riches prébendes n'existeront plus, où il n'y aura plus ni vassaux, ni serfs, ni vilains, mais un peuple français, fier, libre, avec les mêmes droits que vous, se riant de vos privilèges et de vos pouvoirs déchus, et peut-être se partageant, de concert avec la nation, ces châteaux dont la seule vue le fait trembler aujourd'hui, certes, ce prophète de mal-

---

¹ Le principe Socratique : « Connais-toi toi-même » est naturellement bien rapproché du *criterium* cartésien : « *Je pense, donc je suis* » et ce dernier ne diffère pas essentiellement du point de départ de Platon : la connaissance pure, innée.

heur eût été accueilli comme Copernic, Képler, Galilée : il n'eût annoncé, en effet, rien de moins extraordinaire à ses contemporains, et de telles révélations auraient été de nature à toucher bien autrement les intéressés que tous les phénomènes cosmiques.

Or, cette prédiction était déjà au fond de certaines âmes en qui s'incarne la justice, et ce fut exactement le langage que Jean de la Roquetaillade, ce Lamennais anticipé, faisait entendre en 1400, langage qu'il expia dans les basses-fosses de ces donjons dont il voyait le vent de l'avenir rouler la poussière.[1]

Instinctivement ou sciemment, c'est vers ce but que convergèrent toutes les forces intellectuelles du dix-huitième siècle, toutes les aspirations des masses, tous les vices des grands, en sorte qu'une nouvelle conception sociologique était imminente, préparée, du reste, par un scepticisme érudit, plusieurs fois séculaire, et annoncée par un mouvement d'idées inouï, par les plus majestueux travaux. Montesquieu rattacha les lois sociales à la constitution et aux lois de l'univers, Voltaire ébranla en riant, souvent avec rage, des traditions odieuses ou surannées, auxquelles il substitua mieux qu'un système : sa lumineuse raison et le bon

---

[1] Froissart se contente de mentionner cet homme extraordinaire pour son époque, mais voué par les modernes au plus injuste des oublis. M. Charton lui donne une place dans le *Tour du Monde*, et M. Durif d'Aurillac a consacré à ce martyr de la justice, dans son *Dictionnaire statistique du Cantal*, une savante et fort belle étude.

sens de tout le monde ; Rousseau donna à ce corps de doctrines l'âme sensible d'un amant et l'éloquence passionnée qui laisse dans les cœurs une trace de feu. Et ce ne fut point assez encore : les encyclopédistes, inventoriant toutes les connaissances humaines, en firent à la fois un arsenal et comme un phare dont la puissance éclairante, traversant donjons, cloîtres et sanctuaires, mit à nu toutes les profondeurs.

Disons-le à la gloire de cette génération : en échappant au sombre dédale historique où se succédèrent tant de dominations iniques, tant de barbaries inutiles, tant de puissances qui ne surent s'entourer que de sanglants trophées, de terreurs et de gibets, de séquestres infâmes, — et cela pendant quinze siècles, — son sentiment ne fut point d'abord la haine ou la vengeance, mais l'enthousiasme de la liberté et de la justice dont elle allait inaugurer le règne.

Avec cette ère et ce chiffre immortel de 89, la rotation fut complète ; la sphère politique, replacée, comme la planète, dans son orbite réelle et rationnelle, parut tourner successivement toutes ses faces au soleil et à la vie. Ce fut une résurrection, un tressaillement et comme un *alleluia* universels. Les puissants eux-mêmes, emportés dans la trajectoire de feu, unirent un moment leurs voix au concert solennel des peuples. Jamais pareil phénomène ne s'était produit au sein de l'humanité, soulevée, pour ainsi dire, par la force des choses, aux plus magnifiques sommets. C'était la Révolution du droit, de l'ordre, de la lumière, de l'amour, tout entière dans l'intimité des consciences avant de remplir le monde de son retentissement. Elle émanait des cœurs, des intelligences, des volontés, des labeurs et des vœux de tous, de la profondeur des événements compulsés et des lois de la nature, enfin d'un concours logique et effectif de circonstances irrésistibles, marqué dans les phases évolutives des sociétés.

La nation qui, grosse de tant de luttes et de fécondations, a pu opérer cet enfantement prodigieux, est sortie la première de la pénombre, et reconstitue l'histoire sur des plans nouveaux qui déjà nous ont placés à une plus grande distance de Louis XIV, que celle qui séparait ce dernier règne de l'antiquité classique.

Mais cette ascension était trop audacieuse, trop haute, pour se maintenir sans oscillation, sans catastrophes. Revenus de cet éblouissement qui les avait subjugués et comme paralysés, ceux qui restèrent seuls dans la Caverne, voyant des chaînes et plus de captifs, des populations et plus de troupeaux, s'affligèrent de leur solitude et pleurèrent ce qu'ils nommaient leur domination, leur gloire, leurs priviléges et tout cet attirail de grandeur sans lequel ils ne pouvaient vivre. Ils appelèrent donc les rois à leurs secours ; les rois furent battus et chassés, les plus vastes coalitions rompues et rejetées au loin...

De ce jour, le souterrain des nations est ébranlé jusque dans ses fondements. A travers les voûtes qui pendent en lambeaux sur leurs têtes, les peuples contemplent le ciel, les potentats s'imaginent voir descendre la foudre, et, cyclopes effarés, tantôt ils roulent à l'entrée du gouffre le rocher que la foule en écarte sans cesse; tantôt ils essaient de restaurer le dôme ténébreux, qui s'effondre toujours, tandis que le foyer volcanique, endormi dans les flancs de la montagne, la secoue et l'embrase périodiquement, menaçant de réduire en cendre l'Horreb de terreurs et de mensonges.

C'est le drame gigantesque dont nul ne peut prévoir la fin et qui n'a d'analogue que le monde cryptique où va nous conduire Platon, cet autre drame, le plus grand, le plus véridique, le plus formidable qu'aucune main d'homme ait tracé, parce qu'il est l'histoire même, et plus encore l'idéal politique et philosophique, le cadre où se meuvent nos destinées dans le temps et dans l'espace; dans le monde physique et dans le monde moral.

Entrons maintenant dans cette Géhenne de l'ignorance et de l'esclavage.

C'est Platon qui parle.

Figurons-nous, dit-il, un antre souterrain ayant son unique ouverture du côté de la lumière. Cette caverne a pour habitants des hommes retenus là, depuis leur enfance, par des chaînes qui leur assujétissent les jambes et le cou, en sorte qu'ils ne peuvent changer de place, ni même tourner la tête, et ne voient que ce qu'ils ont en face. La lumière leur vient d'un feu allumé sur une hauteur, dans l'éloignement, derrière eux. Entre ce feu et les captifs, profile un chemin escarpé, bordé d'un petit mur produisant l'effet de ces cloisons que les charlatans placent entre eux et les spectateurs, pour ne laisser paraître au-dessus que les prétendues merveilles qu'ils exhibent.

Il faut s'imaginer voir de même, dans le chemin, et au-dessus du mur, passer sans cesse une foule de personnages, les uns parlant, les autres silencieux, comme il arrive toujours, et portant toutes sortes d'objets, avec des figures d'hommes et d'animaux d'une infinité de formes différentes.

Voilà sans doute un tableau bien extraordinaire et d'étranges prisonniers, me direz-vous.

Ces prisonniers, cependant, c'est nous-mêmes.

N'est-il pas vrai que, dans de telles conditions, ces misérables ne verront d'eux-mêmes, de leurs compagnons et de la foule qui passe en arrière, que les ombres qui se détachent, à la lueur de la flamme, sur le fond de la caverne exposé à leurs regards mornes et fixes? Ne prendront-ils pas ces ombres pour les choses mêmes? Et si l'écho répétait dans la caverne la voix des passants, dont la distance leur dérobe le bruit, ne croiraient-ils pas entendre parler les ombres? Pourraient-ils même supposer qu'il y ait au monde des réalités plus vivantes?

Mais si tout à coup, enlevant leurs chaînes, nous guérissons ces infortunés de leur erreur, — je veux dire de leur ignorance, — qu'arrivera-t-il?

Délions, en effet, un de ces captifs et forçons-le sur le champ de se lever, de marcher, de tourner la tête et de regarder du côté où la lumière luit. Quelle peine n'éprouve-t-il pas dans tous ses mouvements? La lumière lui blesse les yeux, l'éblouissement l'empêche de discerner les objets dont il n'a vu de sa vie que les images. Et si maintenant on veut le persuader qu'il n'a connu que les fantômes des choses; qu'il a seulement aujourd'hui sous les yeux des réalités, et que, pour la première fois, il voit clair, parce qu'il s'est approché du jour, que répondra-t-il? Enfin, quel ne sera pas son embarras, lorsque, le pressant de questions, on l'obligera à rendre compte de ses impressions et à déterminer chaque chose à mesure qu'elle passera devant lui? Oh! alors, il n'y pourra plus tenir, et tel sera son trouble, que ce qu'il voyait auparavant lui paraîtra plus vrai que ce qu'on lui montre; il détournera donc les regards de ce feu qui brûle sa débile paupière, pour les reporter sur ces ombres qu'il suit sans efforts et qu'il juge plus visibles que tout ce qu'il découvre sous un jour accablant.

Si maintenant on l'arrache malgré lui de sa caverne, et qu'on le traîne, par le chemin rapide, jusqu'à la vive lumière, cette violente transition n'excitera-t-elle pas ses plaintes et son courroux? Et lorsqu'il sera parvenu au grand soleil, foudroyé de son éclat, pourra-t-il saisir cette multitude de manifestations diverses, et pour lui si confuses, que nous appelons des êtres?

Certes, il lui faudra du temps pour s'y accoutumer et pour vivre dans cette région supérieure. Il commencera par discerner les ombres, puis les images que reflètent les eaux, ensuite les objets eux-mêmes. Il osera bientôt porter ses regards vers la voûte céleste, dont il soutiendra plus facilement la vue pendant la nuit, à la tremblante clarté des étoiles.

Enfin, il finira par contempler le soleil lui-même, à sa véritable place, comme tout le monde, puis, après avoir passé par tous ces degrés, il conclura naturellement que cet astre est le distributeur de la vie, le foyer de la lumière, et que le peu de jour qui luit là-bas, dans la caverne, vient de lui.

A ce souvenir de sa première demeure, de ses compagnons de captivité, de ce que, dans leurs ténèbres, ils nommaient sagesse, des vains honneurs et des distinctions qu'ils décernaient risiblement entre eux à celui qui observait le mieux les ombres, et qui, se rappelant l'ordre successif ou simultané de leur passage, devinait le plus habilement leurs apparitions, ne déplorera-t-il pas cet état de choses autant qu'il s'applaudira de sa délivrance, et, loin de porter envie à ceux qui sont les plus honorés et les plus puissants dans ce souterrain, ne préférera-t-il pas mille fois tenir la charrue du plus pauvre laboureur, et même souffrir tout au monde, que de revenir à ses anciennes illusions et de vivre d'une si triste vie ?

Supposons cependant que cet homme redescende dans la Caverne, et que, tout d'abord aveuglé par ce passage de la lumière à l'obscurité, il critique ces ombres et se prenne à ce sujet de dispute avec ses compagnons qui n'ont pas quitté leurs chaînes : n'excitera-t-il pas les moqueries de ces esclaves ténébreux qui ne peuvent manquer de s'écrier que, parce qu'il a gravi la montagne, il a perdu la vue et le jugement ; que ce n'est pas la peine de sortir à leur tour d'un lieu où ils se trouvent bien, et que, si quelqu'un s'avise de vouloir les en tirer pour les conduire vers ces hauteurs lumineuses, il faudra s'en emparer et le tuer ?

C'est là précisément le tableau de la condition humaine !

L'antre souterrain, c'est ce monde visible ; le feu qui l'éclaire, c'est la lumière du soleil ; ce captif qui monte à la région supérieure, c'est l'âme émancipée qui s'élève à la sphère des intelligences.

Voilà du moins ce que j'ai voulu montrer. Dieu sait si ma comparaison est exacte. Quant à moi, la chose me paraît telle que je vais l'expliquer :

Si nous suivons la voie qui monte toujours, nous découvrirons qu'à l'extrême limite et au lieu le plus sublime de ce monde de l'esprit, est l'idée du Bien. On ne l'aperçoit qu'avec peine, mais elle est la cause de tout ce qu'il y a de beau et de bon dans l'univers ; elle produit la lumière, elle engendre la vérité et l'intelligence : c'est une nécessité de la connaître, si l'on veut se conduire sagement ; mais ceux qui sont parvenus à ces hauteurs dédaignent de prendre part aux affaires humaines. Du reste, que gagneraient-ils à descendre à nos mesquines occupations ; ils ne recueilleraient dans ce négoce que tribulations et amères railleries, car, peu accoutumés à nos ténèbres, il leur

8.

faudrait entrer en discussion, en procès avec des hommes qui, n'ayant devant les yeux que des fantômes de vertus, ne possèdent aucune notion vraie de la vérité et de la justice.

Dans cette alternative, ce n'est pas celui qui revient de la sphère lumineuse qu'il faut plaindre; mais l'ignorant qui, sortant de la caverne, ne peut, comme nous l'avons vu, s'habituer que lentement et péniblement au grand jour; car la science ne s'apprend pas tout d'un coup, comme s'il suffisait de jeter de la lumière dans les yeux d'un aveugle pour le faire y voir. Certes, chacun tient de la nature le don de voir et de savoir, avec des organes destinés à ces fonctions; mais la liberté des mouvements est le point essentiel. De même que les yeux physiques ne voient juste et loin qu'à l'aide de l'évolution libre et entière du corps; de même l'art consiste à tourner l'organe de la connaissance, avec l'âme tout entière, de la vue des objets fugitifs à l'observation des principes permanents et lumineux de l'Être, qui sont le Bien. Il ne s'agit donc pas de donner à l'âme la faculté de voir; elle l'a déjà; mais voit-elle où il faudrait, comme il faudrait et ce qu'il faudrait qu'elle vît? Telle est la question.

Il en est à peu près des qualités de l'âme comme de celles du corps. Si la nature ne les a pas données, on les acquiert par l'éducation et la culture scientifique; mais à l'égard de la faculté d'apprendre, comme elle est d'une nature supérieure, jamais elle ne perd son activité, sa vertu; elle devient seulement utile ou inutile, avantageuse ou nuisible, selon la direction qu'on lui donne. N'a-t-on pas remarqué jusqu'où va la sagacité de ces hommes adroitement malhonnêtes qu'on appelle d'habiles coquins ? Avec quelle pénétration leur misérable petite âme démêle tout ce qui les intéresse ! Chez eux la vue interne n'est ni faible ni mauvaise ; mais comme ils la forcent à servir d'instrument à leur malice, ils deviennent d'autant plus malfaisants qu'ils sont plus subtils, plus rusés, plus clairvoyants.

Si dès l'enfance on extirpait de l'âme ses penchants ennemis qui, comme autant de poids de plomb, l'entraînent vers les plaisirs grossiers et la retiennent en bas ; si, après l'avoir délivrée et affranchie, on eût tourné l'organe du bien vers la vérité, elle l'aurait aperçue et cherchée avec le même succès.

N'est-ce point une conséquence à peu près nécessaire de ce qui précède, que s'il ne convient pas d'appeler au pouvoir des hommes sans éducation et étrangers à la vérité, la mission de gouverner ne s'accorde guère mieux avec les habitudes solitaires et méditatives de ces sages qu'on laisse toute leur vie absorbés dans l'étude, et qui, se croyant déjà dans le monde de leurs rêves, considèrent les affaires publiques comme un fardeau et s'en tiennent éloignés avec soin ?

C'est au législateur d'obliger les naturels excellents à remonter, par l'étude, à la source du bien ; c'est à lui encore à les en faire redescendre pour prendre part aux travaux de la foule et élever jusqu'à eux le niveau des esprits ; car le législateur ne se propose pas seulement la félicité d'une classe ou de quelques-uns, mais le bien-être et l'éducation de tous, par l'obligation où il met les hommes d'élite de rapporter sans cesse à la société et à tous ses membres les avantages qu'ils en ont reçus. En faisant des citoyens instruits, il n'entend pas leur créer des loisirs égoïstes ou même studieux, mais il veut s'en servir pour étendre et fortifier le bien de l'Etat.

Dans certains pays, les philosophes peuvent être considérés comme excusables de se soustraire aux charges publiques, parce que, s'étant formés sans secours, et pour ainsi dire malgré le gouvernement, ils ne sont redevables qu'à eux-mêmes de leurs talents; mais dans un état ami de l'instruction, et qui la distribue à chacun selon ses aptitudes, c'est un devoir pour les hommes instruits par la société, de revenir d'eux-mêmes dans la demeure commune, d'accoutumer leurs yeux à nos ténèbres, de s'appliquer à nous conduire, à nous apprendre à distinguer les fantômes de la vérité qu'ils ont étudiée et connue à sa source. De la sorte, la lumière se fera graduellement pour tous et par tous. Nous ne serons plus dirigés par les despotes de la nuit, mais par des gens sensés et très-éveillés; le gouvernement ne sera plus un mauvais rêve, comme tant d'autres, où les chefs se battent pour des ombres et se disputent avec acharnement l'autorité, voyant en elle le bien suprême, lorsqu'il est à jamais prouvé que ces affamés de pouvoirs et d'honneurs ont fait de tout temps aux Etats la condition la plus malheureuse, tandis que la concorde est généralement assurée là où le commandement est remis aux mains de ceux qui sont à la fois les plus capables et les moins jaloux de le posséder.

Ceux-ci, en effet, ne le prendront que pour acquitter une dette envers la patrie. Ne sont-ils pas d'avance riches et comblés des vrais, des seuls trésors qui rendent heureux : la sagesse et la vertu ?

Mais partout où l'on voit courir aux affaires publiques ces mendiants, ces vaniteux et ces hommes rapaces qui, sans renommée ou sans fortune, s'imaginent trouver là l'une et l'autre, il ne peut y avoir de bon gouvernement. Le pouvoir est pour ces intrus une proie qu'ils s'arrachent, au nom de laquelle ils s'entredéchirent, et cette guerre civile, en les perdant eux-mêmes, finit par ensevelir l'Etat sous les mêmes ruines.

Mais comment formerons-nous ces hommes capables, sages et désintéressés, puisqu'eux-seuls, en conservant le mépris du pouvoir, savent néanmoins l'exercer dignement et efficacement?

Ici, notre sage se propose de trouver les plus puissants moyens de tirer l'esclave de la Caverne, et, pour le remorquer dans la lumière, il attèle au char de l'humanité, entravé et retenu dans ces profondeurs, les principales sciences alors connues. C'est ainsi qu'après avoir écarté celles qui ne s'adressent pas directement à l'esprit, il dit :

Mais il en est une que tout le monde sait plus ou moins, qui sert à tout, dont aucun art ne peut se passer, science bien vulgaire, puisqu'elle apprend à dire un, deux, trois.... C'est la science des nombres, indispensable en toutes choses et à quiconque veut être homme. Si l'on savait s'en servir, elle pourrait bien être l'un des moyens d'élévation de la pensée humaine à l'intelligence. Essayons d'expliquer comment, et apprenons d'abord d'une manière précise ce qui est propre à élever l'âme de ce qui ne l'est pas.

Cette distinction est tout entière dans les perceptions des sens. Les unes se passent du concours de l'entendement, parce que les sens sont juges compétents ; les autres appellent l'entendement et l'invitent à la réflexion, parce que les sens ne peuvent plus prononcer clairement et sainement.

Tout ce qui ne provoque pas en même temps deux sensations contraires, n'invite pas à la réflexion ; mais tout ce qui fait naître deux sensations opposées, force l'entendement à expliquer ces phénomènes.

En général, le rapport des sens est insuffisant et défectueux. Leur fonction se réduit à accuser les sensations.

Le sens destiné à juger ce qui est dur ne le fait qu'après avoir connu ce qui est mou, et le même procédé s'applique à apprécier les qualités opposées de la pesanteur et de la légèreté, de la grosseur et de la finesse, etc.

N'est-il pas inévitable alors que l'âme soit embarassée de ce que peut signifier une sensation qui lui dit en même temps dur et mou, pesant et léger, gros et menu, grand et petit, blanc et noir, lorsque cette sensation rapporte à la fois ces qualités contraires à un même objet ?

Certes, de pareils témoignages doivent lui paraître bien étranges, et pour les concilier elle appelle en toute hâte l'entendement à son secours.

Que fait l'âme alors ? — Elle examine attentivement si chacun de ces témoignages porte sur une seule chose ou sur deux ; si les deux peuvent être comprises comme séparées ou si elles n'en font qu'une.

Par exemple, la vue aperçoit la grandeur et la petitesse comme confondues ensemble ; l'entendement, au contraire, les voit séparées l'une de l'autre, les confronte et démêle la confusion.

Voilà sa supériorité, et tel est l'avantage de nous être demandé à nous-mêmes ce que c'est que grandeur et petitesse.

En vertu de cette distinction si simple, nous avons pu nous élever du témoignage des sens à la lumière de l'esprit, du monde visible aux choses purement intelligibles, enfin, à tout ce que nous voulions établir, en prenant pour point de départ que les sens sont compétents pour les sensations qui sont unes ; mais que la réflexion est nécessaire, lorsqu'elles sont multiples et contradictoires, bien que se rapportant à un objet unique.

C'est là précisément ce qui a lieu dans la perception de l'unité par la vue. Elle se range dans la classe des choses qui sont à la fois unes et multiples jusqu'à l'infini.

La même chose arrive à tout nombre quel qu'il soit.

L'arithmétique, qui est la science des nombres, met

donc en action l'entendement. Le chiffre a des ailes ; il porte l'âme à la connaissance et à la vérité, il l'élève d'échelon en échelon jusqu'à l'être par excellence. Le calcul est un de ces admirables leviers intellectuels que nous cherchions, une science universelle, puisqu'elle est nécessaire à tous, au guerrier comme au philosophe, qu'elle atteint, embrasse et transforme tout. Platon, semble voir sortir du jeu des nombres, comme nous l'avons déjà dit, toutes nos modernes inventions, et avec elles ce propulseur de feu qui, touchant à la fois la matière et l'esprit, les choses et les âmes, les emporte dans une spirale de puissance et de progrès qui ne s'arrête plus, et dont le terme, en lui assurant la domination de la matière et du temps, place le génie humain au-dessus et au-delà de ce qui naît pour mourir.

Il conviendrait donc, continue-t-il, de faire une loi et de persuader en même temps à ceux qui sont destinés à remplir les premiers rangs dans l'État, de se livrer à la science du calcul, non pas pour en faire une étude superficielle, mais pour se familiariser avec les opérations les plus rationnelles de l'intelligence; non pas encore pour la faire servir, comme les marchands et les négociants, aux ventes et aux achats, mais pour seconder l'activité humaine, et mieux encore pour faciliter à l'âme les moyens de s'élever de l'ordre des choses matérielles aux propriétés indestructibles de l'Être.[1]

---

[1] L'Être ou la science pure, c'est tout un pour Platon. — On

L'âme acquerra cet élan énergique vers les régions supérieures, si on l'oblige à opérer sur les nombres purs, tels qu'ils existent dans l'intelligence, non à s'arrêter aux signes visibles et palpables qui les représentent, car la combinaison des nombres ne tombe pas sous les sens ; elle relève de l'entendement, et la pensée seule la suit et la saisit à travers les formules qui la révèlent aux yeux du corps.

Heureux l'homme né calculateur ! Il s'applique avec succès à presque toutes les sciences ; l'esprit de combinaison est son apanage, et toutes ses facultés sont assouplies à cet exercice et à ce jeu des nombres qui le préparent merveilleusement à connaître et à acquérir. Appliquons-y donc de bonne heure les esprits les plus richement doués, et tout d'abord plaçons les mathématiques au rang des sciences que nous adoptons, parce qu'elles sont un infaillible instrument pour aider à la découverte des vérités les plus élevées.

La géométrie tend également à ce grand but, je

---

peut voir sur le même sujet le *Discours de la Méthode*. Descartes qui, d'ailleurs, procède directement de Platon, s'exprime absolument comme lui. « Considérant, dit-il, qu'entre tous ceux qui ont recherché la vérité dans les sciences, il n'y a eu que les seuls mathématiciens qui ont pu trouver quelques démonstrations, c'est-à-dire quelques raisons certaines et évidentes, je ne doutais point que ce ne fut par les mêmes sciences que je dusse commencer, bien que je n'en espérasse aucune autre utilité, si non qu'elles accoutumeraient mon esprit à se repaître de vérités..... »

veux dire à rendre plus facile à l'esprit la perception de l'idée du bien. Car c'est là que vont aboutir, comme autant d'avenues splendides, les sciences qui obligent l'âme à se tourner vers le lieu où réside cet être, le plus heureux de tous les êtres, que l'esprit doit s'appliquer à chercher, à pénétrer autant qu'il est donné à une créature de le faire.

Si donc la géométrie porte l'âme à contempler l'essence des choses, leurs rapports, leurs proportions, leurs lois scientifiques, elle nous convient; si elle s'arrête à leurs accidents, elle nous est inutile.

Malheureusement, les géomètres prouvent bien, par leurs formules, qu'ils n'entendent point comme nous les avantages de cette science; ils parlent sans cesse, et uniquement, d'évaluations de surfaces ou de corps, comme si ces opérations pratiques étaient tout, et que leurs démonstrations n'eussent pas d'autre portée; mais cette belle science tout entière n'a d'autre objet que la connaissance, non de ce qui naît et périt, mais de ce qui est toujours. Elle forme donc l'esprit philosophique, elle élève nos regards vers les choses d'en haut au lieu de les abaisser, comme on le fait trop souvent, vers le monde inférieur des affaires.

Aussi la prescrirons-nous avec empressement comme devant faire partie de l'enseignement de la jeunesse; et nous donnerons d'autant plus de soins à sa culture qu'elle est pleine de promesses pour l'avenir; car ses développements et ses applications les plus considérables, par rapport aux solides, sont encore à découvrir, ou plutôt, comme beaucoup d'autres, cette science est à créer, parce qu'elle est pénible à apprendre, et que ceux qui y travaillent sont laissés sans protection.

Les gouvernements ne font pas assez de cas des labeurs scientifiques : quels ne seraient pas nos progrès si l'État, estimant à leur valeur les travaux d'esprit, favorisait les chercheurs, alors que, malgré le mépris qu'on fait de la science, le seul charme qu'elle exerce soutient les inventeurs et permet à leurs œuvres de triompher de tant d'obstacles !

Et maintenant, l'astronomie sera-t elle notre troisième science ? Aurons-nous l'air d'avoir peur que le vulgaire nous reproche de faire entrer des sciences inutiles dans notre plan d'éducation. L'inestimable avantage de ces connaissances, — mais qu'il n'est guère facile de faire sentir, — c'est qu'elles purifient et raniment un organe de l'âme, aveuglé et comme éteint par les autres occupations de la vie, mais dont la conservation est mille fois plus précieuse que celle des yeux du corps, puisque c'est par lui que l'âme perçoit la vérité. Quand nous dirons cela, ceux qui pensent comme nous pourront nous accorder leurs suffrages, mais le grand nombre, qui n'y a guère réfléchi, répondra que cela ne signifie rien. A peine voudra-t-il voir sortir de ces sciences l'ordre exact des saisons et des années. Nous raisonnerons donc à peu près pour nous seuls, sans trouver mauvais, toutefois, que d'autres puissent en profiter.

On a cru louer l'astronomie en disant qu'elle force l'âme à regarder en haut, en passant des choses de la terre à celles du ciel. Cela peut être évident pour tout autre que pour moi, surtout quand je considère la manière dont elle est enseignée par ceux-là mêmes qui l'érigent en philosophie. A ce compte, le curieux qui distingue grossièrement les peintures d'un plafond, regarde donc avec les yeux de l'âme ? Il n'en est rien. La seule science qui fasse regarder l'âme en haut est celle qui, dans les œuvres de l'art comme dans celles de Dieu, montre ce qui est, mais ce qu'on ne voit pas avec les yeux du corps, l'idée. Qu'on acquière cette science en regardant en haut ou en bas, peu importe ! Rien de sensible, — c'est-à-dire de passager ou de superficiel, — ne fait absolument l'objet de la science.

Certes, les merveilles qui éclatent dans la voûte céleste seront à jamais proclamées ce qu'il y a de plus étonnant, de plus beau, de plus parfait dans l'ordre matériel et visible ; mais, à ce titre même, toutes ces magnificences doivent être considérées comme très-inférieures à d'autres phénomènes plus magnifiques encore, résultant de l'impulsion que ces grands corps reçoivent et se communiquent, selon la loi des nombres, les combinaisons harmoniques auxquelles ils obéissent, les figures savantes et vraies qu'ils décrivent dans l'espace, toutes choses qui échappent en partie à la vue et ne sont saisies que par l'entendement.

Je veux donc que la beauté dont le ciel se pare soit comme l'enveloppe, le symbole et l'enseigne de cette beauté inénarrable plus vraie, plus instructive, plus près de l'âme, objet de tout amour, de toute science et de tout art, qu'on chercherait aussi vainement à la surface de ces constellations que les vérités mathématiques dans le dessin le plus séduisant. L'astronome digne de ce nom se proposera donc, comme nous, un but plus élevé, en suivant par la pensée ces majestueux mouvements dont les lois nous échappent. J'entends qu'il cherchera, pour la contempler, l'idée ordonnatrice de ces prodiges de vitesses ou de lenteurs relatives.

Certes, toute la perfection et le prestige qu'un artiste peut mettre dans ses ouvrages, il s'attendra bien à les trouver dans l'œuvre de celui qui a fait le ciel et tout ce qu'il renferme; mais les rapports des astres entre eux, la forme même du ciel visible, il prendra garde de les regarder comme à jamais stables et comme le terme de ses efforts vers la vérité qui ne peut mourir. Il n'y verra, comme le géomètre, que les figures transitoires sur lesquelles ce dernier opère, les données d'un problème posé dans l'infini, et dont la solution, laissée à la partie intelligente de l'âme, ne se trouve qu'en éliminant ces merveilles et ces phénomènes de la matière pour remonter à la source éternelle qui les produit.

L'astronomie et la musique sont sœurs, s'il faut en croire une école antique[1]. Platon est de cet avis. Les oreilles sont faites, dit-il, pour les mouvements harmoniques, comme les yeux pour l'observation des mouvements célestes. Mais la musique, elle aussi, devrait être autrement enseignée. Elle exige d'ailleurs

---

[1] Les Pythagoriciens.

une grande perfection. Il faut la faire tendre vers le but où doivent aboutir toutes nos connaissances, et non la réduire au travail tout matériel et inextricable de la mesure, des tons et des accords les plus compliqués dont l'abus constitue un art sans âme, dans lequel l'oreille fait complètement la loi à l'esprit.

Les musiciens font la même chose que les astronomes : ils cherchent particulièrement des nombres dans les accords qui frappent les sens, quand ils devraient surtout y voir de simples données pour découvrir l'harmonie morale et rendre cette science profitable à la découverte du beau et du bon. Si l'on s'y livre dans un autre vue, elle sera inutile.

Toutes les sciences, du reste, dans leur ensemble comme dans leurs rapports, concourent vers cette fin, et ne valent qu'autant qu'elles y sont sans cesse ramenées par les maîtres de l'éducation publique.

Ce n'est point là, comme on l'objecte, une tâche élevée et difficile. Ce devrait être, au contraire, le commencement de nos travaux, et, — puisque nous parlons musique, — comme le prélude de l'air qu'il faudrait faire entendre à la jeunesse pour former l'enseignement des esprits.

En effet, avons-nous appris à ceux-là qui excellent dans les sciences le premier des arts, celui de raisonner juste? Les avons-nous armés du véritable instrument de l'intelligence, la logique?

Cependant, si l'on n'est pas en état de donner et d'entendre la raison de chaque chose, pourra-t-on jamais bien comprendre et mettre à profit un long programme d'études?

Voilà, enfin, après l'exposition des sciences les plus hautes, au moins en apparence, où je voulais en venir : à l'indication d'un art intime, puisqu'il est en nous : la dialectique[1]. Science toute spirituelle, elle peut néanmoins être représentée par l'organe de la vue, qui s'élève des animaux et du brin d'herbe au soleil : ainsi, sans aucune intervention des sens, elle monte, par la seule raison, jusqu'au principe des choses, et celui qui s'y livre avec ardeur saisit par la pensée l'essence même du bien, point culminant de l'ordre intellectuel, comme le spectacle du ciel représente pour nous la limite et comme le sommet du monde visible.

Ce que nous avons fait matériellement pour l'homme de la caverne, la dialectique le fait pour l'âme, qu'elle élève à la contemplation de ce qu'il y a de plus sublime et de plus lumineux, c'est-à-dire non plus à l'image du bien, mais au bien lui-même.

Les autres sciences ne sont qu'une préparation à celle-ci.

Ce qu'on ne peut contester, c'est qu'elle est la seule qui cherche régulièrement la vérité de chaque chose, tandis que la plupart des arts ne s'occupent que des opinions et des goûts des hommes, des productions

---

[1] Par ce mot, avec les variations qu'il a subies et l'extension à laquelle il se prête, nos lecteurs devront entendre la logique entière.

naturelles et industrielles, ou même de la manière de les conserver, et que d'autres, telles que la géométrie et les sciences qui en dépendent, n'ont que des relations indirectes avec l'être, ne le font discerner, pour ainsi dire, qu'en songe, à travers les formules et les figures, par conséquent en dehors de cette vue claire et certaine qui distingue la veille, parce que ces connaissances sont toutes de déduction et reposent sur des hypothèses.

Au contraire, la dialectique, s'aidant des arts, des sciences et de tous les modes de connaître, dont elle fait ses auxiliaires naturels, va droit au principe, l'affermit et tire l'âme du bourbier.

De tous ces moyens, le premier est, comme nous l'avons déjà dit, la science parfaite, qui n'est autre que l'évidence.

La connaissance raisonnée, ou science acquise, vient après;

Ces deux modes de connaître appartiennent à l'intelligence.

La foi et la conjecture relèvent de l'opinion.

La dialectique est donc l'art qui, par ces différents moyens, rend raison de chaque chose.

Que penser de l'homme qui n'a l'intelligence exacte de rien, et qui ne peut rendre à lui-même ni aux autres raison de quoi que ce soit?

Pour cet ignorant, il en sera de même du bien; il ne pourra ni en saisir l'idée, ni en donner une définition précise; ni se frayer un passage au milieu de l'armée des objections, comme un brave aguerri qui s'avance l'arme au poing et perce la mêlée, ni renverser, par la vigueur de la logique, les obstacles qui hérissent la voie de l'esprit. Nous dirons de cet homme qu'il ne connaît ni le bien, ni son principe, ni aucune espèce de bien, qu'il entrevoit tout au plus quelques fantômes, qu'enfin il fonde tous ses jugements sur le sable mouvant des opinions, qu'il se contente des apparences et que sa vie entière est un long sommeil, traversé de vains rêves qu'il échangera demain avec un sommeil plus lourd encore, celui de la tombe.

Assurément, si nous réalisons jamais nos projets d'éducation publique, nous ne mettrons point à la tête de l'Etat, ni dans les fonctions importantes, ces hommes incapables de rendre raison de leurs pensées ; mais nous prescrirons à nos élèves de se former par cette grande étude qui les mettra à même d'entendre et de répondre à tout d'une manière solide et péremptoire.

Il faut en effet réfléchir et rester bien convaincu que, de toutes les sciences qu'il importe à l'homme d'apprendre, celle qui s'adresse à l'esprit est certainement la plus sacrée, qu'aucune ne la remplace ni ne vient après comme plus parfaite, qu'elle est comme le faîte et le couronnement de toutes les autres, et qu'elle marque, enfin, le terme des recherches humaines.

Voyons maintenant quels sont ceux à qui nous destinerons notre programme scientifique, et la manière dont nous devrons l'appliquer.

Nous avons choisi de préférence, pour gouverner, les

énergiques et belles natures;[1] mais ce n'est point assez pour nos élus de se distinguer par la perfection du corps et même par la noblesse des sentiments; il faut que leurs aptitudes d'esprit répondent à l'éducation développée que nous voulons leur donner; car l'âme est bien plus vite rebutée par les difficultés de la science, qu'elle est seule à supporter, que par les exercices physiques, dont le corps prend sa part.

Il faut à nos futurs chefs la pénétration d'intelligence, la sagacité morale, la facilité à apprendre, la mémoire, la volonté, le courage, l'émulation dans tous les genres de travaux, car autrement cet ensemble si compliqué d'exercices et d'âpres labeurs, tant de l'esprit que du corps, dépasserait leurs forces ou leur bon vouloir.

Ne laissons point approcher de cette éducation supérieure les esprits sans avenir, mais seulement les caractères bien trempés, les talents sincères et vigoureux. Ecartons surtout ces jeunes gens en partie laborieux, en partie indolents, boiteux pour l'étude, mais tout feu et mouvement pour le jeu, la chasse et tous les exercices corporels.

Considérons encore comme estropiées et incapables d'atteindre la vérité, ces âmes sans franchise qui, détestant le mensonge volontaire en elles-mêmes et s'indignant de le rencontrer chez les autres, n'ont pas horreur de mentir chaque jour par l'ignorance des choses dont elles parlent, et qui, convaincues sur ce fait, mais

---

[1] Livre VI°.

loin de concevoir un juste mépris de leur conduite, se vautrent dans cette ignorance comme le pourceau dans sa fange.

N'apportons pas moins d'attention à distinguer le naturel heureux d'avec l'esprit mal né par rapport à la tempérance, au courage, à la grandeur d'âme et à toutes les autres vertus. Faute de faire ces distinctions, les particuliers et les Etats commettent leurs intérêts, leurs destinées aux mains de la faiblesse et de l'incapacité.

Oui, prenons toutes nos mesures pour conjurer par un bon choix un pareil malheur. Si nous ne préparons à une vocation de cette importance que des sujets aussi bien doués que possible, tant du côté du corps que de l'âme, la justice satisfaite aura des ministres irréprochables; l'Etat et les lois se maintiendront; mais le contraire arrivera, si nous appelons aux affaires des sujets indignes, et nous couvrirons en même temps de ridicule la science qui n'aura pu les former.

Un sage a dit que les vieillards peuvent apprendre beaucoup de choses.[1] Toutefois, n'oublions pas que tous les grands travaux appartiennent à la jeunesse. C'est donc d'elle qu'il faut nous occuper en vue de nos choix ultérieurs, et nous devrons commencer son instruction dès l'âge le plus tendre.

Bannissons d'abord de l'enseignement la gêne et la contrainte : un esprit libre ne doit rien apprendre en esclave. Les leçons qu'on fait entrer de force dans

---

[1] Solon.

l'âme n'y restent pas. Surtout n'exerçons jamais de violence envers les enfants. Faisons plutôt qu'ils apprennent comme en jouant, et que leurs premiers travaux ressemblent à des fêtes. Ils se révèleront alors d'eux-mêmes à nous, et il nous sera bien plus facile de les pénétrer et de découvrir leurs dispositions particulières.

La série des études étant terminée, on leur présentera dans leur ensemble les sciences qu'ils ont apprises successivement, afin que les embrassant sous ce point de vue synthétique, ils en apprécient les rapports et remontent à la nature et à la source des réalités scientifiques.

Cette méthode donne seule des résultats solides et durables; elle offre un infaillible moyen de distinguer l'esprit prédestiné à la logique. Celui-ci est généralisateur; il voit tout d'un point de vue élevé. Les autres ne le sont pas.

Mais pour garantir à cette faculté puissante, qui sans le secours des sens, s'élève aux plus hautes conceptions de l'ordre, son influence et sa dignité dans le monde, il faut apporter les plus grandes précautions, autrement elle dégénèrerait en fausse science, en logique de pure forme, en querelle subtile.

Ceux qui la cultivent dans ces dernières conditions, sont des enfants supposés, non les vrais fils de l'éloquence. Devenus grands, ils reconnaissent la fausse paternité qui abrite leur faux mérite, et sans famille dans l'ordre des idées, ils se livrent tout entiers aux valets de la maison, c'est-à-dire aux sophismes et aux vains arguments de la ruse et de l'artifice.

Or, n'avons-nous pas été, par une bonne éducation première, engendrés à des principes de justice et d'honnêteté, qui sont devenus notre sang, notre famille morale, à qui nous devons, par conséquent, vénération et obéissance?

Mais il y a aussi une éducation tout opposée, des maximes folles qui obsèdent l'âme comme autant de flatteurs ou de tyrans, sans pouvoir, s'il lui reste quelque sagesse, la soustraire tout d'un coup à l'autorité des principes.

Vienne cependant le raisonneur subtil! Qu'il demande à ce jeune homme, ce que c'est que l'honnête; qu'il réfute ensuite ses faciles réponses apprises plutôt que comprises; qu'il le tourne et le trouble en tous sens, comme un écolier qu'il est, de manière à le faire douter si l'honnête existe plutôt que le déshonnête; que cet orateur paradoxal ruine également la foi de l'élève, à l'égard du juste, du bien et des autres principes qu'il regardait comme ses ascendants moraux : que deviendront les habitudes de respect et de soumission de notre disciple pour les principes vertueux dans lesquels il a été nourri et élevé?

Ce malheureux ne se regardera-t-il pas désormais comme étranger, sans devoirs, sans lien avec cette parenté dont il n'était pas digne, et comme il ne trouvera point d'autre refuge, ne s'agitera-t-il pas dans le vide, et de soumis qu'il était, ne deviendra-t-il pas rebelle à tout ordre, triste victime, plus à plaindre qu'à blâmer, d'une vocation trop haute pour ses aptitudes?

Donc évitons un pareil malheur à nos élèves. Ne faisons de la logique, ni un jeu d'enfant, ni une arme de contradiction systématique, ni une routine, ni un métier, ni cette vaine passion de la lutte acharnée et stérile qui fait que les champions, tantôt vainqueurs, tantôt vaincus, finissent bientôt par ne plus rien croire, et donnent occasion au public de décrier le plus beau privilège de la raison.

Gardons l'enseignement de cet art pour les sujets que leur âge, leur caractère, leur virilité intellectuelle y disposent suffisamment, et qui, loin d'abaisser et d'avilir ce noble instrument, le feront servir à la recherche, à la découverte, au triomphe de la vérité, en sorte que, s'honorant eux-mêmes et éclairant leurs concitoyens, ils mettent la philosophie en plus grande estime qu'elle n'était auparavant.

Alors qu'on les rappelle dans la Caverne, ces vrais fils et ces maîtres de la science, afin qu'ils y remplissent les fonctions vulgaires, qu'ils se rompent à la vie active et ne le cèdent à personne sous le rapport de l'expérience. Là, de nouvelles épreuves les attendent, car ils seront distraits, sollicités, troublés de toutes manières. Le législateur ne devra pas les perdre de vue.

S'ils demeurent fermes jusqu'à l'âge mûr, s'ils se distinguent par de bons services, comme ils l'ont fait par de fortes études, il sera temps de les conduire au terme assigné à tant de persévérance, en les invitant à élever l'âme des sociétés vers la sagesse qui éclaire toutes choses, afin qu'après avoir contemplé l'essence du bien, ils appliquent ce modèle suprême au gouvernement de l'Etat, des particuliers et de leur propre conduite, se perfectionnant encore chaque jour, mais se chargeant, comme tout le monde, de l'administration des affaires, dans le seul intérêt du bien, et moins à titre d'honneur que par devoir.

C'est alors, qu'ayant sans cesse travaillé à former les hommes, et laissant à l'Etat des successeurs qui les imitent, ils pourront passer avec confiance de cette vie dans l'autre, pendant que la postérité consacrera par des monuments leur mémoire et la reconnaissance publique.

Hé bien, mes amis, convenez-vous maintenant, que notre projet n'est pas seulement un vœu sérile, une pure fiction ?

L'exécution en est difficile ; soit ! mais elle est possible de la manière que nous l'avons vu, quand les plus sages et les plus capables, tenant les rênes, et méprisant comme indignes d'hommes libres les honneurs et les privilèges que l'on brigue aujourd'hui, voudront bien entreprendre la reforme de l'Etat et se dévouer au bonheur du peuple.

Cependant, cet entretien sur le gouvernement et sur le type individuel qui lui ressemble s'est assez prolongé. D'après les principes qui précèdent, il est aisé de voir quel doit être l'homme qui répond à nos théories.

LIVRE HUITIÈME

L'auteur de l'Etat, revenant aux matières traitées et presqu'épuisées dans le quatrième livre, affirme son système de communisme absolu, en ce qui touche les femmes, les enfants, l'éducation, les exercices de paix et de guerre.

Reprenant ensuite son système politique, il regarde comme établi et convenu que les hommes supérieurs par l'intelligence, instruits dans l'art de gouverner et même de faire la guerre, seront les chefs dans un Etat qui aspire à la perfection.

C'est l'aristocratie, comme l'entendaient Socrate, Platon, Aristote et la plupart des législateurs antiques, en d'autres termes le gouvernement des hommes instruits, que l'on a rappelé dans ces derniers temps, en proposant de substituer les capacités aux positions de fortune.

Le mot a changé de signification, l'idée est la même, si ce n'est que, chez Platon, le mot capacité est inséparable de sagesse et vertu.

Tenant donc pour juste et sage l'Etat qu'il a décrit, et l'homme qui ressemblerait à ce modèle, bien que l'on puisse concevoir un idéal plus parfait encore, car le progrès implique une marche ascensionnelle sans terme, il conclut que si cette forme de gouvernement est bonne, parce qu'elle est une, comme la justice est une, toutes les autres, suivant une marche descendante, seront défectueuses à mesure qu'elles s'en éloigneront, comme l'injustice elle-même est défectueuse et diverse.

Et puisque, parmi les formes plus ou moins vicieuses, on en compte quatre plus célèbres, dignes par conséquent d'être analysées et comparées entre elles ainsi qu'avec les individus qui répondent a chacune d'elles, il reste à examiner ces espèces et ces individualités, afin d'y démêler le caractère du juste et du méchant, et de juger si le premier est le plus heureux, le second le plus malheureux des hommes, ou si le contraire existe.

La première de ces constitutions et la plus vantée est la timocratie (qui régnait alors dans l'île de Crète et à Lacédémone).

La seconde forme est l'oligarchie, féconde en calamités.

La troisième est la démocratie, entièrement opposée à l'oligarchie.

La quatrième est la tyrannie, qui est la plus profonde maladie d'un Etat et comme l'apogée des souffrances sociales.

Si ces formes répondent à autant de caractères, c'est qu'en effet les gouvernements résument l'ensemble et la direction des mœurs publiques, composées elles-mêmes des mœurs particulières.

Donc, puisqu'il y a cinq types de gouvernements, il y a cinq caractères correspondants de l'âme.

Le caractère collectif que nous avons trouvé bon et juste comme expression gouvernementale, est donc également bon et juste comme expression de l'individu.

Passons maintenant en revue les principaux modes et caractères vicieux, en commençant par la timarchie, qui représente le règne des ambitieux de pouvoir et de distinctions, des hommes d'Etat sans principes, dont le modèle est à Sparte ; les autres suivront, et quand nous aurons découvert le plus juste, nous l'opposerons au plus injuste, et nous prendrons parti pour l'un ou pour l'autre, suivant l'influence de ces principes contraires sur le bonheur ou sur le malheur des Etats et des individus.

Voyons d'abord comment l'aristocratie dégénère en timocratie ou timarchie, et constatons avant tout que cette déchéance des Etats a toujours sa source et sa cause dans la sphère des hommes qui gouvernent ; ce sont eux qui, par les divisions qu'ils y introduisent ou par leurs fautes, gâtent les constitutions les plus susceptibles de résister aux abus ordinaires et de braver la durée.

A la vérité cependant, tout ce qui naît doit un jour subir les ravages du temps. Le système le plus parfait n'est pas indestructible. La nature a ses retours de fécondité et de décadence, qu'elle impose aux plantes qui montent du sein de la terre comme aux animaux qui peuplent sa surface. Le cercle éternel tourne sans s'arrêter et ramène pour chaque espèce la révolution qui termine et recommence sa période générique rapide ou prolongée. Ainsi, pour les institutions et pour les races humaines, il est des périodes de dégénérescence que les efforts ou les calculs des plus habiles ne savent pas prévenir. A de certains intervalles, tous les ressorts politiques se relâchent ou se brisent, et cela arrive quand les lois supérieures qui président aux liens sacrés de la famille, aux soins physiques et moraux des générations, à l'éducation publique et nationale enfin, cessent d'être comprises ou appliquées par l'autorité [1].

Les mauvais naturels reparaissent alors avec les mœurs grossières.

Bientôt les enfants ne valent plus les pères, et, à peine parvenus aux dignités, ils négligent à leur tour la guerre, les arts, les lettres, tout ce qui constitue la

---

[1] On n'a pas cru devoir tenir compte ici des superstitions des anciens pour la loi des nombres, superstitions et problèmes qu'aucun traducteur n'a pu, du reste, expliquer convenablement.

sécurité, la force et la gloire des empires. Le peuple retombe dans l'ignorance. Les magistrats manquent de sens dans la distribution des charges et des services publics, suivant les catégories et les aptitudes des citoyens.

Tous les rangs viennent à se mêler sans ordre ni convenance; et à ce défaut d'harmonie succède un malaise général qui enfante la sédition. Les hommes de fer et d'airain accaparent les terres, les maisons et l'or, tandis que ceux qui étaient riches prétendent conserver l'ordre ancien. Alors les violences se déchaînent; les luttes éclatent. Pour en finir, les plus forts et les plus rusés, — guerriers et magistrats, — se mettent d'accord pour partager à leur profit les terres et les habitations, comme un butin; et en commettent le soin, à titre d'esclaves, à ceux-là qu'ils ont dépouillés, et qu'ils regardaient la veille comme des hommes inviolables, leurs amis et leurs nourriciers. Quant aux vainqueurs, ils continuent de faire la guerre et de gouverner selon leur bon plaisir.

Une telle révolution amènera une forme mixte, un gouvernement hybride, monstrueux, participant à la fois de l'aristocratie et de l'oligarchie. Il tiendra de la première le respect apparent des magistrats complices de ce changement, et des gens de guerre l'aversion de l'agriculture, des arts paisibles et de toutes les autres professions laborieuses et honnêtement rémunératrices; mais il favorisera les exercices gymniques et tout ce qui concerne les habitudes militaires et les traditions de la force. Son caractère propre sera la crainte de voir des sages arriver aux premières dignités, parce qu'un pareil gouvernement n'engendrera que des natures mélangées, sans vertu propre, ne connaissant que le succès, et s'appuyant également sur le bien et sur le mal. Sa politique sera surtout de choisir, pour commander, des hommes altiers et peu éclairés ; de mettre en honneur les stratagèmes, les ruses, et d'avoir toujours les armes à la main, parce qu'il tremble toujours, et que sa puissance, purement matérielle et brutale, consiste dans le vain étalage qu'il en fait et procède de l'intimidation. Ces parvenus de fortune seront avides de richesses comme dans les Etats oligarchiques ; ils adoreront jalousement l'or et l'argent, et leur rendront, tout en se vantant d'un rare dévouement patriotique, ce culte clandestin qui consiste à remplir à l'écart leurs coffres de trésors.

En même temps, retirés dans leurs palais comme en autant de cénacles impurs, ils s'y livreront, à grands frais, aux plaisirs et aux débauches, avec des femmes et des courtisans de leurs choix, avares en toute autre chose de leur argent, qui est leur âme, mais prodigues des deniers du peuple, quand il s'agit de satisfaire leurs passions. Livrés en secret à ces dernières, ils éludent les lois, comme un fils coupable fuit les regards paternels, grâce à une éducation sans base morale, d'un caractère équivoque comme ce gouvernement, ayant comme lui pour principe la force et non la persuasion, parce qu'on a proscrit de l'enseignement la véritable et sainte muse de la jeunesse : la lumière philosophique.

Voilà la description d'un gouvernement soi-disant fort, mélangé de bien et de mal, d'aristocratie et d'oligarchie, dans lequel domine la violence et par dessus tout la brigue et l'ambition. L'homme qui lui ressemble est vain, peu cultivé, étranger ou indifférent au commerce des lettres, n'osant trop afficher sa haine contre elles, dur envers les petits, déférent par intérêt envers ses supérieurs, jaloux d'arriver aux honneurs et aux dignités, non par le mérite personnel, mais par les protections et les titres militaires ou tout ce qui s'en rapproche. Il est avare par nature, sans ligne de conduite fixe. On ne peut compter sur sa vertu, car elle manque de sanction intérieure, et elle n'a pas pour se sauvegarder, comme nous le disions tout à l'heure, le flambeau ordinaire de l'âme, la dialectique.

Ce jeune ambitieux, reflet de l'Etat timocratique, a pu naître d'un homme de bien, aristocrate relâché dans une forme de gouvernement déjà vieillie, fuyant le pouvoir pour vivre obscur et en repos [1].

Sa femme se plaint amèrement de cette indifférence qui amoindrit sa position parmi les autres femmes, et elle lui reproche aussi de ne savoir ni développer, ni défendre sa fortune; elle formule enfin cent autres accusations contre le mari philosophe, comme il arrive à toutes les femmes en pareil cas, et les domestiques,

---

[1] Ces belles études de physiologie morale et politique comparée n'ont pas besoin de commentaires. On y peut voir que la théorie des milieux, en ces matières, n'est pas précisément une invention de M. Taine.

faisant écho à cette diatribe journalière, ne manquent pas d'en rebattre les oreilles du jeune homme, pensant lui donner de la sorte des preuves d'affection et d'intérêt. Ce jeune homme, qui entend dans la bouche de son père une morale toute contraire, et qui voit sa conduite en opposition à celle des autres hommes, prend le milieu entre la sagesse désintéressée et l'esprit de brigue, entre la raison placide et le désir ardent, il devient vain et ambitieux.

Telle est l'origine de la seconde espèce de gouvernement.

Voyons la troisième.

On entend par oligarchie une forme d'État où le cens détermine les positions et où les riches, par conséquent, se partagent le pouvoir, auquel les pauvres n'ont aucune part.

Il faudrait être aveugle pour ne pas voir comment s'est opérée cette transformation.

Ce qui a perdu la timarchie, c'est l'amas toujours grossi des trésors particuliers, la soif et la satisfaction du luxe qui en a été la suite et dont la contagion ne connaît plus de limites.

Pour faire face à ces dépenses, les passions sordides se renouvellent et grandissent chaque jour.

A mesure que le crédit des richesses augmente, celui de la vertu diminue.

L'or et l'équité sont comme deux poids mis dans une balance dont l'un des plateaux ne peut monter que quand l'autre baisse.

Ainsi la vertu et les gens de bien sont moins estimés dans un État, à proportion qu'on y estime davantage les riches et les richesses.

Mais on recherche ce qu'on estime, et l'on néglige ce qu'on méprise. Partant, tous les éloges, toute l'admiration est pour les riches; les emplois lucratifs ne sont que pour eux; c'est assez d'être pauvre pour être méprisé.

Alors, pour conserver le bénéfice d'un ordre de choses qui leur est si agréable, les riches font une loi qui établit le pouvoir oligarchique sur la quotité des revenus; le cens détermine la participation de chacun au gouvernement; le chiffre est plus ou moins élevé, suivant que le principe oligarchique est plus ou moins intense, et il est interdit à ceux dont le bien ne monte pas aux taux marqués d'aspirer aux charges publiques. Les riches imposent cette loi par la force des armes, s'ils supposent que la crainte ne suffit pas pour la faire adopter.

Le premier vice de ce gouvernement est son principe même.

On peut comparer, en effet, comme déjà nous l'avons vu, un état à un vaisseau en pleine mer. Qu'arriverait-t-il si, dans le choix du pilote, on avait uniquement égard au cens, et que le pauvre, fût-il plus habile marin, ne pût approcher du gouvernail?

De plus, ce gouvernement manque d'unité; il renferme nécessairement deux États, l'un composé de riches, l'autre de pauvres, foulant le même territoire, mais conspirant sans cesse l'un contre l'autre.

C'est encore un inconvénient, pour cet Etat, que la presque impuissance où il est de faire la guerre, parce qu'il se trouve dans l'obligation ou d'armer la multitude, qu'il redoute, ou de se présenter au combat avec une petite armée de riches. Ajoutons que ceux-ci, très-avares de leur argent, ne sont pas plus empressés de fournir aux frais de la guerre que de payer de leur personne.

Mais le vice capital de cette forme, c'est le sordidisme pressurant sans cesse toutes les classes; c'est la faculté laissée aux uns d'accaparer indéfiniment, par argent et faveurs, les positions et les fortunes; la nécessité faite aux autres, après avoir été dépossédés, de rester sans fonction, sans intérêt, sans titre enfin dans l'Etat, que celui de pauvres et de mendiants.

On ne songe pas même à prévenir ce désordre dans les gouvernements oligarchiques; car si on le faisait, les uns n'y possèderaient pas d'immenses richesses, tandis que les autres sont réduits à la dernière misère.

Or, quelle utilité pour un gouvernement de ruiner les particuliers dans un tel but? Le citoyen aisé qu'on traite ainsi, et qui devient tout à fait pauvre, est-il moins le fléau de l'Etat que le monopoleur de biens et de charges lucratives, enrichi à ses dépens?

Le bel ordre social, que celui qui ne crée à la plupart de ses membres d'autres emplois que de dépenser leur bien!

L'homme dépouillé par les mauvaises lois et les usuriers devient bientôt un mendiant ou un malfaiteur; car il est incontestable que, dans tout Etat qui regorge de pauvres, il y a aussi beaucoup de filous, de coupeurs de bourses, d'escrocs et de fripons de toute espèce. On peut même dire que, dans les gouvernements oligarchiques, presque tous les citoyens sont pauvres, à l'exception des chefs : les malfaiteurs ne sont contenus que par la force, car pour eux il ne reste pas d'autre alternative que de voler ou de mourir misérables. Ce qui surtout les multiplie, c'est le défaut de culture intellectuelle, une fausse éducation inhérente à ce faux système politique, et le vice même du gouvernement.

Tel est le caractère et tels sont les vices les plus saillants de cet État, car il en a bien davantage.

Le changement de l'esprit timarchique en oligarchique, dans un individu, nous frappe par les mêmes caractères.

Voici comment cette métamorphose se produit :

Le fils voulait imiter son père et marcher sur ses traces; mais il l'a vu se briser contre l'injustice du pouvoir, comme le vaisseau contre l'écueil, alors qu'à la tête des armées ou dans quelqu'autre grande charge, il prodigua sa vie et ses biens pour la patrie; il l'a vu, pour toute récompense, traîné devant les tribunaux, attaqué par des imposteurs, condamné à la mort, à l'exil, flétri dans son honneur, privé de ses biens, atteint par toutes les calamités. Lui-même, malheureux fils, n'a pas d'autre sort à attendre. Il ne persistera donc pas dans la carrière qu'il s'était proposée; mais précipitant du trône de son cœur tous ces mâles sentiments de gloire et d'ambition qu'il y avait nourris et couronnés avec complaisance, il descendra, humble et dépouillé, dans l'arène des travailleurs sordides, uniquement soucieux d'amasser de l'argent.

Alors, sur ce même trône désert, il fera monter l'esprit de convoitise et d'avarice, et il lui remettra le sceptre et le diadème; puis au pied du nouveau maître, il enchaînera comme de vils esclaves, d'un côté la raison, de l'autre le courage, obligeant l'une à ne penser qu'aux moyens d'accumuler trésors sur trésors, l'autre à n'admirer, à n'applaudir que les riches, à placer l'honneur et la gloire dans la possession d'une haute fortune et de tous les biens qu'elle procure.

On voit qu'il n'est point, dans un jeune homme, de chute plus profonde que celle qui résulte de ce passage de l'ambition à l'avarice.

Le nôtre a donc déjà avec l'oligarchie ce premier trait de ressemblance, d'estimer par dessus tout les richesses.

Il lui ressemble aussi par l'esprit exagéré de trafic et d'épargne; car, ne s'arrêtant qu'aux désirs nécessaires, il s'interdit toute dépense qui n'est pas de rigueur, et tient en bride tous les autres penchants, même les plus naturels, comme ruineux. C'est un homme sordide, employant tout son génie à thésauriser, un de ces talents dont le vulgaire fait grand cas, en tout analogue au modèle d'État qui nous occupe, car de part et d'autre la richesse est le Dieu.

Il faut croire que cet homme n'a jamais estimé l'instruction, autrement il n'eût pas choisi, pour le conduire au bonheur, un guide aussi aveugle que l'aveugle fortune ; mais l'absence d'une éducation forte et saine, qui l'eût sauvé au jour de l'épreuve, a rempli son âme de désirs mendiants, de passions basses et malfaisantes dont la contagion n'est arrêtée que par une autre passion maîtresse, l'avarice.[1] Ah ! qu'on ne laisse pas à ces passions hideuses l'occasion de mal faire, la gérance d'une tutelle, par exemple ; car ce n'est que par des apparences que cet homme obtient l'estime, et en se faisant à lui-même une violence prudente ; le devoir, la raison n'y ont aucune part ; sa vertu est la nécessité, son mobile la peur ; il tremble de compromettre ce qu'il possède, et tel est le principe de sa modération.

Il y a deux natures dans cet individu ; celle de frêlons voleurs se découvrira quand il sera question de dépenser le bien d'autrui. Ses meilleurs désirs ne sont tels, que parce qu'ils compriment les plus mauvais, et une sédition éternelle déchire son sein. Il peut avoir des dehors plus avantageux que beaucoup d'honnêtes gens ; mais la vraie vertu est loin de son cœur, car celle-ci est d'accord avec elle-même et fait régner dans l'âme l'unité divine.

Ne craignez pas que cet homme ménager soutienne une concurrence, une lutte qui le mette en relief, un procès pour défendre son honneur ; il fuit tout éclat, mais bien plus encore les frais que pourrait lui causer une affaire ; car quel malheur s'il allait donner l'éveil

---

[1] Les moralistes ont fait cette juste remarque, qu'un avare est forcément un homme de mœurs rangées.

aux goûts dépensiers et susciter à l'avarice, dominatrice implacable, des passions rivales. Il préfère donc accepter le mépris et courber la tête sous la honte : il est battu, conspué, mais il s'enrichit.

Le philosophe aborde son troisième modèle.

Voici, dit-il, comment le désir insatiable des richesses, qui est la passion toujours croissante et l'âme de l'oligarchie, fait passer ce gouvernement à la forme démocratique.

Les chefs, qui doivent leur rang aux grands biens qu'ils possèdent, ne cherchent qu'à les augmenter encore, et ils se gardent bien de réprimer par des lois salutaires les causes de la ruine ou de la misère du plus grand nombre, parce qu'ils accaparent, par contrats ou par usure, la fortune des dissipateurs.

Avec le temps, cet abus constitue dans l'Etat une classe de gens sans droits, sans propriétés, disposés à mal faire, les uns accablés de dettes, les autres déjà notés d'infamie, d'autres encore ruinés à la fois de biens et d'honneur, tous en état permanent d'hostilité et de conspiration contre ceux qui se sont enrichis des débris de leur bien et contre le reste des citoyens ; ils n'aspirent donc qu'à faire une révolution.

Le fléau a beau s'étendre et menacer de proche en proche : les gouvernants avides, penchés sur leur œuvre, refusent de voir les victimes qu'ils font chaque jour, et volontairement aveugles sur tant de maux, ils continuent d'accroître les misères publiques et d'élargir le gouffre, multipliant dans la même proportion les ennemis et les dangers de l'Etat, étalant en haut le scandale des grandes fortunes, tandis qu'en bas se débattent, épaves vivantes, les naufragés de ce déluge d'exactions.

Pendant que ces derniers agonisent sous le poids des iniquités politiques, la race égoïste et pourrie des spoliateurs se corrompt de plus en plus ; les enfants s'étiolent d'esprit et de corps et n'ont plus ni force ni énergie pour résister soit aux séductions frivoles, soit aux mâles épreuves de la vie. Du reste, ils sont déjà prématurément absorbés par le souci des affaires, et la vertu leur est tout aussi indifférente qu'aux malheureux ruinés par leurs familles, flétris par les lois ou dégradés par les revers.

Or, il vient un moment où le peuple, dont le regard perce cette corruption, se dit à lui-même que ces gens-là ne doivent leur fortune et leur élévation qu'à la lâcheté des pauvres ; et comme un corps infirme n'a besoin, pour tomber, que du plus léger accident; que souvent même, miné d'avance, il se détraque et croule de lui-même, ainsi un Etat, dans une situation pareille, se disloque au moindre conflit, soit que les opprimés appellent à leur secours une république voisine, soit que les chefs oligarchiques invoquent un pouvoir de leur ordre, soit enfin que la discorde éclate d'elle-même à l'intérieur et renverse le gouvernement.

Ainsi la démocratie arrive, lorsque les pauvres, ayant remporté la victoire sur les riches, massacrent les uns, chassent les autres et partagent entre eux le pouvoir et l'administration des affaires.

En principe, tout le monde est libre dans cet Etat; on y vit dans l'affranchissement de toute gêne. Chacun y semble maître de faire ce qu'il veut; chaque citoyen y choisit son genre de vie et sa profession. Ce gouvernement supporte, plus que tout autre, un mélange d'hommes et d'opinions de toutes sortes, et il a bien l'air d'être la plus belle des constitutions, au moins par cette variété de caractères que l'on y remarque, sorte de broderie politique qui met en relief tous les caprices et les fleurs de mille imaginations riches et fécondes. Bien des gens le proclament admirable, comme font des enfants et des femmes que séduit la vue des bigarrures et des couleurs.

Quoi qu'il en soit, c'est là qu'on peut étudier une forme de gouvernement, puisque celui-ci les renferme toutes, et que la liberté y est très-grande. C'est même, à entendre Platon, qui fait ici une satire de ce système, comme un marché et une foire où s'offrent tous les modèles de constitutions possibles ou impossibles... Il semble, d'après le grand théoricien, que la liberté démocratique consiste à repousser à volonté toute règle, tout devoir, toute loi, à « ne pas aller à la guerre quand les autres y vont, à ne point vivre en paix, si cela déplaît, quand les autres y vivent, à usurper les fonctions de juge ou de magistrat, si la fantaisie en prend. » Platon n'a pas évidemment connu le type des grandes républiques, dont une, purement militaire, a donné plus tard à Rome le sceptre du monde, et dont l'autre, d'un caractère moderne et industriel, maintient la prédominance d'un peuple sur tout un continent. Notre sage blâme aussi l'indulgence des démocrates de son temps pour les hommes que les tribunaux ont frappés; la négligence qu'ils mettent à faire exécuter les condamnations à mort ou à l'exil, — ce qui n'est pas toujours exact pour les grands hommes, hélas ! témoin la mort de son maître, Socrate.

Au point de vue de l'intelligence, il accuse ironiquement ce mode de se dégager de tout scrupule dans l'enseignement et dans la pratique des maximes qu'il a la simplicité, lui, de traiter avec tant de respect, en traçant le plan de son ouvrage, et en proclamant qu'à moins d'être doué d'une manière extraordinaire, nul ne peut devenir vertueux, si dès l'enfance on ne lui a appris, jusque dans ses jeux, le beau et l'honnête, et si, ensuite, ces commencements n'ont été développés par une étude sérieuse.....

Oh ! s'écrie-t-il, avec quelle magnanimité on y foule aux pieds toutes ces maximes jusqu'à ne pas s'assurer de l'éducation de ceux qui ont la prétention de prendre en mains les affaires du gouvernement ! Avec quel empressement on les accueille, pourvu qu'ils se disent pleins de zèle pour les intérêts du peuple !

Ce sont là, avec beaucoup d'autres, dit-il encore, les avantages de la démocratie. N'est-ce pas un gouvernement agréable et merveilleux, d'une variété infinie et où l'égalité règne entre les choses les plus dissemblables comme entre les choses égales ?

Considérant ce même caractère dans l'individu, Platon représente un jeune homme né dans un milieu et fils d'un père oligarchique, dominant par la force de l'intérêt, non par la sagesse ou la vertu, les goûts ou les désirs superflus.

On sait que ces désirs sont ceux qui vont au-delà des besoins de la nature; que souvent ils sont prodigues, fastueux et injustes, et que l'homme qui en est dominé ressemble au frélon oisif qui dévore le miel des laborieuses abeilles.

Mais l'individu absolument borné, dans sa conduite, aux désirs nécessaires et profitables, tombe dans une autre extrémité, et c'est l'avare en question.

Or, un jeune homme élevé à cette école, dont le cœur est vide de nobles sentiments, de connaissances et de maximes vraies, égide la plus sacrée des mortels, est le plus exposé à changer ce régime étroit en licence démocratique, car l'éducation servile qu'il a reçue lui donne une soif déraisonnable d'émancipation, et comme une fièvre d'anarchie qui ouvre la brèche aux désirs intempérants de toute nature.

Le voilà donc pris entre l'avarice et la prodigalité, entre les maximes esclaves et celles d'une liberté mal comprise, s'abandonnant aveuglément aux unes comme aux autres, leur prodiguant sa santé, ses biens, sa raison, son temps, sa vie, heureux si tout ressort moral n'est pas brisé dans ces tumultueux désordres. Alors, quand l'ardeur de l'âge s'apaise, il essaye d'établir une espèce d'équilibre entre ces passions dissipatrices et leurs contraires, rappelant le parti qui succombe et ne se donnant pas tout entier à celui qui triomphe. Il passe ainsi du joug de l'un sous le joug de l'autre, sans pouvoir en repousser aucun, leur prostituant tour à tour son âme. Qu'on rappelle à l'infortuné jeune homme qu'il y a dans la vie un choix à faire et un parti à prendre, puisque les plaisirs sont de deux sortes : les uns purs et ineffables que procurent les désirs innocents ; les autres hideux et nuisibles, enfantés par les désirs coupables ; qu'il faut estimer et rechercher les premiers, dompter et châtier les autres : il fermera toutes les avenues de son cœur à cette sage remontrance, et branlant la tête comme un insensé, il osera soutenir que tous les plaisirs sont de même nature et qu'ils méritent d'être également satisfaits.

Dans cette dépravation d'esprit, il vivra au jour le jour et selon ses caprices : maintenant dans l'ivresse et les chansons, demain dans la frugalité outrée ; tantôt c'est un oisif qui n'a souci de rien ; quelquefois, un grave philosophe ; le plus souvent un homme d'État très-bruyant ; il déclame et parle de tout à tort et à travers ; il agit de même. Si l'homme de guerre lui fait envie, il devient guerrier ; si la finance l'allèche, il prend les affaires. Aucun ordre, aucune loi, rien de fixe ni de réglé dans sa conduite. C'est ainsi qu'il entend l'indépendance personnelle, et il déclare cette vie la plus agréable et la plus heureuse qui soit au monde.

Tel est, au dire de Platon, le portrait d'un ami de l'égalité, tableau parfait de l'état populaire incarné dans cet homme ; mais le philosophe, qu'il l'ait voulu ou non, n'a fait que prendre le calque du démagogue le plus ridicule.[1] C'est le faux champion de l'égalité qu'il critique, et non ce grand dogme lui-même. On serait fort surpris, du reste, que ce dernier, qui fait la base du droit moderne, eût pu sortir d'emblée des siècles où l'esclavage était l'un des pivots des sociétés, monarchies ou républiques. C'est beaucoup, cependant, que l'idée ait subsisté. Elle devra un jour, avec les progrès de la science économique, revêtir un caractère autrement grave, et réintégrant l'humanité devant la justice, hâter la marche et les développements des civilisations dont l'élément certain est la démocratie dominant ou transformant les divers régimes politiques.

Mais si, sans toucher au principe,[2] Platon s'est borné à nous montrer le côté remuant, puérile et vaniteux du démocrate de son temps, il n'est pas moins d'un profond intérêt de suivre la décadence du système populaire et de voir comment le plus libre de tous les gouvernements est celui qui engendre le plus facilement la tyrannie.

De même, dit-il, que l'idéal hideux des richesses et l'indifférence pour toute autre chose a précipité l'oligarchie, de même ce qui détermine la chute de l'Etat démocratique c'est l'exagération du principe qu'il porte en son sein, et qu'il considère comme le souverain et unique bien du peuple : la liberté.

---

[1] C'est l'avis de tous les publicistes politiques.
[2] Platon l'a formellement admis. Voyez Liv. III, p. 66-67.

En effet, n'y proclame-t-on pas sans cesse, et de toutes parts, qu'il n'est point d'avantages qui lui soient comparables, et que pour ce motif, un homme libre ne saurait vivre convenablement sous une autre constitution ?

Cet amour excessif de l'indépendance et le peu de souci qu'on professe pour tout le reste, finit par perdre ce gouvernement et rend la tyrannie inévitable.

Cette transformation s'opère lorsque le délire, étant porté au comble, la soif inextinguible de la liberté dévore la nation et produit en elle les effets de l'ivresse ; lorsque les chefs populaires, mauvais échansons, la lui versent pure et brûlante jusqu'à satiété. Plus le peuple en est abreuvé, plus il demande, et si les magistrats ne poussent pas la complaisance jusqu'à lui donner de la liberté tant qu'il en veut, il les met en accusation et les châtie comme des traîtres qui aspirent à rétablir l'oligarchie. Quant à ceux qui restent fidèles et modérés, il les traite d'hommes serviles, sans valeur, et volontairement esclaves. Il vante en tout l'égalité, mais en vue d'abaisser les gouvernants et de les effacer devant l'insolence des gouvernés qu'il mettrait volontiers à leur place. L'esprit de liberté prend une tension telle qu'il absorbe tout et n'a plus de limite. Il pénètre, en les troublant, dans l'intérieur des familles, il devient une contagion universelle. Le père craint presque son enfant, l'enfant perd les traditions de respect envers ses parents ; les citoyens de tous rangs et même les étrangers prétendent indistinctement aux mêmes droits. Le maître redoute ses disciples, ceux-ci se moquent des chefs qui les surveillent. Les jeunes gens s'égalent aux vieillards, les vieillards se dépouillent de la gravité de l'âge pour ne point paraître despotiques. Enfin, tous les habitants deviennent ombrageux, au point de s'indigner et de se révolter à la moindre apparence de contrainte, et il leur plaît de ne plus connaître ni maîtres, ni lois.

Alors, le même fléau qui a perdu l'oligarchie, prenant des forces nouvelles et des proportions plus vastes dans la licence générale, prépare l'esclavage à cette jeune démocratie; car dans les révolutions humaines comme dans l'ordre de la nature, tout excès amène un excès contraire.

Ainsi, dans un Etat, la liberté excessive et licencieuse conduit, tôt ou tard, à une servitude extrême.

En vertu de la même loi, la tyrannie doit naturellement naître plus vite d'un Etat populaire que de tout autre, puisqu'à la liberté la plus exorbitante succèdera le despotisme le plus altier et le plus intolérable.

Mais dévoilons la plaie profonde, le ver rongeur de toutes les institutions.

Cette maladie qui s'attache à l'oligarchie comme à la démocratie et conduit celle-ci à la tyrannie, ce fléau qui porte ses ravages dans tous les gouvernements, produisant en politique le même effet que la bile dans le corps humain, c'est le désœuvrement et la pauvreté, traînant à leur suite cette foule d'oisifs et de prodigues plus lâches ou plus voleurs les uns que les autres, qui se suivent et forment, pour ainsi dire, une armée. Ce que fait le propriétaire d'abeilles, en chassant de la ruche les frêlons avides, le législateur devra le faire à l'égard de ces dissipateurs devenus pillards, qui infestent l'Etat.

Pour être plus clairs, divisons le gouvernement populaire en trois catégories qui, en effet, le composent.

La première est cette engeance parasite que les abus de toutes sortes multiplient également dans le gouvernement des riches; mais elle y est bien moins malfaisante, car étant écartée de toutes les charges publiques, elle reste sans crédit, sans action et sans force; au lieu que, dans la démocratie, c'est généralement elle qui est à la tête des affaires, ou du moins elle y a sa grande part d'influence; les plus ardents de cette faction parlent et agissent; les autres écoutent, approuvent tumultueusement et ferment la bouche à quiconque se permet d'ouvrir un avis contraire à celui des orateurs populaires; de sorte que le sort des affaires publiques est en leurs mains, à peu d'exceptions près.

La seconde classe est très-distincte de la multitude. Tout le monde y vit d'ordre et de travail, et la richesse, avec l'indépendance qu'elle donne, est la récompense des plus laborieux et des plus réglés dans leur conduite; mais c'est la plus en butte à l'avidité des frêlons, car quel butin feraient-ils sur ceux qui n'ont rien?

La troisième classe se compose du peuple, qui, ne possédant rien ou presque rien, vit du travail de ses bras et reste étranger aux affaires. Dans la démocratie, cette classe est la plus nombreuse et la plus puissante quand elle est assemblée, mais elle ne s'assemble guère, à moins que l'intérêt ne l'y porte, ce qui arrive quand la République s'empare des hautes fortunes pour en faire le partage.

Alors les riches, dépouillés, cherchent naturellement à se défendre ; ils en appellent au peuple, ils font l'impossible pour l'emporter dans la lutte et sauvegarder leurs biens et leurs personnes.

De leur côté, les factieux redoublent d'audace ; ils accusent ces riches, fussent-ils innocents, de conspirer contre le peuple et contre l'Etat et de vouloir ramener le régime exécré de l'oligarchie.

Ceux-ci, troublés par ces imputations, et voyant le peuple, ignorant ou séduit, se ranger du côté de leurs calomniateurs, deviennent en effet oligarchiques. Ce n'est point à leur libre détermination qu'il faut s'en prendre, mais à la persécution et au désespoir qui les poussent à leur perte infaillible.

Viennent alors les dénonciations, les procès, les luttes et les conflagrations terribles des partis.

Le peuple, qui souffre de ces divisions intestines, ne manque jamais, alors, de choisir parmi tant d'ambitieux rivaux, ce qu'il appelle un protecteur ; il lui confie ses intérêts, travaille imprudemment à le grandir, à le rendre puissant et capable de dominer la situation.

Le tyran a germé, ce jour là, dans la tige du prétendu sauveur.

Ce dernier commence à la façon d'une certaine fable qui remonte à ces immolations dans lesquelles le sacrificateur, après avoir goûté aux entrailles humaines mêlées à celles des autres victimes, se trouvait changé en bête dévorante.

Le protecteur du peuple, s'étant assuré du dévouement servile des masses, proscrit et tue. Il trempe d'abord ses mains dans le sang de ceux de ses concitoyens qui le gênent ou qu'il redoute le plus. Sur des accusations sans fondement, il traîne les autres devant les tribunaux et les fait expirer dans les supplices ; il ne craint pas d'abreuver ses lèvres du sang de ses proches ; il décime l'Etat par l'exil et par le fer, et, s'il ne périt lui-même de la main d'un ennemi déterminé, il devient enfin tyran, sacrificateur..... Sa métamorphose en bête fauve est complète.

En guerre ouverte avec une partie de la nation, il est plus odieux et plus méchant encore, s'il revient après avoir été chassé.

Mais si ses ennemis ne peuvent le renverser ni le poursuivre solennellement devant les tribunaux, ils conspireront contre sa vie. C'est l'occasion que cherche tout ambitieux d'Etat pour faire appel au peuple, lui demander une plus grande puissance encore, des trésors, une armée, afin que le sauveur soit en sûreté. Le peuple accorde tout. C'est alors aux honnêtes gens de fuir, sans craindre le reproche de lâcheté, car ce n'est plus la justice qui règne.....

Quant au protecteur du peuple, ne pensez pas qu'il s'endorme dans ce mouvement de gravitation vers la souveraine puissance : il monte ouvertement sur le char de l'Etat, renverse et foule sous la roue sanglante tous ceux qui lui font ombrage, et comme il en avait déjà la conduite, il prend le titre de chef absolu, de dominateur unique et de tyran.

Examinons quelle est la condition d'existence de ce parvenu, s'il est heureux et quel sera le sort d'une société qui produit et souffre à sa tête un pareil homme.

A son avènement, tout est beau, il sourit au peuple, il proclame qu'il fera sa félicité, il prodigue les promesses fallacieuses, il favorise les hommes perdus de dettes ou de réputation, il montre à ses courtisans et au peuple toutes les perspectives de prospérité et affecte enfin une bienveillance universelle.

Puis, quand il en a fini avec ses ennemis de l'extérieur, soit par de perfides transactions, soit par les spoliations ou la force ouverte, et alors qu'il croit son pouvoir bien établi, il a grand soin de susciter toujours quelque guerre, afin que le peuple sente la nécessité d'avoir un chef absolu, et qu'épuisé par les impôts et les subsides, ne songeant qu'à ses besoins de chaque jour, il n'ait pas le loisir de penser, de s'occuper de politique, ni surtout de conspirer contre sa domination.

Les luttes civiles ou nationales sont encore pour lui un moyen de faire périr beaucoup de monde, beaucoup de chefs redoutés, et de se délivrer de ceux qu'il sait avoir le cœur trop haut pour plier sous ses volontés despotiques. Pour tous ces motifs, il faut qu'un tyran ait toujours quelque guerre sur les bras.

Un pareil système lui attirera sans doute l'aversion profonde des citoyens, en général; et, avec le temps, on verra ceux-là même qui ont contribué à son élévation et conservé le plus d'autorité après lui, faire écho aux rumeurs sinistres du dehors, les répéter d'abord entre eux, puis les plus hardis oseront se plaindre à lui-même.

Il faudra que le tyran s'en défasse, car pour régner en paix, il ne doit compter qu'avec sa propre volonté; et il lui faudra écarter de son entourage tous les hommes de conscience, de courage et de sincérité.

Il devra, par conséquent, avoir les yeux toujours ouverts et l'esprit toujours tendu pour discerner les natures libres, les caractères généreux, les esprits prudents, les hommes en crédit par la fortune ou le talent, car tel est son bonheur, qu'il est réduit, bon gré mal gré, à leur faire la guerre à tous, à leur préparer sans relâche des déceptions ou des pièges, jusqu'à ce qu'il les ait éloignés complètement, et qu'il ait, à sa manière, purgé l'Etat en le dépeuplant de tous les hommes de valeur.

Il faut qu'il en vienne là, ou qu'il renonce à la tyrannie.

La belle alternative pour lui, que celle de périr de la main de quelqu'adversaire désespéré, ou de vivre avec des gens méprisables, sans même pouvoir éviter d'en être haï!

Plus l'impopularité de cet homme grandit, plus il a besoin, autour de lui, d'une force considérable et dévouée. Mais la désaffection se propage aussi, à la longue, dans l'armée. Il composera donc une garde de mercenaires et d'esclaves, ses dignes satellites, et s'il les paye grassement, ils ne manqueront pas d'accourir de toutes parts.

On voit que le sort du tyran est bien digne d'envie,

et que des poètes, flatteurs des rois, ont eu raison d'appeler la tyrannie divine !

Mais ce n'est pas tout. Comment le tyran fera-t-il pour solder et nourrir cette armée, pour l'entretenir forte, imposante, nombreuse, et pour la renouveler souvent? Il dévorera d'abord les fonds publics, procèdera à la vente des biens de toute nature; et quand il aura fait main basse sur les plus grosses ressources, ce chef indigne, avec sa cour, ses favoris, son armée et ses femmes, vivra des biens et du sang du peuple qui lui a donné naissance en l'élevant au pouvoir, et qui maintenant fléchit sous l'écrasant fardeau des dilapidations publiques.

Mais quoi ! si le peuple, se fâchant, à la fin, représentait à cet homme qu'il n'est pas juste qu'un fils grand et fort soit à la charge de son père; qu'au contraire, c'est à lui de pourvoir à l'entretien de ce père; que ce dernier ne l'a pas formé et placé si haut pour se voir, aussitôt que le fils est devenu puissant, l'esclave des esclaves, obligé de nourrir ceux-ci, avec le maître, du fruit des économies publiques, mais qu'il ne l'a soutenu que pour être affranchi du joug des rois et de leurs partisans; qu'ainsi, du même droit qu'un père chasse son fils de sa maison avec ses compagnons de débauche, lui, PEUPLE, il ordonne au tyran d'abandonner le pouvoir sur le champ et de se retirer, avec les amis et les oppresseurs qu'il entretient et qui composent sa cour.

Juste ciel ! le peuple qui parlera ainsi verra alors quel monstre il a engendré, nourri, élevé, carressé, et qu'il prétend chasser plus fort que lui ! Oui ! L'usurpateur osera alors lever la main sur son père, il le tuera, s'il ne cède, car il l'a désarmé d'avance.

Le tyran est donc un parricide, et nous voilà arrivé à ce comble des maux pour un état, à ce qui, pour tout le monde, n'a qu'un nom : TYRANNIE !

Le peuple, en voulant éviter les agitations et comme la fumée de la démocratie sous des hommes libres, tombe dans la fournaise du despotisme, échangeant une liberté excessive, il est vrai, contre le plus abrutissant et le plus dur des esclavages.

C'est là son châtiment.

LIVRE NEUVIÈME

Examinons quel est le caractère du tyran dans l'individu, comment il se forme souvent de l'homme démocratique, quelles sont ses mœurs, s'il est heureux.

Mais nous chercherons dans l'obscurité, et notre découverte sera incomplète, si d'abord nous n'exposons la nature des penchants et des désirs qui naissent en foule dans l'âme humaine et deviennent ses premiers tyrans.

Ces penchants font souvent irruption durant le sommeil, lorsque la raison, faite pour commander, s'est endormie, et que la partie animale et féroce de nous-mêmes, excitée par la bonne chère et par le vin, veille, affranchie de toute sagesse, de toute pudeur, ne reculant pas devant les choses immondes, car elle ne distingue plus ni homme, ni Dieu, ni bête; le meurtre et les plus monstrueux excès cessent de lui faire horreur; il n'est point d'action, quelque extravagante ou infâme qu'elle soit, qu'il ne puisse commettre.

Mais il n'en est pas ainsi de l'homme sobre, qui, avant le sommeil, ranime le flambeau de la raison, la fortifie par de sages réflexions, et, sans rassasier la partie animale, lui accorde ce qu'il ne peut lui refuser, afin qu'elle repose et ne vienne pas troubler de son délire ou de ses défaillances la partie intelligente de l'âme, mais quelle la laisse seule, dégagée des sens, poursuivre ce qu'elle ignore du présent, du passé, de l'avenir.

Tout sommeille alors dans cet homme, hormis sa raison qui veille, voit de près la vérité et s'unit à elle d'une façon intime.

En un mot, et ceci importe à savoir, il y a en chacun de nous, même chez ceux qui paraissent le plus maîtres de leurs passions, des désirs cruels, brutaux, sans frein, sans loi.

Si nous sommes d'accord sur ces préliminaires, rappelons-nous le portrait de l'homme démocratique. Nous disions que, fils d'un père avare, gouverné par les seuls désirs intéressés et bannissant avec excès tous les autres comme superflus, ce jeune homme a bientôt pris en aversion la maison et les leçons paternelles et s'est adonné à la débauche avec les gens frivoles dont il a fait connaissance.

Cependant, comme il est doué d'un meilleur naturel que ses corrupteurs, et qu'il se sent tiré de deux côtés opposés, il croit prendre un milieu entre leur système et celui de son père, se proposant d'user de l'un et de l'autre avec modération et de mener une vie également éloignée de la contrainte et du désordre.

Ainsi, d'oligarchique il est devenu démocratique.

Cet homme, arrivé à la vieillesse, a un fils qu'il élève dans ses propres maximes, et qui, comme autrefois son père, se trouve engagé dans une vie licencieuse, appelée vie libre par ses compagnons. Le père et les proches essayent de le retenir dans la sphère des désirs modérés; mais ses perfides enchanteurs, qui ont le secret de faire les tyrans, secondent de toutes leurs forces la faction contraire des désirs violents; et, si ce n'est assez pour le perdre, ils appellent dans son âme, par toutes sortes d'artifices, l'amour insensé, avec les désirs oisifs et prodigues; et la troupe folle des autres désirs couronnés de fleurs, parfumés, brillants, énivrés, y fait simultanément invasion, donnant la main à tous les désordres, et bourdonnant en chœur autour de ce frêlon, tyran de l'âme.

Alors, celui-ci ne garde plus de mesure; la démence l'accompagne; il extermine ou chasse loin de lui tous les sentiments honnêtes, tous les désirs vertueux, jusqu'à ce qu'ayant effacé de l'âme le dernier vestige de pudeur et de tempérance, il la remplisse enfin d'une fureur inouïe qu'elle n'avait point connue encore. Comme un homme en état d'ivresse, qui croit voir tout céder à son humeur insolente, ce forcené se met en tête qu'il est capable de commander aux hommes et à Dieu. Ainsi se forme l'homme tyrannique. C'est l'homme que la nature, l'éducation, ou l'une et l'autre à la fois ont rendu intraitable, amoureux et fou de lui-même.

Quant à sa manière de vivre, ne sait-on pas que toutes ses facultés sont en proie à la tyrannie. Jour et nuit il sent naître en lui une foule de désirs indomptés, insatiables, auxquels il immole tout, repos, fortune, et qui s'agitent dans son âme comme les frelons dans leur repaire. Pressé de leur aiguillon et suivi de leur sauvage escorte, il court, il erre çà et là, cherchant la proie qu'il va subjuguer par la ruse ou par la force. Et comme les passions, montant pour ainsi dire les unes sur les autres dans son cœur, se supplantent mutuellement et s'engraissent de leurs débris accumulés, ne voudra-t-il pas aussi, après avoir consommé sa propre ruine, supplanter les auteurs de ses jours, et peut-être porter la main sur eux, après les avoir dépouillés ?

Mais quoi ! Lorsqu'il aura englouti tout patrimoine et que l'essaim grondant des passions se sera multiplié et consolidé dans les proportions de sa ruine et de sa perversité croissantes, ne sera-t-il pas réduit à commettre enfin les derniers crimes ? Car où sont les sentiments d'honneur et de probité qu'on lui avait inspirés dans l'enfance ? Ses mauvais penchants, qui osaient à peine se montrer lorsqu'il était soumis à l'autorité des lois et de la famille, prennent cent fois le jour le dessus et regardent son âme comme un État dont ils sont les maîtres absolus. Aussi la contraignent-ils à tout faire, à tout oser pour se satisfaire, lui et cette cohorte de vices tumultueux qu'il traîne à sa suite, les uns venus du dehors, les autres surgissant du dedans, et auxquels il a lâché la bride, s'ils n'ont pris l'essor d'eux-mêmes.

Supposons, mes amis, que dans un Etat où, d'ailleurs, les mœurs sont sages et réglées, il y ait seulement un petit nombre de pareils hommes : ils en sortiront pour se mettre au service des oppresseurs étrangers. S'il y a guerre quelque part, ils vendront leurs services en mercenaires ; mais en pleine paix ils commettront une foule de petits maux ; par exemple, ils seront voleurs, sacrilèges, ravisseurs, etc. S'ils sont instruits, ils feront métier d'accusateurs, porteront de faux témoignages, vendront leur parole....

— Quoi ! Socrate, sont-ce là de petits maux ?

— Oui ; tous ces maux, mis à côté de ceux que souffre un Etat opprimé par un tyran, ne sont qu'une bagatelle.

Mais, lorsqu'il y a dans un Etat beaucoup de citoyens de ce caractère, et que voyant grossir leur parti, ils comprennent que la majorité peut leur appartenir, ce sont eux qui, secondés par une populace insensée, donnent à l'Etat pour tyran celui d'entre eux dont le cœur est tyrannisé par les passions les plus fortes et les plus impérieuses.

Le meilleur parti que l'Etat puisse prendre alors, c'est de n'opposer aucune résistance, sinon, au moindre mouvement, le tyran se portera contre sa patrie aux mêmes violences dont il a usé autrefois envers son père et sa mère. Il la maltraitera, la livrera au pouvoir des débauchés qui le suivent et courbera sous le plus dur esclavage cette patrie, cette autre mère !

C'est là qu'aboutiront les désirs du tyran.

Au reste, il n'est pas nécesaire qu'il soit arrivé au pouvoir pour se faire connaître tel qu'il est. Il montre son caractère alors qu'il est encore dans une condition privée.

Voici comment :

Ou bien il est environné d'une foule de flatteurs prêts à lui obéir en tout ; ou, rampant lui-même devant les autres, quand il a besoin d'eux, il n'est point de chose qu'il ne fasse pour les persuader de son entier dévouement ; mais à peine a-t-il obtenu ce qu'il souhaite qu'il leur tourne le dos.

Ainsi, maître ou esclave des volontés d'autrui, le tyran passe sa vie sans être ami de personne. La marque du caractère tyrannique est de ne connaître ni la vraie liberté, ni la véritable amitié. Il est sans foi, sans justice, et constitue, en un mot, le parfait scélérat, autant que ce type affreux existe dans la nature humaine.

Reprenons-en les divers traits au point de vue de la chose publique.

Ce parfait scélérat doit être celui qui, avec le caractère tyrannique que nous venons de peindre, sera en outre revêtu de l'autorité suprême ; plus il l'aura exercée, plus il sera méchant. Mais, s'il est le plus méchant des hommes, il est aussi le plus malheureux, et il le sera d'autant plus que son joug se prolongera davantage et que son pouvoir sera plus absolu ; car la condition de l'homme tyrannisé par ses passions, est la même que celle de l'Etat opprimé par le tyran, comme aussi la condition du démocrate répond à l'organisation démocratique, et ainsi de toutes les formes de gouvernement par rapport à l'individu.

Prenons garde, du reste, de nous laisser éblouir, en ne considérant, au lieu de l'ensemble des choses, que le tyran et le petit nombre des favoris qui l'environnent ; mais entrons dans les entrailles de l'Etat ; scrutons-le tout entier et proclamons ensuite, après avoir tout vu, cette vérité évidente pour tout homme, savoir : qu'il n'est point d'Etat plus malheureux que celui qui obéit à un tyran, puisque d'abord, en ce qui touche la liberté, nous devons convenir que ce pays est esclave autant qu'on peut l'être. Si l'on y voit des gens maîtres de quelque chose et libres de leurs actions, il n'en est pas moins vrai que la partie saine et importante des citoyens est réduite à un honteux esclavage.

Cet Etat est pauvre, sans sécurité, dans une appréhension et dans une crainte continuelles.

On ne trouvera nulle autre part plus de plaintes, de frayeurs, de sanglots, de gémissements et de douleurs amères ; et c'est avec justice qu'en jetant les yeux sur tous ces maux et sur mille autres qu'il enfante, nous avons jugé qu'il est le plus misérable de tous les Etats.

Maintenant, ne nous laissons pas prendre, comme des enfants, aux apparences de bonheur, non plus qu'à ces dehors fastueux dont le pouvoir tyrannique se revêt pour imposer à la multitude ; mais écoutons l'homme d'expérience qui a vécu avec les tyrans[1], qui les a vus dans leur intérieur, dépouillés de la pompe théâtrale qui les suit en public, qui sait enfin les effets terribles que font sur eux les crises politiques, les révolutions soudaines, et nous verrons que, puisqu'il en est de l'individu comme de l'Etat, le tyran est le plus malheureux des hommes ; que c'est une nécessité qu'il ressente en lui-même ce qu'il fait souffrir à la la nation ; que son âme, image de son gouvernement, gémit dans une servitude odieuse et vile ; que la plus excellente partie de cette âme est courbée sous le joug de la partie abjecte, méchante et fougueuse ; qu'elle est esclave, sans cesse entraînée par la violence et l'arbitraire, pleine de trouble, de contradictions et de reproches, toujours pauvre, toujours insatiable et dans un effroi continuel, affolée de désirs sans nombre et changée en furie par les passions brutales qui l'obsèdent.

Nulle autre âme n'élève plus de gémissements, de sanglots, de plaintes déchirantes.

Et cependant cet homme ne serait pas aussi malheureux qu'on peut l'être, si le hasard ne l'avait arraché à la vie obscure pour lui donner le pouvoir suprême.

Car le tyran domestique peut avoir cela de commun avec celui qui nous occupe, de commander à beaucoup

---

[1] On sait que Platon vécut à la cour de Denys l'ancien, tyran de Syracuse, qui le vendit comme esclave.

de monde; mais il est protégé par l'Etat, qui veille à la sûreté de chacun.

Si du soir au matin ce riche particulier pouvait être transporté, avec la foule qu'il asservit, dans un désert où il n'aurait à attendre le secours d'aucun homme libre, ne devrait-il pas craindre à tout moment de périr de la main de ses nombreux esclaves, lui, sa femme et ses enfants?

Ne serait-il pas réduit à flatter, à gagner un certain nombre d'entre eux, à devenir leur courtisan, s'il ne consentait à être leur victime?

Que sera-ce donc, si nous plaçons autour de la demeure de ce riche tout un peuple déterminé à ne pas souffrir qu'un homme exerce aucun empire sur ses semblables et à punir du dernier supplice celui qui formerait une pareille entreprise?

Telle est cependant la condition du tyran; dévoré de craintes, de désirs de toutes espèces, enfermé dans son palais, il porte envie au bonheur, à la liberté, au plaisir de ses sujets, qui peuvent voyager sans encombre, tout voir et satisfaire en toutes choses leur curiosité.

Tels sont les maux qui devront encore accroître les souffrances de celui que nous avons déjà appelé le plus malheureux des hommes; telles sont les tortures qui viennent l'assaillir, lorsque de la condition privée il s'élève à celle du tyran, incapable de se conduire lui-même et obligé de conduire un peuple, comme un malade qui, manquant de force pour lui-même, doit néanmoins lutter tous les jours dans des combats d'athlètes.

Donc, quelles que soient les apparences, le tyran n'est qu'un esclave assujéti à la plus dure, à la plus basse servitude, le courtisan des esclaves, le flatteur des méchants et des scélérats, l'esclave encore de ses passions inassouvies : ce qui lui manque va bien au-delà de ce qu'il possède. Quiconque pénètrerait le fond de son âme la verrait pauvre, tremblante d'effroi, séchant de douleurs et d'angoisses.

Et plus il va, plus il devient envieux, perfide, injuste, impie, plus il appelle dans son cœur tous les vices, et non-seulement il est le plus malheureux des hommes, mais son mal devient contagieux ; il corrompt tous ceux qui l'approchent.

Jugeons maintenant de ces cinq caractères : le royal, le timocratique, l'oligarchique, le démocratique, le tyrannique. — Quel est le plus ou le moins heureux ?

N'est-il pas vrai que le jugement est tout fait et que le plus ou moins de vertu, de bonheur, se rapporte au rang, au degré de perfection ou de vice que nous avons assigné à chaque État, selon sa nature.

Nous pourrons donc, sans crainte de nous tromper, publier partout cette grave et consolante vérité :

Que le plus heureux des hommes, c'est le plus juste et le plus vertueux, celui qui, régnant sur lui-même, se gouverne selon les principes de l'État le plus parfait ;

Que le plus malheureux, c'est le plus injuste et le

---

[1] Ou aristocratique, dans le sens de Platon.

plus méchant, celui qui, étant d'un tempéramment tyrannique, exerce sur lui-même et sur autrui la tyrannie la plus absolue.

Oui, dirons-nous, l'un et l'autre sont tels, alors même que les dieux et les hommes n'auraient connaissance ni de la justice du premier, ni de l'injustice du second.

C'est là l'importante découverte que nous voulions faire.

La partie politique de l'Etat de Platon se termine par cette conclusion hardie qui pose la justice comme l'unique solution de tout problème gouvernemental, indépendamment de l'opinion des hommes et de l'idée qu'ils peuvent se faire de la divinité. Justice ! Justice ! Nous le répétons : ce cri monte éternellement de la poitrine du sublime législateur ; il voit en elle la source et le flambeau de toutes les vertus politiques ; dans sa pratique ou dans sa violation, le bonheur ou le désastre des sociétés, le degré d'harmonie ou d'anarchie, de bien-être ou de misère qui les attend.

Sans perdre de vue, — car nous y reviendrons tout-à-l'heure, — ce tableau si animé, si entraînant, si véridique de la politique de tous les siècles, que vient de tracer le grand artiste, nous le suivrons maintenant dans l'application qu'il fait de ces mêmes principes à la conduite particulière de chaque personne ou membre de l'Etat.

Ce sont maintenant les passions et les vertus privées,

les appétences de la chair ou les mobiles de la conscience qui vont remplacer les systèmes politiques, car, pour l'auteur, toute âme, on le sait, est un gouvernement non moins difficile à gérer que la plus tourmentée des républiques. Les instincts les plus sauvages s'y heurtent aux passions les plus nobles; les séditions y grondent, les violences se déchaînent et les penchants usurpateurs tendent à exercer sur les légitimes une perpétuelle dictature; la bête enfin, — comme l'appelle Platon, — veut dominer et absorber la créature raisonnable, seule capable de bonheur, parce que seule elle connaît et embrasse la justice.

Cette étude — ou politique individuelle — est un beau traité de mœurs, d'un style calme, limpide et profond. En voici le résumé.

La même vérité peut encore se démontrer ainsi : les trois facultés de l'âme sont la raison ou connaissance, instrument de lumière;

L'appétit irascible, ou la soif d'intriguer et de dominer;

L'appétit des sens, auquel correspondent tous les désirs cupides et sensuels, ainsi que l'amour de l'argent et du gain, qui permet de les satisfaire.

La faculté qui connaît tend sans cesse vers la vérité et se met peu en peine des richesses et des honneurs qu'elles procurent; c'est l'esprit philosophique, l'amour de l'instruction.

A ces trois caractères d'hommes, le philosophique, l'ambitieux, l'intéressé, répondent trois espèces de jouissances.

Mais chacun de ces hommes considère comme la vie la plus heureuse celle qu'il mène.

Ainsi, l'intéressé mettra le plaisir au-dessus des honneurs; l'ambitieux traitera la science de vaine fumée et le philosophe ne fera aucun cas de tout le reste.

Comment juger entre ces prétentions opposées?

A la vérité, l'intéressé et l'ambitieux sont peu capables de s'élever au plaisir que procure la philosophie; au lieu que le philosophe, comme tout homme, a pu cent fois priser à leur valeur le gain et l'ambition; il a donc l'avantage sur ceux-là qui jamais n'ont pu ni ne pourront s'élever à l'essence des choses, ni avoir même l'idée du plaisir que donne cette puissante intuition.

Le philosophe est, par là même, plus autorisé à prononcer sur le véritable bonheur, et l'on ne peut s'empêcher de reconnaître que ce qu'il estime est véritablement estimable, parce qu'il soumet l'appréciation à la partie de l'âme qui est l'instrument de la connaissance, et que l'homme qui donne à cette partie l'empire sur soi-même, mène incontestablement la vie la plus heureuse.

Voilà donc deux victoires consécutives remportées par le juste sur l'injuste.

Voici la troisième :

Tout autre plaisir que celui du sage n'est point un

plaisir réel, mais une ombre, un fantôme de plaisir.

Si cela est, la défaite de l'injuste est pleine et entière.

Produisons nos preuves :

La douleur est le contraire du plaisir, mais il y a un état intermédiaire qui n'est ni le plaisir, ni la douleur.

Ainsi, il n'est pas de plus grand bien que la santé; mais, pour en connaître le prix, il faut avoir été malade.

Pour ceux qui souffrent, il n'est rien de plus doux que de ne plus souffrir.

De même, la cessation du plaisir doit être une douleur pour celui qui, auparavant, était dans la joie.

Cet état intermédiaire, ce calme de l'âme que nous disons tenir le milieu entre le plaisir et la douleur, nous paraît maintenant l'un et l'autre, ce qui est impossible, car on ne saurait dire raisonnablement que la négation de la douleur soit un plaisir, et la négation du plaisir une douleur : on ne juge cet état agréable que par opposition à la douleur, ou fâcheux que par opposition au plaisir.

Il n'y a donc pas là plaisir réel, mais erreurs de jugement, illusions ou prestiges.

Et cependant nos plaisirs les plus vifs (ou ceux que nous croyons tels), sont de cette nature : ce sont de véritables cessations de douleurs.

Ces plaisirs ne sont que relatifs et le résultat d'une fausse perception.

Ainsi, celui qui gravit une montagne, sans regarder au-dessus de sa tête, se croit facilement à la plus haute région, quand il n'est qu'au milieu, et croit descendre, alors qu'il n'a pas exploré la cime. Son ignorance consiste en ce qu'il n'a pu juger la région vraiment haute, vraiment moyenne, vraiment basse.

Est-il donc surprenant que des hommes qui ne connaissent pas la vérité se fassent des idées fausses de mille manières et de mille choses, entre autres du plaisir, de la douleur, de toutes les sensations, comme s'ils confondaient toutes les couleurs ?

Réfléchissons à ce qui suit : la faim, la soif et les autres besoins naturels ne forment-ils pas comme des vides dans le corps ? Pareillement, l'ignorance et la déraison ne forment-elles pas un vide dans l'âme ?

On comble le premier vide avec de la nourriture ; le second, en acquérant de l'intelligence.

Mais avec quoi fait-on la plénitude réelle ? avec des ombres ou avec des réalités ?

Le pain, la boisson, les viandes, tout ce qui nourrit le corps a-t-il plus de réalité, participe-t-il davantage à la véritable essence des choses que les opinions vraies, la science, l'intelligence, les vertus ?

Ce qui procède de la vérité immortelle, ce qui présente les mêmes caractères, n'a-t-il pas plus de réalité que ce qui se produit sous une substance variable, éphémère ?

Convenons que ce qui tient de l'être immuable a infiniment plus de réalité ; que la science n'est pas moins essentielle à l'être immuable que l'existence ; que si cet être perdait de la vérité il perdrait de sa vie ; que tout ce qui sert à l'entretien du corps participe moins de la vérité et de l'existence que ce qui sert à l'entretien de l'âme; que le corps lui-même a moins de réalité que l'âme; que la plénitude de l'âme est plus réelle que celle du corps, à proportion que l'âme est plus élevée, et que sa nourriture, qui est la lumière, est plus vivante.

Par conséquent, les plaisirs conformes à la nature de l'âme sont plus réels, plus sûrs et plus vrais que tout ce qui se rapporte au corps.

Ceux qui ne connaissent ni la sagesse, ni la vertu, qui sont toujours dans les festins, dans les plaisirs sensuels, passent sans cesse de la basse région à la moyenne, de la moyenne à la basse; ils errent toute leur vie entre ces deux termes sans pouvoir les franchir jamais. Ils ne se sont jamais élevés au sommet des choses, pas même du regard; ils n'ont point été remplis par la possession de ce qui est; jamais ils n'ont goûté une joie pure et solide.

Mais toujours penchés vers la terre, comme des animaux, et les yeux sur leur pâture, ils se livrent brutalement à la bonne chère, à l'amour grossier, se disputant des fantômes de plaisirs et s'entre dévorant, parce qu'ils ne songent point à remplir d'objets réels la partie supérieure d'eux-mêmes, qui tient de l'être par essence, et qui est seule capable d'une vraie plénitude.

Et telle est cependant la vie de la plupart des hommes!

Il en est ainsi de l'ambitieux, courant après une fausse plénitude d'honneurs, de victoires, de vengeances.

Ainsi, quand l'intérêt et l'ambition, mieux entendus, se laissent conduire par la science et la raison ; quand, sous leurs auspices, ils ne poursuivent que des jouissances autorisées par la sagesse, l'âme éprouve alors des plaisirs vrais et conformes à sa nature, parce que la nature et la vérité la guident.

Chaque partie de l'âme se tient alors dans les bornes du devoir et de la justice et jouit naturellement des plaisirs purs et vrais.

Au lieu que, si l'une des parties usurpe le pouvoir, il arrive d'abord qu'elle ne peut se procurer les plaisirs qui lui conviennent, et ensuite qu'elle oblige les autres parties à poursuivre des plaisirs faux, étrangers à leur nature.

Ce qui s'éloigne davantage de la raison est aussi le plus capable de produire ces effets.

Or, nous avons vu que rien ne s'en écarte davantage que les désirs tyranniques et désordonnés, et que rien ne s'en écarte moins que les désirs modérés et justes.

Par conséquent, le tyran est l'être le plus éloigné du bonheur propre à l'homme, tandis que le juste en approche d'aussi près que possible.

La condition du tyran est donc la moins heureuse, celle du juste la plus heureuse qu'on puisse imaginer.

Ennemi de la loi et de la raison, rempli de désirs esclaves et rampants, le tyran est placé à la limite la plus exagérée des plaisirs faux. Sa distance du juste, dans l'ordre du bonheur, est incommensurable. Ce dernier l'emporte infiniment, à plus forte raison, en décence, en beauté, en mérite.

Reprenons la morale entière de cet entretien, telle qu'elle a été exposée au commencement, quand on disait que l'injustice est avantageuse au parfait scélérat, pourvu qu'il passe pour honnête homme.

Cette proposition peut-elle encore être regardée comme vraie, à présent que nous avons vu les effets que produisent dans l'âme les actions justes ou injustes?

Pour faire comprendre que son auteur s'est trompé, faisons le portrait de l'âme humaine, assemblage hybride de plusieurs natures effrayantes, telles qu'on a peint l'étrange chimère, l'horrible Scylla, Cerbère et une foule d'autres créations imaginaires. Figurons-nous donc un monstre à plusieurs têtes, un lion moins grand que le monstre, un homme plus petit que le lion, le tout enveloppé de la forme physique d'un homme.

Est-il avantageux de nourrir avec soin et de fortifier le monstre et le lion, en affaiblissant l'homme et le laissant mourir de faim, de sorte qu'il se trouve à la merci des deux bêtes?

C'est ce qu'affirme le partisan de l'injustice.

L'ami de la justice, au contraire, soutient qu'il faut grandir l'homme intérieur, tourner la force du lion contre l'hydre, protéger les bêtes pacifiques et maintenir, par la sagesse, le calme et l'ordre dans la ménagerie, sans quoi ces animaux s'entre dévoreront, et l'âme deviendra leur champ de carnage et leur proie.

D'où l'on voit que la vérité est du côté de l'ami de la justice, et le mensonge sur les lèvres de son adversaire.

Ce dernier n'a donc aucune idée de la justice. Cependant, comme son malheur n'est pas sans doute volontaire, essayons de lui représenter doucement qu'il se trompe.

O mon cher ami! lui dirais je, sur quelle base repose la distinction établie entre l'honnête et le déshonnête? N'est-ce pas sur cette différence profonde, que l'un soumet la partie animale de notre nature à la partie humaine ou plutôt divine, tandis que l'autre assujétit à la portion brutale et féroce celle qui est douce et apprivoisée?

Certes, il ne peut manquer d'en convenir.

Cela posé, peut-il être utile à quelqu'un de prendre de l'or injustement, s'il ne le peut faire qu'en assujétissant la meilleure partie de lui-même à la plus méprisable? Quoi! il refuserait d'acquérir cet or, même les plus grandes richesses, au prix de la liberté de son fils ou de sa fille, et il ne croirait pas trop l'acheter en faisant ce qu'il y a en lui de plus sublime esclave de ce qu'il y a de plus scélérat, de plus ennemi du ciel!

. . . .

En quoi donc et par quel motif sera-t-il avantageux de commettre quelqu'action injuste, licencieuse ou malhonnête, dût-on, en devenant plus méchant, devenir aussi plus riche et plus puissant?

A quoi servirait-il que l'injustice demeurât cachée et impunie? L'impunité ne rend-elle pas le méchant plus méchant encore, et par conséquent plus esclave, plus malheureux, au lieu que l'expiation l'élève à un principe meilleur et redonne à l'âme sa liberté?

Or, autant l'âme, par sa nature, est au-dessus du corps, autant sa beauté et sa félicité reconquises se-

11.

raient supérieures aux avantages de la force, de la santé et de la beauté physiques rendues également au corps par la pratique de la tempérance, de la justice et des autres vertus.

Donc tout homme sensé dirigera ses actions vers ce triple but : santé, force, beauté morale et physique, perfection de l'âme et du corps, harmonie dans toutes les facultés dont l'âme est la reine et en vue de l'accord qui doit régner en elle.

Il établira la même harmonie dans ses affaires, ne se laissant point égarer par l'idée que la multitude se fait du bonheur, n'essayant pas d'augmenter ses richesses à l'infini, pour accroître ses maux dans la même proportion ; il aura toujours les yeux sur le gouvernement de son âme, attentif à ce que ni l'opulence, ni l'indigence n'en dérange les ressorts ; enfin, il ne voudra des honneurs et des positions publiques que ce qui pourra le rendre meilleur et ne troublera point l'ordre et la paix de sa conscience.

Et cependant je veux qu'il se charge volontiers du gouvernement de sa patrie, mais j'en doute, à moins que quelque grand coup du ciel ne lui vienne en aide, car il n'aimera qu'une République juste, et celle dont je trace le plan n'existe que dans ma pensée ; je ne crois pas qu'il y en ait une pareille sur la terre. Mais peut-être, pour qui saurait le contempler, le modèle en est-il dans les règles et la conduite des mondes célestes. Au reste, peu importe que cet Etat existe ou doive exister un jour ; ce qu'il y a de certain, c'est que le sage ne consentira jamais à en gouverner un autre.

Nous avons vu comment Platon explique l'origine de la puissance publique[1] et les conjectures sur lesquelles il s'appuie diffèrent de toutes les théories données après coup pour retrouver les termes d'un contrat primitif qui est tout entier, non dans l'histoire, mais dans la définition de la justice, ce qui le rend imprescriptible comme elle, quelles que soient d'ailleurs les conditions imposées par les évènements, par la ruse ou par le nombre, consenties par la faiblesse, l'ignorance ou la lâcheté.

La convention originaire sur laquelle Hobbes et Rousseau ont étayé l'un le despotisme personnel, l'autre le despotisme de la multitude, ne saurait avoir ce caractère primordial, juridique, éternel. D'abord, cette convention est purement idéale. L'esprit humain ne débute pas ainsi par les plus hautes abstractions, et s'il en est capable un jour, c'est au terme, non au berceau des civilisations. Celles-ci se sont formées naturellement, par la seule force des choses, et en vertu du progrès qui est la loi magnifique, immortelle de notre espèce. Libérateur ou despote, le premier qui groupa

---

[1] Pages 24, 28, 37.

un nombre quelconque de ses semblables dans un but de conservation, de conquête ou de défense commune, ne s'est point approprié, par ce fait, leurs droits inaliénables : ils sont, nous le répétons, sacrés comme la nature, impérissable comme la justice ; ils sont écrits dans le cœur et dans les entrailles des peuples ; ils ne peuve être refoulés, amoindris ou usurpés que par le crime ; mais ils s'étendront avec les destinées sociales, avec les capacités acquises qui marqueront de plus en plus l'avènement des masses à la conscience universelle.

La souveraineté n'est donc dans la volonté générale qu'autant que cette dernière s'identifie avec la raison générale, avec la justice, avec l'acte intelligent et moral qui doit déterminer l'assentiment populaire.

Jusque là, cette volonté est sujette à erreur dans mille questions, les plus graves surtout, et si nous avons refusé de reconnaître dans la volonté divine la source de la morale,[1] ce n'est pas pour permettre à un tyran, isolé ou collectif, de substituer à la loi son caprice plus mobile que les flots.

Le peuple est infaillible sur les hommes et les choses qu'il connaît ; car, comme l'a très-bien vu notre sage, il juge alors avec sincérité, en dehors de ces malignités et de ces fureurs jalouses qui sont le partage d'un petit nombre d'ambitieux[2] que leur impuissance insurge contre la vérité, contre le génie, souvent contre le genre humain tout entier.

Toutefois, ne flattons pas le souverain ; ne lui disons

---

[1] Page 145.
[2] Page 132.

pas, comme aux rois, que « par cela seul qu'il est souverain, il est tout ce qu'il doit être ;[1] » mais puisque, par le suffrage universel, il délègue en effet les suprêmes pouvoirs, tâchons de mettre ses lumières au niveau de sa toute puissance et de sa terrible responsabilité. Nous aurons ainsi appliqué l'un des plus beaux préceptes de Platon, qui exige de tous les citoyens une perfection en rapport avec la grandeur des devoirs politiques, et, pour garantie d'un gouvernement parfait, des hommes qui s'efforcent eux-mêmes d'être parfaits.

Lorsque le pouvoir était le monopole de quelques-uns et l'art de gouverner leur secret, il pouvait paraître oisif ou téméraire de pénétrer ce qu'on appelait la politique ; mais aujourd'hui que la souveraineté est éparse dans les consciences, la force constituante en bas et la responsabilité partout, c'est le premier et le plus pressant des devoirs d'en faire une science aussi élémentaire qu'elle est rigoureusement obligatoire, et le comble de l'immoralité, comme la trahison de tous les intérêts, serait de donner des définitions fausses, rétrogrades, hypocrites, qui trompant les populations, tendissent à éterniser le conflit engagé entre la science et l'ignorance, et, par suite, l'anarchie des idées, qui conduit à l'anarchie sociale.

A Dieu ne plaise que notre plume se prête à cette imposture !

« La meilleure aristocratie, disait Montesquieu, est

---

[1] Rousseau, — *Contrat social*, ch. VII.

celle qui se rapproche davantage de la démocratie; » telle est celle inscrite en tête de la nomenclature politique que nous venons d'exposer, telle est la République platonicienne. L'aristocratie de ces temps, c'était le savoir, le mérite, le dévouement à la patrie, et surtout, l'auteur le dit à chaque page, le zèle pour l'éducation morale et politique des masses.

Il y a loin de ce gouvernement des meilleurs *(optimates)* à l'aristocratie nobiliaire et territoriale, toute d'ignorance et de fer, généralement sans âme pour les peuples, qui disparut sous l'effort de nos révolutions, victime des colères qu'elle amoncela dans le cours des âges. Le rôle de celle-ci, jugé dans l'histoire, est impossible dans l'avenir, malgré l'obstination d'une certaine école à présenter les corps privilégiés comme force modératrice entre le trône despotique et le peuple sans défense.

La raison que donne Montesquieu de leur utilité fait frémir : « barrière toujours bonne, dit-il, *lorsqu'il n'y en a pas d'autre*; car, comme le despotisme cause à la nature humaine des maux effroyables, le *mal* même qui le limite est un bien. »[1]

Dans sa division tripartite des gouvernements, l'illustre publiciste de *l'Esprit des Lois* établit que la vertu est l'âme des Républiques; l'honneur, le nerf des monarchies et la crainte le mobile du despotisme. Cette classification et les ressorts moraux qui y répondent ont donné lieu à des critiques ; mais l'honneur, tel qu'on l'entend ici, n'est point sans doute la probité;

---

[1] *Esprit des Lois*, liv. II, ch. IV.

c'est l'ambition de plaire aux chefs hiérarchiques, de se pousser aux premiers rangs par des qualités factices plutôt que par le mérite vrai, d'arriver aux honneurs à tout prix, sans souci de la chose publique et encore moins du sort des populations. « La nature de l'honneur (monarchique), ajoute Montesquieu, est de demander des préférences et des distinctions ;[1] » c'est la gloire de servir une dynastie, un règne, une personne, de conquérir des prééminences, des rangs, une noblesse de race, ce qui se traduit encore par une sorte de servilisme brillant et avide. Les Etats se sont longtemps soutenus par « cet honneur faux[2] » qui faisait mouvoir « toutes leurs parties, » et l'on ne doit pas méconnaître les actions d'éclat ou d'héroïsme qu'il a produites. Mais combien ces actes, ces services seraient plus purs, plus grands, plus multipliés encore, si le principe du bien, l'enthousiasme du devoir, l'amour du pays et de l'humanité eussent agi directement sur les âmes !

Sous la forme représentative ou parlementaire, la royauté n'est que nominale, comme en Angleterre. C'est alors l'aristocratie ou la haute bourgeoisie qui gouverne. Ce système mixte a pour promoteurs des hommes politiques éminents, qui ne sont pas éloignés de le regarder comme le type des gouvernements honnêtes et rationnels, donnant au peuple les formes monarchiques qui lui sont fami-

---

[1] *Esprit des Lois*, liv. VIII, ch. VII.
[2] *Ibid.* liv. III, ch. VII.

lières, et aux hommes avancés une République de tempéramment, au sein de laquelle se développent les progrès favorisés et contenus tour-à-tour par une liberté sage. Mais en France ce régime modéré des classes éclairées s'est montré timide en face de l'étranger, conservateur jusqu'à proscrire toute innovation, parcimonieux plutôt qu'économe. Il a érigé l'intérêt en souveraine morale, et tout en donnant à l'enseignement une impulsion large, profonde, libérale, il a dû mourir, enfermé et étouffé dans cette doctrine du Nécessaire,[1] au-delà de laquelle il ne sut point assez voir des principes d'un ordre supérieur, des ambitions légitimes ou inévitables qui demandaient à se faire jour dans les institutions d'une grande nation. La tendance de ce régime à l'oligarchie est d'ailleurs manifeste, incessante, et comme il n'est qu'une transition à la forme démocratique qui le déborde, celle-ci naît précisément des efforts qu'il fait pour la comprimer.

Les gouvernements personnels ou absolus tombent partout en désuétude en Europe. Leur impopularité, la désastreuse influence qu'ils exercent sur le moral des peuples, l'infériorité même matérielle qui en résulte, les échecs qu'il se prépare, sont des faits si éclatants, que les souverains absolus, prenant l'initiative des réformes, renversent de leurs propres mains les obstacles qui tiennent ces nations distancées et comme immobiles sur la route de la civilisation.

---

[1] Voyez pages 209, 210, 211, 212, etc., l'énergie avec laquelle Platon flétrit les exagérations de ce système.

Malgré la timidité de ces mesures et le peu de vigueur des libertés qui ne naissent pas d'elles-mêmes, il faut applaudir à ce bon mouvement de quelques têtes couronnées ; c'est, d'ailleurs, un hommage rendu à la démocratie et un pas vers son règne.

Seule, de toutes les formes de gouvernements, celle-ci comporte la vraie égalité, l'éducation et la moralisation à tous les degrés, la dignité humaine tout entière. Les vertus que suppose la démocratie n'ont rien qui ne doive enflammer l'émulation populaire. Du sujet elles font un citoyen, du serviteur des trônes, un défenseur de la cité, un membre de la nation souveraine. Le piédestal s'élève de la hauteur du principe, l'horizon s'élargit, l'atmosphère rayonne ; il y a dans l'air des souffles qui apportent la virilité aux âmes, dans les cieux des voix qui disent : Paix et Fraternité ! Sur la terre, à l'appel de la patrie, d'électriques enthousiasmes qui improvisent des armées pour l'affranchissement universel.

Les grandes Républiques ont fait leurs preuves en matière de gloire militaire comme en science politique. Rome a subjugué le monde ; la convention française a vaincu quinze siècles de préjugés, l'aristocratie au dedans et l'Europe conjurée ; l'Union américaine a triomphé de la plus terrible conflagration ; toutes ont montré ce que l'inspiration civique comporte d'irrésistible élan et de valeur indomptée ; mais, dans les démocraties, les guerres ne sont pas le but, elles ne sont que l'accident. Si la vertu, obligatoire à tous, en est l'indispensable élément, cette condition est en harmonie avec les plus nobles facultés de chacun et avec la fin générale de l'humanité, qui ne peut se détourner de la perfection relative qui lui est assignée sans renier toute morale, toute loi économique, toute foi au progrès, à la science, à la justice et à Dieu.

La nature même de la démocratie étant une promotion de bien-être en commun, l'exaltation de tout ce qu'il y a de bon, de généreux et de délicat dans le cœur des hommes, l'agrandissement de tous les foyers intellectuels, et comme l'explosion et le resplendissement magnifique de toutes les énergies, de toutes les richesses matérielles et morales, réparties dans les proportions du travail et des mérites, plus on insiste sur les obstacles qui s'opposent actuellement à sa réalisation, plus nous devons affirmer, dans le domaine des principes, et traduire dans nos mœurs, dans nos œuvres particulières ou coopératives, cette république de lumière, de solidarité et de progrès, qui, avant de s'imposer pacifiquement au monde, comme type de civilisation définitive, devra ensemencer les intelligences, régénérer, unifier les convictions, ouvrir et préparer les cœurs à son avènement. Bien pusillanime serait le moraliste qui, exaltant une forme politique, la rejetterait, par cela même que la vertu en est le ressort, et qu' « un peuple de dieux peut seul se gouverner démocratiquement. »[1] C'est par d'éternels efforts que l'humanité, emportée sur le double abîme du temps

---

[1] Rousseau, *Contrat social*, liv. III, ch. IV.

et de l'espace, touchant aux cieux par l'infini de ses aspirations, et toujours élargissant, éclairant et fécondant par la science les sphères du possible, s'élèvera à des sommets que nul n'entrevoit encore.

Salut donc à la belle et intrépide voyageuse, pourvu que, les yeux tournés sans cesse vers les grands horizons, elle n'oublie ni le but du voyage, qui est le bonheur de tous, ni le principe qu'elle porte en elle, qui est l'amour de tous, ni le moyen d'exercer la souveraineté, qui est l'union de tous, ni enfin ce levier suprême que l'on reconnaît aux Républiques, qui est le dévouement à tous.

Mais la noble école démocratique, (et ici nous touchons la plaie vive) ne compte pas moins de nuances que jadis l'église de sectes et d'hérésies, et la souveraineté des individus ou des partis est souvent substituée à la souveraineté légitime et seule possible de la majorité.

La démocratie exclusivement scientifique croit ainsi aller à son but droit comme une théorie; elle fait abstraction de toute notion contemporaine, des traditions, des intérêts, des cultes, des masses, de tous les éléments qui, à un moment donné, sont en quelque sorte l'humanité même. Cet absolutisme dans l'application du plus admirable des systèmes, fera toujours éclater ou dérailler le monde, loin d'avancer la félicité publique; et les apôtres courent risque d'être eux-mêmes écrasés avant d'être compris.

Pour constituer la vraie démocratie, la science politique doit marcher de front avec la science sociale. L'une donnera le programme, la logique, déduira les idées, énoncera la formule la plus rapprochée des lois qui gouvernent le monde physique, et que pour cela on a appelé assez justement « *Physique sociale.* »[1]

L'autre, dans son rôle nouveau, non plus de ruse, de fourberie et de mensonge, mais de vérité, sera l'inaugurateur pratique de ce code de vie, de progrès, de justice et d'amour, premier et dernier mot de toute société comme de la création elle-même. La politique, désormais synonime de loyauté, de lumière et de raison, ne transigera point avec ces principes simples et sublimes ; elle ne les trahira ni par faiblesse, ni par ambition ; mais, en les faisant prévaloir, elle tiendra compte de la gravité et de la difficulté des évènements, sans froisser ni briser cet être collectif qui sent et qui souffre, que la passion égare, que la misère irrite, que peut-être la faim aiguillonne. Oh ! c'est alors que le ministère de l'homme d'État, l'art magique du commandement, l'inspiration émue, le zèle généreux viendront suppléer à la science. Parlant à des frères, cet homme descendra dans ses entrailles pour remuer ces cœurs d'hommes et les ramener à la raison, au devoir, à la nature ; et s'il faut, devant cette foule troublée comme les grandes eaux, mourir dans les plis du drapeau, il ne lui en coûtera pas de mettre le sacrifice à la hauteur de l'éloquence et le martyre à la place de la parole. Voilà le démocrate, le magistrat citoyen, l'orateur du peuple.

---

[1] Ce système est celui de Platon. — V. p. 280.

Quant à la foule, si elle franchit cette digue morale, si, plus sauvage que l'océan, elle broye sous son poids ce grain de sable vivant, malheur à elle ! Car le châtiment la suit comme la conséquence de toute faute et la réaction de sa propre action : les lois étant justes, leur violation apporte toujours au grand nombre une aggravation de fardeau et souvent de longs et inévitables désastres.

Mais une politique d'équité et de régénération, fondée sur l'enseignement universalisé, gratuit, épargnerait aux peuples et aux gouvernements ces effroyables expériences, en les gardant à la fois et des vaines utopies et de ces bouleversements soudains, suivis d'affaissements non moins funestes, entre lesquels la société oscille depuis quatre-vingts ans, sans avoir trouvé encore son lit, sa forme précise.

Les républiques fédératives, très-préconisées par d'excellents publicistes, sont une autre expression de la démocratie. Les anciennes provinces unies de la Hollande, la confédération helvétique et l'association anglo-américaine nous fournissent des exemples de la vitalité de ce système que favorisent plus ou moins les mœurs des habitants, le passé historique ou même la topographie locale, comme on le voit dans l'agglomération si pittoresque des cantons suisses, séparés à la fois et défendus par leurs montagnes, divisés de croyances, d'idiomes, même de constitutions politiques; mais rattachés par le lien fédéral.

Toutefois, et bien que cette combinaison ait été présentée comme supérieure à toute autre, soit qu'on l'applique à une nation, soit qu'on en fasse le modèle peut-être chimérique d'un régime international propre à réaliser la paix universelle, il est de principe que rien ne vaut l'unité. Par l'unité seulement, l'opinion acquiert cette homogénéité, cette toute-puissance, cette vertu et ce sentiment patriotiques qui impriment à l'Etat une direction souveraine et permet au législateur d'obtenir, par des moyens relativement simples, le meilleur fonctionnement des forces politiques.

C'est en proclamant la république une et indivisible que nos pères ont triomphé des réactions les plus furieuses. La centralisation des pouvoirs ne laisse point, comme jadis, le citoyen isolé et désarmé en face de l'Etat. N'avons-nous pas, comme rouages intermédiaires, le département, l'arrondissement, le canton, et surtout la commune, premier élément et point de départ de l'association, mais qui ne peut, en aucun cas, remplacer l'Etat.

La décentralisation, tant invoquée au nom de la liberté, ne signifie guère autre chose que désorganisation de la France démocratique, et retour à l'ancienne province. Décentraliser, c'est reporter à l'individualité cantonale ou communale, en l'aggravant et le multipliant, le prétendu despotisme qui règne en haut, mais qui, nous semble-t-il, serait plus efficacement combattu par les progrès et les lumières, que par la suppression de l'unité administrative au profit de la pire des tyrannies, celle du clocher.

Tout gouvernement fédératif manque, d'ailleurs, de

cohésion; et, sans être une garantie d'indépendance plus vraie, il menace souvent le pays de scission ou d'anarchie, et ne le laisse pas moins exposé au péril de la dictature.

Autrefois, on pouvait se faire à l'idée d'un despotisme glorieux. Mais dans l'état actuel de la civilisation, cette opinion ne serait plus pardonnable, et naguère la superstitieuse pensée de faire du despote un être providentiel a fait trébucher du plus haut des pupitres une œuvre qui réunissait les deux noms les plus solennels de l'histoire.

Ce verdict a sa justification dans la nature même des choses.

Tout homme qui exerce le pouvoir est porté à en abuser; or, celui à qui ses cinq sens disent sans cesse qu'il est tout,[1] se fera-t-il scrupule de plier à sa fantaisie la justice, la constitution, les lois, le suffrage, s'il leur permet d'exister? Et s'ils existent, n'y voit-il pas les instruments de sa volonté, de ses désirs, de ses passions, le mot d'ordre qu'il donne ou retire à son gré, la machine qu'il va briser, le jour où elle semblera ne plus fonctionner à son service unique? N'est-il pas le dieu d'où tout relève, le centre où tout revient, le prototype et le moteur du système? Aussi, le mal n'est pas seulement au sommet de cet effrayant monopole de puissance; il descend et se communique à tous les degrés, dans la triple hiérarchie politique, judi-

---

[1] *Esprit de Lois*, liv. 11, ch. v.

ciaire, administrative ; les ministres ne sont que les organes éphémères, irresponsables de ce MOI gigantesque qui s'impose et ne se discute pas. Au-dessous d'eux, fonctionnaires, magistrats, juges, ont l'œil sur l'autocrate, essayent de saisir sa pensée, cherchent sa volonté, afin d'en faire le *criterium* de leurs actes, la base de leurs décisions, et ainsi la contagion est sans limite, le vasselage sans remède, l'arbitraire sans contre-poids. L'armée envahit les fonctions civiles. L'esprit timarchique ou militaire, pénétrant toutes les couches sociales, détruit l'indépendance native. Les corps publics sont absorbés, les masses asservies : « Le peuple accorde tout ! » — C'est le mot terrible de Platon, — et dans cet abandon de lui-même et de ses destinées, il oublie qu'il n'est point de dédommagement à la liberté perdue. Alors, tout est fini; le bon plaisir règne, l'adulation et le favoritisme sont à l'ordre du jour; on ne croira plus à la vertu; au désintéressement, aux fortes et nobles convictions; mais à l'intrigue, à l'art de plaire pour parvenir, à tous les mérites de l'obéissance passive et lâche. Le pouvoir sera partout, la nation nulle part.

Le despotisme tient essentiellement, du reste, à montrer l'humanité par ce côté précaire. Plus elle est effacée, plus il se croit grand, plus il se proclame indispensable, et son mépris pour les hommes augmente avec sa puissance et leur abaissement. Mais la conséquence la plus grave, c'est que les esprits, les caractères et les mœurs s'énervent et s'affaissent sans retour sous cette pression morbide. Ainsi, la liberté romaine ne se releva plus après César, Tibère, Caïus, Claude, Néron, Domitien. C'est à ce sommeil des peuples que vise le despote, puisqu'il se charge de penser et d'agir pour eux, sachant bien que de leur léthargie à la mort il n'y a qu'un pas, et qu'une nation n'est plus, dès qu'elle abdique sa conscience politique.

Pour justifier le despotisme moderne, il faudrait nous montrer ce qu'il a fondé de durable en Europe, depuis 89. Il a disposé, comme on le sait, de toutes les forces d'une révolution invincible portées au dehors ; il a pris, avec les libertés publiques, le sang d'un million d'hommes versé dans cent batailles. En compensation de ces sacrifices incomparables, a-t-il détruit la prépondérance anglaise, organisé l'Italie, reconstruit la Hongrie, relevé la malheureuse Pologne, posé une limite au formidable envahisseur du Nord, en un mot constitué ce nouvel ordre européen, de justice et d'émancipation, que la démocratie portait dans ses flancs? Non ; il ne le pouvait faire, il n'y a même pas songé.

Un homme est venu rejeter le monde en arrière : poursuivi d'une idée aussi étroite et fausse que la situation était immense et les moyens d'action prodigieux, il n'a su que copier le passé, distribuer des trônes à sa famille et rêver une sorte de monarchie universelle, sa pensée fixe, à travers une longue démence de gloire. Les résultats ont répondu au mobile tout-à-fait inférieur de cette politique sans générosité. L'œuvre du géant qui n'avait vu ni les peuples, ni les nationalités, croula un jour sur sa tête, et les débris en furent enlevés comme un décor de théâtre. Lui-même, avant de disparaître de la scène, avait compris l'inanité de ses travaux ; il parla « de réaction libérale, d'empire constitutionnel ;[1] » mais il y a dans le cours des évènements, quand on s'est chargé de les conduire seul, une logique impitoyable. Le despotisme, ne reposant que sur lui-même, n'agissant que pour son propre compte, doit toujours triompher, toujours fasciner ou dominer l'opinion, incarner en lui l'infaillible sagesse et diriger le destin ; mais il ne doit surtout rien attendre quand il succombe, si ce n'est l'ingratitude des puissants qu'il a faits, les légitimes ressentiments de la liberté et les sévères reproches de l'histoire.

Un jour le despote, gêné par un nom ou par un homme, assiégé de terreurs secrètes, et voyant que le dominateur est sans cesse menacé, devient lâche ; il appelle la trahison à son aide, il conspire bassement, ourdit sa trame dans l'ombre, étend la main sur la bouche de sa victime pour en étouffer le râle, immole ses adversaires par des forfaits mystérieux ou juridiques. Ce jour-là, le tyran s'est révélé dans sa hideur monstrueuse, avec son cœur de bête fauve et ses lèvres souillées de sang. Tout vestige d'humanité est effacé de son cœur, tout remords vaincu, toute honnêteté bannie. C'est aux peuples de trembler ou de faire trembler le crime ; c'est aux illustres citoyens de

---

[1] Villemain, *Souvenirs contemporains*, t. I, p. 276.

fuir en toute hâte. Les lois sont tournées contre leurs têtes, la délation veille à leur foyer, la vengeance est à leur porte et les séides sont sur leurs pas !... O Dieu ! que le juste alors, même sous le poignard de cet oppresseur qui rampe et qui tue, élève hardiment la voix ; que ses libres accents, son dernier soupir soient une invocation à la suprême équité et comme le trait enflammé du verbe qui éclaire et délivre ; que la presse, la tribune, la borne du chemin s'émeuvent et crient avec lui ! S'il se tait, la société tout entière s'affaisse et n'est plus qu'un cadavre. Mieux vaudrait voir crouler les astres et s'éclipser les merveilles de la création physique, dont l'homme est l'interprète et le roi !

Dans le langage de la théologie, comme dans celui de la philosophie antique, le tyran est hors la loi et l'humanité ; mais loin de nous une maxime qui justifierait l'infâme doctrine du tyrannicide ! Non : l'assassinat n'est jamais permis, quels que soient le mobile politique qui pousse le bras et l'étrange mirage qui éblouit l'imagination. La protestation par voie de suffrage ou l'acte souverain d'une nation qui se lève à la face du ciel pour reconquérir une patrie esclave : voilà le droit légal, le droit de nature, la légitime défense de tout peuple courbé sous un joug intolérable. Quant au châtiment, il appartient à la conscience publique, à l'histoire, à Dieu. Le tyran ne l'évite point. « Il ne lui sera jamais pardonné d'avoir fait violence à la personne humaine. »[1] Ses crimes sont sans remède, dit

---

[1] Vacherot.

Platon, et sa mémoire, objet de l'exécration des hommes, allume l'éternel courroux. Au seul bruit de son nom, l'abîme s'agite et gronde, la miséricorde se tait, et, à chaque période de mille ans, quand ce sombre forçat veut remonter vers la gueule enflammée du gouffre, l'enfer reprend sa proie, et les mugissements qu'il fait entendre sont la plus grande terreur des âmes.[1]

Aujourd'hui, le tyran existe-t-il ? Est-il encore dans quelque coin de la terre, un chef, un roi, un misérable oppresseur, un parricide, pour employer le mot de Platon, qui s'entoure d'étrangers et de mercenaires pour asservir la patrie et le peuple, pour empêcher celui-ci de vivre de sa vie propre, celle-là d'être jamais une nation ?

Il serait difficile de répondre.

Sous l'œil vigilant des peuples, au sein d'une publicité sans borne, le tyran se dissimule, change de caractère et d'aspect ; mais la tyrannie n'est point extirpée ; elle se personnifie dans l'intolérance des opinions et des dogmes, tout aussi bien que dans les mœurs et les préjugés de race, de fortune ou d'hiérarchie ; elle se glisse dans les lois, se formule dans les constitutions et survit à cette heure même, après les révolutions les plus sanglantes, dans l'ordre matériel européen. Des montagnes de la Circassie, qu'elle dépeuple, à la malheureuse Pologne, qu'elle change en cimetière ; de Candie au Danube, du Schleswig à la pauvre Irlande, s'élèvent, à travers les nations civilisées, ces profonds gémissements de

---

[1] *République*, liv. x, Supplice du tyran Ardiée.

peuples victimes, qui prouvent que l'instinct féroce du plus fort n'a varié que dans le mode de persécution, que le chasseur d'hommes est toujours debout, et que le poids des despotismes modernes ne le cède guère aux gigantesques oppressions de l'antiquité.

Mais ces maux épouvantables ne sauraient, sans doute, être comparés à ceux que le tyran infligerait moralement à l'humanité, car il tenterait d'en supprimer l'âme ; il serait l'oppresseur de l'idée, le fléau des esprits, le corrupteur hyppocrite et tout puissant qui, abusant de son action, en quelque sorte infinie, comme les moyens dont il dispose, rêverait de détourner la civilisation de son cours, d'absorber l'énergie et les richesses des peuples dans les combinaisons de la force brutale, dans les jouissances effrénées du luxe, et croirait assurer son triomphe en fondant l'édifice des gouvernements sur la dégradation de l'espèce.

Mais quittons cette figure sinistre pour suivre Platon dans le cadre si varié, si riche qu'il nous ouvre, et voyons ce que seraient de nos jours les autres personnages politiques qu'il met en scène.

L'aristocrate, tel qu'il le peint, était l'homme éclairé et dévoué par excellence.

Au moyen-âge, c'était le seigneur, le privilégié de la race, le grand possesseur, le guerrier, le maître.

Aujourd'hui, c'est l'homme de loisirs sans pouvoir, de grands titres sans apanage, de vaste ambition sans prépondérance politique. Egaré dans nos temps d'égalité, il erre, jeune, dans les grandes hôtelleries, parmi les sportmen, dans les maisons de plaisirs et de jeux, plein d'abandon en apparence, mais déguisant à peine, sous le vernis d'une politesse antique, sa morgue traditionnelle, accrue encore par une éducation particulière, généralement reçue en famille ou à l'étranger.

C'est une des inutilités de la terre, une non-valeur sociale, à moins qu'une nouvelle croisade ne lui donne une apparence de résurrection, comme nous le voyons en ce moment à Rome.

A trente ans, l'aristocrate doit avoir dévoré au moins une fois sa fortune, rachetée par de nobles oncles ou refaite par les marquises douairières, car il se ruine sans jamais devenir pauvre.

Souvent aussi il se relève, en portant, soit à une jeune fille de sa caste, soit, comme pis aller, à une belle et riche bourgeoise, toujours fière d'une pareille alliance, le nom et l'épée de ses pères.

Il se peut alors que l'ambition le pousse, et il trouve, grâce au blason, même sous la République ou l'Empire, de puissants protecteurs ; il a des fonctions dans les ministères, dans les hautes administrations, devient secrétaire d'ambassade, ambassadeur, ministre.

Les gouvernements libéraux ou démocratiques sont toujours heureux de faire sonner ces noms qui appartiennent à l'histoire, et s'imaginent ainsi rallier les partis.

Chimère !

L'aristocrate ne change jamais. Le passé fut si beau pour sa race, qu'il n'accepte le présent que comme transition.

Dans ses terres, l'aristocrate est un homme simple et bon, grand agricolâtre, fréquentant les paysans, auxquels il fait des discours dans les comices. C'est la classe dont il se rapproche le plus volontiers, parce que le donjon et la chaumière sont de vieilles connaissances, pas toujours d'accord, certes ; mais également enracinées au sol que l'un a défendu et opprimé, selon les temps, et l'autre défriché, ensemencé, peuplé.

L'aristocrate est religieux par tradition, quelquefois par principes ; ses mœurs sont avancées, ses opinions rétrogrades. Les préventions qu'il nourrit contre son époque sont si vivaces, qu'il n'entend rien à la politique actuelle et rêve éternellement du droit divin. Pour lui, gouverner c'est dominer. Les masses ont l'instinct de cette prédisposition menaçante. Elles ne haïssent pas ces nobles familles ; mais elles se feraient tuer demain, plutôt que de subir leur domination.

Une variété détestable du type, c'est l'aristocrate d'intelligence, celui qui, transportant aux qualités morales, à la science, au talent, les priviléges de l'antique noblesse, se sert de sa supériorité acquise pour mépriser la multitude, — dont peut-être il est sorti, — et pour en nier les aptitudes morales et politiques. La société n'a pas de plus grand ennemi ni de pire tyran que ce personnage, qui fait dans les gouvernements, ou près de ceux qui gouvernent, s'il en est écouté, un mal incalculable. C'est souvent le travers d'un homme comblé de tous les bienfaits d'une haute éducation, qui, ayant tout reçu de première main, ne s'imagine pas que les mêmes dons puissent descendre et se propager dans le peuple ; c'est toujours, à coup sûr, le vice d'un esprit étroit et d'une nature égoïste, espèce de monstre qui tourne le savoir contre son principe et la lumière contre les intelligences.

Fort heureusement, il n'a pas toujours conscience de l'indignité de son rôle ; autrement il se ferait horreur.

De tous ces caractères, l'oligarque est le mieux conservé ; on pourrait dire qu'il est resté intact, avec toutes ses vertus et tous ses défauts, — c'est le bourgeois actuel.

Homme d'ordre, par cela même qu'il est intéressé à l'excès, conservateur exagéré en matière politique, ami des lois qui le protégent et qui garantissent sa fortune, le gain qu'il amasse chaque jour, les positions, les emplois qu'il s'est procurés ou qu'il convoite, l'oligarque craint beaucoup le changement, et, chaque fois qu'il est question de progrès, il se demande avec anxiété ce qu'il doit appréhender ou espérer de cette innovation. Le progrès pour lui n'est point un adversaire ; mais il veut le conduire par la main, comme une timide jeune fille ; il ne lui permet pas le moindre écart, la plus petite audace, — et cependant, rendons-lui cette justice, il veut l'émancipation du peuple contre deux classes dont il combat l'influence, l'aristocratie et le sacerdoce.

Le mot de réforme sociale retentit à ses oreilles comme un tocsin. Il est mort de ce bruit là, en 48. Il n'est ressuscité que pour trembler longtemps ; mais il s'est rallié, sans se donner, au régime qui couvre d'une protection efficace les personnes et les intérêts. Son cœur est toujours pour un gouvernement mixte. Il est sincèrement libéral, un peu voltairien ; sa femme est dévote, son fils est républicain jusqu'à vingt-cinq ans.

Le démocrate se présente sous deux aspects : le démocrate vulgaire a le sentiment de l'égalité et peut-être même de l'envie. Il est républicain par tempéramment plutôt que par principes, parle beaucoup, sans les connaître toujours, des principes de 89, exalte par pure bravade les terreurs de 93, crie contre tous les abus, déclame bruyamment contre les cultes et semble vouloir renverser en un jour l'échafaudage séculaire des superstitions.

Au fond, il n'est pas si terrible ; c'est un excellent patriote, qui mourrait en défendant la liberté, l'ordre public et le presbytère de son village ; mais il n'a pas le courage civique, tenace, éclairé, patient, qui suppose toujours l'instruction et veut triompher par elle. C'est le meilleur et le plus docile des époux ; il est gouverné par sa femme ; il pleure à la vue de ses enfants dans une fête pieuse, chante dans toutes les fêtes civiques ; la vue du drapeau national l'électrise, les grands noms de la Révolution sont sur ses lèvres. Il maudit les oppresseurs et vote pour toutes les dictatures.

L'autre type, ou plutôt le seul type du vrai démocrate, a pris, depuis trente ou quarante ans, le pas sur tous les caractères politiques. Instruit par les déceptions, par l'histoire contemporaine, par les luttes de chaque jour, par les fautes du parti et par une connaissance plus approfondie de l'esprit public, mais ne perdant rien de son enthousiasme, il a résolument demandé à la science la solution du grand problème économique ; il s'est jeté dans toutes les branches d'études. Ardent pionnier d'une société qui s'élabore, il la contemple des hauts sommets d'où son œil entrevoit l'avenir ; il déblaie et sans cesse élargit l'arène politique ; il compare les méthodes, perfectionne l'organisme, le moteur qui doit soulever et porter au but ces mondes autour desquels il fait rayonner toutes les lumières ; car, il le sait, son ennemie, c'est l'ignorance, mère ou complice de toutes les tyrannies. Quelquefois ce flambeau qu'il agite jette des flammes fulgurantes, comme celles qui précèdent la tempête ; et les peureux le maudissent ou l'acclament, suivant le temps ; mais ce n'est pas sa faute si le rayon de justice, rencontrant nos iniquités comme une traînée de poudre, allume de grands embrasements.

Ce politique austère, désintéressé, aux théories élevées comme son intelligence, irréprochable dans ses mœurs, modèle des pères et des époux, ami délicat de la femme et de l'enfant, auxquels on le dénonce comme un objet d'épouvante, mourra pauvre. Peut-être se dit-il matérialiste, positiviste, athée, que sais-je ? C'est tout simplement le plus héroïque des croyants, puisque sa foi à l'humanité et au progrès est invincible.

En général, la pratique du gouvernement lui fait défaut : il a besoin de se rompre aux affaires, de « descendre dans la caverne. » Toutefois, ce n'est pas à lui qu'il faut s'en prendre, s'il reste étranger au pouvoir ; mais le mouvement en avant qu'il communique à tous les régimes actuels est déjà le plus grand des bienfaits et le salut des sociétés.

Le théocrate est à la fois aristocrate, oligarque et faux démocrate.

C'est le phénomène le plus étrange du monde moral et politique, le plus dangereux ennemi de l'intelligence et de la liberté, l'antagoniste déclaré de la raison humaine.

Nul n'est juste, nul n'est libre, nul ne possède la vérité, si ce n'est le théocrate, puisqu'il en est l'organe authentique, le dépositaire. Il ne comprendra jamais, il n'acceptera jamais qu'on croie et qu'on pense autrement que lui. Il est sincère, convaincu, honnêtement, vertueusement, fatalement intolérant, esclave et oppresseur. Il se résigne, il est vrai, c'est-à-dire qu'il souffre le mal, dans l'impossibilité où il est d'imposer son système, qu'il appelle le bien ; mais, tout en vous serrant la main, il vous plaint ou vous damne ; vous êtes un égaré, un révolté, un aveugle ou un malfaiteur intellectuel ; la science et la société, dans leurs tendances émancipatrices, sont également des rebelles qu'il doit combattre partout, toujours, et il n'y manque pas.

Ce qu'il y a de grave, nous le répétons, c'est que cet

homme est convaincu; qu'il prend dans sa conscience les armes dont il vous accable, le zèle dont il vous étonne, la servitude charitable qu'il proclame liberté. Ne l'appelez pas orgueilleux. Si ce ver de terre est un soleil, c'est qu'il reflète la lumière d'en haut; s'il ne sait pas transiger, c'est que Dieu n'admet pas de partage; s'il ne doute de rien, c'est que le doute même est un crime.

Ah! philosophe naïf, qui crois pouvoir balbutier une excuse ou même effleurer, de tes raisonnements, cette assurance superbe, cette foi infaillible! Quelle n'est pas ton illusion? Tu espères éclairer, fléchir le théocrate; mais comment, d'abord, arriver à son intelligence? Toutes les avenues en sont gardées par autant de préjugés divins. De quel instrument te serviras-tu? De la raison? Mais il s'en sert contre la raison même; des démonstrations philosophiques les plus patientes? Mais il s'interdit lui-même tout examen sur des principes qu'il considère comme des certitudes. Objecteras-tu la liberté humaine? Mais l'autorité est son *palladium* et toutes ses facultés sont d'avance sacrifiées à ce minotaure, dans l'ordre moral, social et politique.

Tu le vois, la forteresse est fermée de toutes parts, la place inaccessible, l'adversaire impénétrable. Du sommet radieux ou sombre qu'habite sa foi, comme du fond de son humilité profonde, il a prise sur tout l'univers, il écrase tous les dissidents; mais rien n'a prise sur lui; il ne relève que de Dieu. Ses amours et ses haines sont infinies. Il brûlerait le monde, encore aujourd'hui, pour le sauver, si le monde se laissait faire.

Le théocrate n'est pas toujours à ce point inexorable et dogmatique. L'action du temps a bien fini par se faire sentir dans bon nombre d'âmes et par émousser ces âpres traits qui blessent et déchirent les sociétés modernes ; mais c'est là une exception particulière à de nobles esprits, à des cœurs élevés, doux et droits, qui rêvant d'accorder la liberté et la révélation, poursuivent un problème insoluble, et sont d'ailleurs rejetés et persécutés par leurs coréligionnaires.

Il est un autre théocrate moins excusable, sans conviction morale, qui comprenant tous les avantages d'une opinion qui plonge à la fois dans les siècles et dans les consciences religieuses, s'en fait un levier politique et une arme de domination. Peu touché des intérêts auxquels il semble se dévouer généreusement, il n'en est que plus maître de lui, calcule froidement la puissance des passions qu'il déchaîne, se livre à des enthousiasmes artificiels, remue ou fait remuer par des milliers d'adeptes, ses complices ou ses dupes, les foules sur lesquelles plane son ambition maîtresse, souveraine. Pour ce sacripant, point de principes en ce monde, rien de sacré, le pouvoir pour but, l'hypocrisie et l'audace pour moyens, le mépris de l'humanité pour dogme.

Il ne serait pas inutile de rapprocher de la même manière les États actuels des constitutions décrites par Platon.

Le gouvernement anglais est à la fois une royauté constitutionnelle, une oligarchie, une aristocratie de race, de fortune, d'argent, d'intelligence et de privilèges, avec un renom de libéralisme qui cache la servitude légale au dedans, tout en imposant au dehors un respect superstitieux. Le pouvoir est partagé entre la noblesse, qui détient le territoire, peuple la chambre des lords et les siéges épiscopaux ; et la *gentry*, classe des gentlemen, ou haute bourgeoisie, qui remplit la chambre des communes, fournit aux charges secondaires et au haut commerce.

La condamnation absolue de ce système, c'est que la science et la profonde habileté des classes gouvernantes, la richesse des colonies et l'expansion des produits industriels que la nation écoule dans le monde entier, laissent le peuple dans une pauvreté et dans une misère effroyables. Les émigrations et une horrible destruction d'enfants par le régime des fabriques, n'atténuent même pas cet état de choses. Des quartiers de Londres sont de véritables fumiers humains. C'est dans cette vaste métropole, comme dans toute l'Angleterre, que l'on verra avec épouvante et les splendeurs impies et les vices sans nom d'une oligarchie dévorante, au luxe de laquelle ne suffit pas l'exploitation du globe. Partout cet immense empire maritime, — aux Indes, au Canada, en Australie, — porte ces mêmes vices d'une civilisation égoïste ; il ne s'associe pas les races indigènes, il les dépouille, les asservit ou les éteint, et, nous le répétons, le peuple anglais n'en reste pas moins un phénomène de souffrance et de pénurie, à côté d'une aristocratie qui représente le phénomène de la plus haute et de la plus longue fortune qui ait jamais été, et qui puisse être.

« Examinez l'Angleterre qui a mis en pratique le système de Smith, de Ricardo, etc., dans toute son intégrité, dit un habile économiste, et voyez où elle aboutit. Le perfectionnement des procédés, la création de nouvelles machines, la division du travail, l'abondance des capitaux ont porté l'industrie à son apogée. On a fabriqué beaucoup plus, beaucoup mieux et à meilleur marché qu'autrefois; on a vendu davantage ; conséquemment, les richesses du pays se sont accrues d'une manière considérable, et, en même temps, la misère de la majorité de la nation a suivi une progression égale. Où est la cause de cette étrange contradiction? D'où vient cet énergique démenti donné à toutes les doctrines, à toutes les prévisions des économistes? D'un seul fait, de l'inique répartition des produits. En Angleterre, une minorité privilégiée possède les terres et les capitaux, et la masse des travailleurs, privée des instruments indipensables, subit la loi d'un maître avide. Or, nous le demandons, la totalité des produits doit-elle servir aux jouissances exclusives du petit nombre, et le but de toute société n'est-il pas d'assurer le bien-être de tous ses membres dans la mesure de leur mérite? Une nation ne se trouve dans des conditions normales de durée et de moralité que lorsqu'elle distribue équitablement ses richesses. Toute prospérité qui se fonde en dehors de ces prescriptions ne peut avoir qu'une existence éphémère, quels que soient d'ailleurs l'éclat et l'étendue de ses apparences. »[1]

L'Autriche est la puissance qui a le plus douloureusement expérimenté le système combiné de l'aristocratie et de l'oligarchie, mélangé d'un élément théocratique qui domine et tyrannise, encore en ce moment, tout l'organisme politique. Celui-ci, composé du Reichsrath, de la chambre des seigneurs, des diètes provinciales, est loin de fonctionner avec unité, malgré toutes les tentatives récentes faites pour échapper au chaos féodal. Les différences de langues et de races compliquent encore cette situation, la plus déplorable de l'Europe, — la Turquie exceptée, — parce que l'Autriche est le pays qui a fait le plus de résistance à l'esprit, aux doctrines et aux institutions modernes. Il y avait entre elle et la souveraineté des peuples, entre elle et la politique d'affranchissement, un duel à mort : elle devait passer sur la démocratie, avec le moyen-âge qu'elle traînait en remorque, ou en être écrasée.

Ce n'est pas précisément la supériorité de la politique, qui, en ces circonstances, a conquis à la Prusse la prépondérance en Allemagne ; c'est le triple avantage d'une instruction foncièrement laïque,

---

[1] L. Duras. — Richesse, *Dict. politique*, Pagnerre.

d'un culte ami de la philosophie et d'une armée citoyenne. Le mouvement qui s'est dénoué à Sodowa était prévu depuis longtemps ; et si ce flux de jeunes idées et de patriotisme, qui montait toujours, n'eut débordé sous forme de sanglant cataclysme, il eût trouvé issue d une autre manière.

La doctrine du droit divin, ou mieux de l'abitraire divinisé, qui a souillé l'histoire de tant de crimes et couvert l'humanité de tant de chaînes, subit ainsi toutes les défaites et disparaît graduellement. La constitution des Etats scandinaves contient le germe et développe déjà les principales formes du gouvernement représentatif. Les assemblées délibérantes n'excluent aucune classe de citoyens : noblesse, clergé, bourgeoisie, paysans sont appelés à en faire partie ; les comices électoraux paient leurs députés, qui n'en sont que plus indépendants, et nulle part le pouvoir central n'est plus rigoureusement surveillé. Les populations vivent de peu ; le gouvernement est économe. Le plus modeste des budgets suffit à toutes les dépenses. Le roi peut être officiellement dénoncé, suspendu, déposé : c'est en réalité la nation qui s'administre.

Si maintenant nous passons au Midi, nous trouverons, sous l'azur de son beau ciel, avec sa grande poésie, son chaud et magnifique soleil et les deux mers qui la pressent, cette péninsule ibérique où l'indolente Espagne, essayant, à son tour, d'entrer dans l'avenir, secoue fiévreusement sa couronne de légendes monar-

chiques et chevaleresques. Là aussi, c'est l'absolutisme
qui croule ; mais, quoiqu'on ait dit, ce sont les superstitions, les mœurs et les préjugés qui règnent. La fierté
traditionnelle, l'héroïsme, l'esprit aventureux des compatriotes du Cid ne sont pas précisément des vertus qui
impliquent l'amour de l'égalité ; et comme la science
économique y est à son enfance, il ne paraît guère que
ce pays soit préparé à une direction rationnelle et philosophique. Cependant la grande physionomie du sol,
ses divisions naturelles indiquées par les hautes Sierras,
tracées par des fleuves aux longs contours, se prêteraient admirablement à une république fédérative
dont le Portugal serait membre. Ces deux nations, où
des lois relativement libérales n'ont point empêché
tous les excès de pouvoir, trouveraient sans doute,
dans une association que la géographie favorise au
plus haut point et que de graves intérêts conseillent,
une rénovation politique et un surcroît de prépondérance que la persévérante Italie, à peine délivrée,
atteint glorieusement.

Napoléon Ier disait : « Rome est sans contredit la capitale que les Italiens se choisiront un jour. »[1] S'il
ajoute qu'il y a des difficultés géographiques, c'est au
point de vue militaire, qui lui était spécial ; et d'ailleurs les chemins de fer et la navigation à vapeur ont
rapproché toutes les distances et rendu aussi possible

---

[1] *Mémoires de Napoléon*, écrits par le général Montholon,
ch. IV, t. III.

qu'inévitable l'unité péninsulaire aux trois quarts faite. Il y a là, derrière la plus insensée des résistances, une marée de patriotisme qui monte toujours, et qui ne s'arrêtera qu'au pied du Capitole, avec des respects ou des colères, selon que les obstacles seront applanis ou perpétués. Elle y portera des institutions libérales, une tribune, l'arche sainte des libertés publiques, tout ce qui constitue un grand et puissant État. L'Autriche sera contenue, et, dans le camp des nations, le despotisme aura à compter avec un nouvel adversaire.

Rome n'est pas précisément un gouvernement ; c'est une police armée et recrutée dans toutes les nations, pour garder et faire tenir debout une forme politique désormais surannée, ombre des antiques dominations, qui s'en prend aux vivants de n'être plus une réalité. Jamais et en aucun lieu la théocratie n'avait plus solennellement démontré son impuissance et son antipathie profonde contre tout mouvement qui porte l'humanité vers la lumière.

La classique Hellène eut rangé cette forme parmi les tyrannies ; cependant, elle n'eut point l'idée et encore moins le modèle de cette organisation hybride qui, s'appuyant dans les cieux, pèse sur un peuple avec le fer et les préjugés de vingt ou cent nations, tout en criant au monde : *Noli me tangere*, et aux Romains qui demandent une patrie : « *Non possumus.* » Ainsi la royauté pontificale expire entre une négation et un anathème. La négation, c'est l'impossibilité avouée par elle d'entrer dans la vie politique moderne ; l'anathême s'adresse à la civilisation, aux nationalités, à la pensée, à la science, à la liberté, au temps qui marche, à Dieu qui se révèle et qui parle aux multitudes. Ces menaces fulminées aux quatre vents, ces armées et ces conciles rassemblés de tous les points du globe pour livrer la grande bataille au progrès, à l'avenir, sont l'acte de désespoir et le dernier effort d'un monde qui s'évanouit. Un jour l'église pleurera avec des larmes de sang cette page de son histoire.

Ici, il faut tirer une ligne de démarcation, non-seulement entre des races très-différentes, mais entre les nations progressistes et les peuples stationnaires.

Il est, au Nord, un despotisme traditionnel d'usurpation que l'on pourrait appeler planétaire, car il a pour objet le monde, pour représentants une postérité de souverains animés de la même pensée, pour propagateurs les diplomates les plus consommés de l'Europe, et, comme moyens d'exécution, des forces incalculables, de plus en plus disciplinées et fanatisées.

Ce despotisme modèle, le plus savant, le mieux armé qui soit sur terre, fait mouvoir cinquante gouvernements, occupe une surface d'un million de lieues carrées et s'adapte, comme une machine digne d'elles, à des agglomérations demi-barbares, dressées à la servitude, généralement misérables, ne connaissant de la politique que l'absolu sacrifice à la volonté de l'auocrate, qui est en même temps chef de la religion, empereur et Dieu.

Un pareil pouvoir, qui s'est entouré de toutes les sciences, de toutes les découvertes des civilisations avancées, de toutes les ruses de la diplomatie, pour dominer et asservir, exerce sur ces peuples un prestige sans limite. C'est le Jéhovah des Juifs : il voit comme un néant tous les mortels ensemble. Il n'y a évidemment d'autres rapports entre ces nations et lui que ceux du maître à l'esclave. Mais cette omnipotence constitue précisément ce césarisme territorial unique, cet empire de fer et d'airain, qui se meut avec un ordre apparent, emportant dans son évolution, comme satellites, une foule d'Etats conquis ou envahis, car il a, pour tout dompter, le génie de Machiavel, le bras de Charlemagne, et, lorsqu'il le veut, les hordes d'Attila.

La Russie opèrera ainsi l'unité par le despotisme, aussi longtemps que le souffle des nations libérales n'aura pas traversé et éveillé de leur abrutissement ces races sans nombre, qui ne se connaissent pas, mais que le même sceptre atteint et courbe sous toutes les latitudes. Jusque là, le levier de la tyrannie fera de tous ces peuples, par voie d'envahissements successifs et de compression violente, une puissance formidable, déjouant la victoire même, protégée qu'elle est par l'espace et par les éléments, qui lui permettent de se retrancher derrière ses forêts, ses lacs, ses glaces et ses mers, de s'isoler à volonté, ou de prendre à volonté part aux luttes européennes.

Quoiqu'il en soit, disons-nous, la décadence viendra, quand la contagion du progrès aura pénétré assez avant dans les diverses parties de l'empire pour les désagréger et les rendre à leurs autonomies respectives ou rationnelles. L'avenir verra, il n'en faut pas douter, ce phénomène de la reconstitution dans la liberté. Mais il est à craindre que l'Occident, trop lent lui-même à se régénérer ou à limiter le panslavisme, n'expie auparavant sa lâche et cruelle indifférence à l'égard d'une grande victime dont le meurtre pèse depuis près d'un siècle sur la conscience publique.

L'antiquité n'a point vu et l'avenir ne connaîtra probablement jamais une plus longue, une plus vaste extermination que celle qui s'accomplit périodiquement sur la Pologne. Ce n'est pas un plan ordinaire d'absorption par la conquête ; c'est un plan de froide exécution et de déportation en masse, de pendaisons sans merci des propriétaires et des laboureurs ; ce sont les fusillades sur les foules inoffensives ; l'écrasement des femmes et des enfants, les églises fermées après l'incendie des maisons, la pitié refoulée dans les cœurs, la prière étouffée sur les lèvres des veuves, les sanglots défendus aux orphelins, le deuil proscrit, les réjouissances des bourreaux imposées aux victimes, et quand le silence s'est abattu, avec l'épée des Mouraview, sur ce sol abreuvé de larmes, quand l'ordre règne, parce que la dévastation et la mort sont partout, quand le ciel et la terre se taisent d'horreur, alors commence ce long et effrayant défilé de captifs des deux sexes que l'on traîne, enchaînés, vers cette Sibérie dont le nom seul retentit comme un glas funèbre ! Le bâton et la carabine, le froid, la faim, la douleur, éclaircissent, mutilent et tronçonnent la gémissante colonne qui sème de cadavres sa route à travers les déserts et les steppes sans fin... Quelle est cette nation dispersée dans les neiges ou amoncelée dans les carrières, sous ces montagnes glacées du pôle ? C'est la Pologne, plus nombreuse ici, peut-être, que dans son ancienne patrie ! Chose inouïe : les vengeances sociales ont fini par peupler ces régions réputées inhabitables, et deux continents, l'Europe et l'Asie, se trouvent reliés par cette chaîne de forçats politiques ! horribles fiançailles, accouplement monstrueux, digne et éternel monument d'une domination implacable !

Ne parlons plus des Quatre-vingt-treize de la démocratie : ils ne sont que jeux d'enfants près de ces massacres grandioses, de ces déportations permanentes, de ces exils sans espoir et sans retour, de ces persécutions qui dépassent, par leur caractère, leur durée et leur atrocité, tout ce que l'empire romain a lui-même tenté ou accompli. Il faut voir, dans ce fait historique lamentable, absolument tout ce qui peut rendre un pouvoir odieux à la civilisation et à l'humanité : le droit des gens violé et avec lui tous les principes de notre temps, une nation entière sacrifiée à l'ambition et à la force, tous les moyens de la barbarie primitive invoqués et appliqués, toutes les fureurs du Mongol se ruant sur une race héroïque subjuguée par le nombre, enveloppée par la trahison, dépouillée, confisquée, mutilée, anéantie ; il faut y voir la guerre plus impie faite à la foi, aux mœurs, à la langue, au berceau, à la tombe, à la conscience, à la nature : si ce ne sont pas là les caractères de la tyrannie, de quel nom faut-il appeler, au XIXe siècle, ce système d'agrandissement à tout prix et ce czarisme avide et sanglant qui foule au pied le cadavre des nations ?

Cependant l'Europe qui assiste, immobile ou complice, à ce démembrement de la Pologne, assume une haute responsabilité ; si la destinée des Etats est distincte, les intérêts politiques des peuples ne sont point séparés. Les nations civilisées sont solidaires devant la justice, et la disparition de celle qu'on laisse immoler iniquement ôte à la force de toutes les autres et détruit plus encore le prestige du droit et toute puissance morale.

Nos civilisations ombrageuses et taquines, toujours prêtes à écraser le faible, à déchirer les plus chétives autonomies, ne se sont point assez défiées d'une organisation colossale qui a tout-à-coup englobé plus de la moitié de l'Europe, menacé l'Orient d'une ruine générale et rejoint dans les Indes les possessions de l'Angleterre. Elle est sur les anciens continents ce que celle-ci est sur les mers, ce que les Etats-Unis sont en Amérique. La Grande-Bretagne s'est emparée de la plupart des stations maritimes ; de même la Russie a mis la main sur les principaux marchés depuis les villes anséatiques jusqu'au cœur de l'Afrique. Cette unité despotique est sans rapport avec les divisions physiques et politiques du globe, elle est oppressive de tout ordre, elle gêne le monde, blesse la justice, dépasse toute mesure, détruit toute balance, jette l'hésitation et le trouble au sein des nations contemporaines qu'elle divise ou tient sans cesse sous le coup d'un nouveau débordement de barbares?

Quels sont, à l'intérieur, les bienfaits de ce système? Nous y voyons une aristocratie savante, investie de tous les pouvoirs, gorgée de richesses, entourée de jouissances et de luxe, s'enivrant, dans ses palais, sous les lambris d'or, de toutes les beautés, de tous les parfums des littératures modernes, appelant pour la distraire et la charmer, tous les artistes du monde.

Mais le contraste est déchirant, si les regards s'abaissent sur les peuples dispersés en troupeaux autour de ces demeures splendides; sur ces couches sociales, qu'aucun rayon bienfaisant n'échauffe et n'éclaire; sur ces millions d'intelligences incultes, sauvages, qui n'ont pas même conscience de leur abaissement. Alors, c'est un tout autre spectacle et l'on voit les gouffres de détresse que le despotisme creuse au pied de ces séjours, de cet Olympe des dieux mortels!

Le mépris de l'humanité, qui est l'âme des institutions russes, se retrouve dans les administrations publiques, coutumières de tous les abus de pouvoir. Ces peuplades, déjà si pauvres, sont livrées à la merci de gouverneurs militaires et d'employés voleurs qui les oppriment et les dépouillent. Leur misère n'est égalée que par leur profonde ignorance, et l'abrutissement, éteignant tout courage, les prémunit seul contre

13

le danger des rébellions inutiles. Leur existence est une pénurie éternelle, et quant à l'éducation morale, elle n'existe à aucun degré.

En peut-il être autrement? Le principe de la souveraineté, en Russie, est la possession territoriale : dès lors, la vie humaine n'est rien ; l'habitant n'est que l'exploiteur asservi du sol, et l'on peut rappeler ici les paroles du philosophe :

Qu'il n'est point de peuples plus malheureux que ceux qui subissent les régimes tyranniques ;

Que ces peuples sont esclaves autant qu'on peut l'être, pauvres, sans sécurité, dans une gêne et dans un tremblement continuels ;

Que nulle part il n'y a plus de plaintes, de gémissements et de larmes ; que de tous les peuples, ils sont les plus misérables.[1]

Les puissantes aristocraties qui planent de si haut sur ces obscures douleurs voient en pitié nos civilisations démocratiques. Qu'elles y prennent garde cependant! L'immense étendue de l'empire moscovite est déjà une cause de faiblesse. Une agglomération indéfinie de peuples n'est pas une patrie.[2] Le patriotisme lui-même exclut ce prétendu cosmopolitisme politique que l'autocratie serait, dans tous les cas, moins propre à réaliser que les gouvernements qui prennent pour devise la fraternité des peuples.

D'ailleurs, en faisant abstraction des révolutions que

---

[1] Page 237, liv. IX.
[2] Page 71, liv. IV.

tout despotisme couve en son sein, il y a un moment d'arrêt dans l'extension de sa puissance, et c'est aussi le moment où commence la dissolution et la chute. La Turquie d'Europe en est un exemple.

Cet établissement a plus que justifié la prédiction de Montesquieu.[1] Miné par l'immobilité de ses institutions, enveloppé et graduellement envahi par la Russie, ce fantôme de puissance aurait disparu, et l'aigle moscovite remplacerait déjà le croissant à Constantinople, si l'Occident n'eût enfin ouvert les yeux et arrêté brusquement la marche des czars ; mais le torrent n'est que suspendu. L'influence ou la main de la Russie remue toutes les petites nations qui constituent le mouvement gréco-slave et qui entourent et assaillent de toutes parts, sur le Danube et sur la Méditerranée, le grand corps ottoman. Athènes donne la main à l'Artaxercès du Nord ; la Valachie, la Moldavie, la Servie, la Bulgarie, la Roumanie, etc., n'ont espoir qu'en lui, et les agitations prétendues libérales de ces pays, dans lesquelles on a cru voir les symptômes d'une émancipation démocratique, sont bien plutôt l'œuvre sans cesse renaissante du cabinet de Pétersbourg et le résultat des habiles calculs de sa politique.

Mais les dangers ne viennent pas seulement du dehors ; la maladie dont meurt l'empire du Prophète est inhérente à sa constitution politique et religieuse :

---

[1] Avant deux siècles, disait-il, cet empire sera le théâtre des triomphes de quelque conquérant. — *Lettres persanes*, lettre XIX.

c'est une théocratie, comme à Rome, et, en face de tous les progrès qui se sont accomplis depuis un siècle, les Sultans ont gardé leur *non possumus*. Le gouvernement, les institutions, les idées et les mœurs sont restées en dehors du mouvement contemporain, et, malgré la réputation et la valeur de ses troupes, l'empire s'est affaissé. Sans être un grand politique, le souverain actuel a vu le mal et s'est efforcé d'y remédier; mais le peut-il ? La théocratie calcine les cerveaux, moule les mœurs dans son suaire, passe pour ainsi dire, dans le sang, et ce n'est point assez, pour en prévenir les ravages, que de publier des firmans ; il faudrait refondre les peuples, et surtout l'aristocratie turque, plus attachée encore aux vieux errements et plus esclave des plaisirs et de la paresse asiatiques.

Mais à Rome, si le Pape et les cardinaux sont systématiquement ennemis de tout progrès politique, le peuple est avancé et ne subit qu'en frémissant le joug des rétrogrades. Ici, au contraire, c'est le pouvoir qui voudrait réparer d'un coup les fautes des siècles et mettre la nation au pas de l'Europe; mais la race ottomane résiste ; on n'improvise pas en matière si grave, et le progrès ne marche point par sauts et par bonds ; c'est bien plutôt l'œuvre de chaque jour.

Quoi qu'il en soit, la situation de la Turquie est telle que son influence internationale est nulle, son rôle effacé et tout passif; elle ne peut plus faire acte de souveraineté, sans qu'aussitôt des puissances, soi-disant amies, n'interviennent pour tout arranger; elle succombe par le fait de leur protection, non moins que par ses propres fautes. Veut-on savoir ce qu'elle fera? On regarde à Paris ou à Londres; elle est censée n'agir que par la permission de ces deux cabinets; elle n'a plus de personnalité politique, elle est morte.

Pour opérer sa résurrection, s'il en est temps encore, il faudrait d'abord lui rendre sa liberté d'action à l'égard des petites nations qui la harcellent, et écarter l'influence russe. Elle-même devrait opérer sa transformation à l'intérieur, en substituant aux antiques usages une bonne constitution politique, en créant un parlement, une tribune, et donnant ainsi à l'opinion publique l'occasion de se former en agitant ces grandes questions qui élèvent les esprits et font les mœurs politiques. Si non, qu'elle périsse et que, sur ses ruines, au bord des mers réunies où tous les peuples vont se donner la main, l'orient chrétien arbore le drapeau d'une société et d'une vie nouvelles.

Ainsi, dans une moitié de l'Europe, deux despotismes se heurtent, l'un dans sa phase d'ambition démesurée, l'autre dans sa décadence ; tous deux dépensent, pour s'imposer ou résister, non pour bien gouverner, toute la science puisée au contact des cabinets modernes, tous les subsides, toutes les levées d'hommes que peuvent fournir ces vastes territoires, et n'arrivent qu'à perpétuer leurs périls réciproques, la gêne des nations, l'abaissement physique et moral des peuples, toutes les calamités qui retardent indéfiniment pour ceux-ci les bienfaits d'une vraie civilisation.

Par contre, l'Europe occidentale, où les progrès de

l'esprit public et le travail intellectuel sont si considérables, est disputée et déchirée par deux courants, deux principes contraires, l'*Action* et la *Réaction*, le Passé et l'Avenir, l'Autorité et la Liberté.

Qui l'emportera ? Où nous conduira ce duel à mort ? Quelle sera la résultante des aspirations et des forces de l'humanité dans ces directions opposées ?

La vérité, c'est que la préparation à toute politique d'avenir est un fonds commun, net et précis, d'éducation sociale, qui, substituant à nos opinions si divisées, si confuses, la science positive des droits et des devoirs, rapproche les intelligences dans la conception exacte de l'ordre, qui est la vertu. Ramené à cette définition, l'ordre démocratique a pour terme la triple égalité morale, civile et politique. Un seul de ces caractères manquant, l'édifice de rénovation n'est qu'un vain simulacre. La liberté politique ne suffit pas. Elle a jadis coexisté avec l'esclavage, comme naguère encore aux Etats-Unis, et comme elle s'accommode, à cette heure même, du paupérisme, plus navrant peut-être, et presque aussi hideux. Civilisations cruelles, qui proclament l'égalité, et qui, à côté du luxe le plus raffiné, voient chaque jour se multiplier les victimes du prolétariat et de la misère ! L'antiquité nourrissait ses esclaves ; le moyen-âge laissait la glèbe au serf, tout en le dégradant comme homme ; l'Inde se contente d'isoler et d'avilir le paria ; mais nous, avec notre spiritualisme éthéré, notre littérature sentimentaliste, nos créations philantropiques et nos établissements de charité somptueusement organisés, nous encourageons plus souvent l'imprévoyance et la paresse que nous ne venons en aide à la partie saine et laborieuse des populations ; de même, avec des institutions d'enseignement richement dotées, nous faisons l'indigence intellectuelle dans les régions supérieures, où la faveur et la partialité anéantissent la justice. Mais la démocratie, dans son acception rigide, est adéquate à la raison, à la justice, à la lumière : elle conformera les gouvernements à ces types éternels, et descendant aux applications pratiques, elle fera de même pour le travail, elle ennoblira la peine et l'effort. Les bras, les intelligences, toutes les aptitudes humaines entreront dans l'avoir social, comme des valeurs de premier rang, capitaux de l'esprit, sueurs sacrées du corps, vertus et forces productrices associées dans la liberté, fécondées par le savoir, moralisées par la conscience et et la responsabilité. Tous trouveront, dans l'immense et fraternelle organisation, d'amples éléments d'existence, moins d'entraînements au mal, par cela seul que le bien leur deviendra facile, et qu'en le faisant ils seront dans l'ordre voulu, libres agents de l'œuvre dont tous vivent, et missionnaires de l'idée qui les aura émancipés.

Est-ce un rêve et la justice, éperdue, se voilera-t-elle la face ?

Nul ne peut nous dire ce que seront, dans quelques siècles, l'état et les ressources des sciences, les transformations qu'elles devront opérer dans l'économie sociale, lorsque ces sciences, dont l'application à la politique date d'hier, ont déjà changé le système des États et la face du monde.

Certes, on peut le croire : à mesure que l'instruction refoulera au loin les frontières de ténèbres, les puissantes oligarchies de l'Europe feront place à un mécanisme plus simple, dont l'effet sera d'augmenter l'aisance générale et de réduire les charges de toute nature qui épuisent les peuples, car elles ont substitué à l'antique aristocratie terrienne un fonctionnarisme non moins lourd, des budgets exorbitants, des armées formidables, de gros et abusifs traitements, enfin des monopoles et des cumuls qui interceptent, au lieu de les répandre, les produits naturels et industriels qui composent la richesse des nations.

Nous ne pouvons, à cette distance, démêler les termes du grand problème ; mais il sera résolu, ou la science est néant, la justice un vain mot, Dieu un blasphême jeté à la crédulité et au malheur ! L'humanité, remontant aux régions supérieures que lui assigne le sage, verra ce jour de diffusion de tous les biens moraux et matériels, ce jour où la politique, s'incarnant dans les consciences, tranformant le droit en fait, facilitera à tous le crédit, le travail, les carrières d'activité que le génie et la nature indiquent, et proportionnera, par là même, au mérite de chacun, la lumière, l'être et le bonheur.[1]

---

[1] Page 245, liv. IX.

LIVRE DIXIÈME

Platon revient sur l'opinion qu'il s'est faite et qu'il veut donner des poètes, pour les faire considérer comme les plus grands ennemis de la sagesse et pour confirmer leur bannissement de tout État ayant pour base la justice et pour but la perfection sociale.

Le raisonnement du philosophe, comme déjà on a pu le voir dans les deuxième et troisième livres, est plus ingénieux que logique; en même temps, il se met en contradiction avec ses propres principes; car le poète digne de ce nom est éminemment créateur, autant que puisse l'être un ouvrier de la pensée, et si quelqu'un a l'inspiration du suprême artiste et la vue du divin modèle, c'est assurément lui [1].

---

[1] M. Cousin est de cet avis. « L'art, dit-il, est la reproduc-

Mais Platon, grand artiste lui-même et poète de premier ordre, n'envisageait pas moins ce genre de littérature comme très-dangereux, le type sur lequel il voulait fonder toute société humaine étant la froide raison, chose étrange pour ce prêtre sublime de l'idéal, si l'antiquité tout entière n'était avec lui sous ce rapport, car les deux facultés les plus fécondes de l'esprit, la sensibilité et l'imagination, étaient regardées comme la principale source de toutes les erreurs et de toutes les frivolités.

Platon en donne pour raison l'ignorance de la multitude, qui ne sait pas « apprécier la poésie telle qu'elle est; » mais le véritable antidote serait d'instruire le peuple, afin de le mettre à même de distinguer entre les fictions puériles ou dangereuses et les œuvres profitables. C'est ainsi encore que l'on doit comprendre aujourd'hui les devoirs du législateur, en présence de l'invasion bien autrement étendue et contagieuse de notre monde romancier, qui représente assez bien les charmeurs dont le théoricien veut absolument défendre sa République. Ce fait n'autorise pas évidemment le bannissement de ces écrivains, mais il implique la nécessité de former par le goût, la critique et le jugement des générations. Alors, celles-ci « apprécieront la poésie, le théâtre, » le roman « tels qu'ils

---

tion libre de la beauté, et le pouvoir en nous de la reproduire s'appelle génie... Le génie seul a la vertu de convertir ses conceptions en créations. — (*Du Vrai, du Beau et du Bien*, huitième leçon).

sont, » c'est-à-dire avec le degré de voracité et d'intérêt moral qui leur est propre.

Comment reconnaître ce caractère ? Suivons notre guide austère.

Toute œuvre, dit-il, est d'autant plus vraie qu'elle se rapproche davantage de l'idée, modèle incréé, et d'autant moins qu'elle s'en écarte pour descendre dans le domaine de l'imitation.

La manière dont Platon établit cette règle est d'ailleurs fort curieuse et rappelle son procédé généralisateur ordinaire.

Qu'est-ce, en général, dit-il, que l'imitation ?

Employons notre méthode habituelle, et figurons-nous cette multitude d'êtres ou d'objets, tous compris, selon l'espèce, sous un nom générique, par exemple un lit, une table, pour désigner, par ces deux idées seulement, tous les lits, toutes les tables.

L'ouvrier qui fait un lit, une table, en a nécessairement l'idée, mais fabrique-t-il l'idée ?

Non, sans doute ; il construit la table d'après l'idée.

Mais quel nom donnerait-on à l'ouvrier qui fait à la fois les idées, tous les êtres et lui-même, la terre, le ciel, les dieux, tout enfin ? — Cet admirable artiste existe-t-il ?

En est-il un autre qui puisse, dans un certain sens, créer comme lui ?

Prends un miroir, présente-le de tous côtés : en moins de rien tu feras le soleil, la terre, tous les astres du ciel et toi-même, — au moins en apparence.

Le peintre travaille ainsi : il fait un lit apparent. L'ouvrier fait de même tel lit qu'on veut, mais non l'idée, l'essence du lit; il ne fait rien de réel.

Mis en regard de la vérité, ces ouvrages n'existent pas.

De là trois notions :

L'idée qui est dans la nature et fille de Dieu, le modèle, type créateur, unique.

La représentation matérielle de l'idée, un meuble, un édifice, ouvrage de l'homme; sa représentation figurée, œuvre du peintre; donc trois artistes : Dieu, l'ouvrier, le peintre.

Dieu n'a pu ou voulu donner que l'idée générale du lit, car il n'y a qu'une essence : les variations sont de l'homme.

Dieu est seul *producteur*, car il a fait, de lui-même, l'essence de toutes choses.

L'ouvrier est l'interprète, le traducteur.

Le peintre est l'imitateur.

Ce dernier est éloigné de trois degrés du modèle, c'est-à-dire de la vérité.

Il en est de même de tous les imitateurs, qui n'ont ni principes sûrs, ni même une opinion juste dans ce qu'il y a de bon et de mal.

Nous concevons donc ce que c'est que d'imiter.

La peinture est l'imitation de l'apparence; elle peut représenter beaucoup de choses, mais parce qu'elle ne prend que fort peu de chacune.

D'un autre côté, sur quelle faculté exerce-t-elle son magique pouvoir? N'est-il pas vrai que la même grandeur, regardée de près ou de loin, ne paraît pas égale? Que ce qui paraît convexe ou brisé, droit ou concave, ou hors de l'eau, ne paraît plus de même lorsqu'on le voit dans l'eau, à cause de l'illusion que les couleurs font aux sens? Il est évident aussi que cette illusion jette une grande perplexité dans l'âme. Or, c'est à cette disposition de notre nature que l'art du dessin, l'art des charlatans et autres semblables, dressent des pièges, ne négligeant aucun artifice pour la séduire. A-t-on trouvé un préservatif plus sûr contre cette illusion que la mesure, le nombre et le poids, pour empêcher que le rapport des sens, touchant ce qui est plus ou moins grand, nombreux, pesant, ne prévalût sur le jugement de la partie de l'âme qui calcule, pèse, mesure? Toutes ces opérations ne sont-elles pas du ressort de la raison?

Mais la faculté qui se rapporte à la mesure et au calcul est ce qu'il y a de meilleur dans l'âme, et la faculté opposée lui est inférieure.

C'est à cet aveu que je voulais conduire.

Il me semble qu'on en peut dire autant de la poésie, très-éloignée de la vérité, de la sagesse, et n'inspirant rien de vrai, de solide, mais qui est prise pour la vérité par le vulgaire.

En effet, elle s'exerce sur l'imagination, elle exagère l'infortune, les chagrins et nourrit les larmes.

Elle emprunte son prestige à ce qu'il y a de plus défectueux, de plus contradictoire, la passion, la faiblesse, la timidité, la lâcheté de l'âme; elle intéresse par des qualités factices et captive la foule avec des héros de théâtre; car rien ne prête davantage à une description variée que le désespoir et la douleur; au lieu qu'un caractère sage, tranquille, toujours semblable à lui-même, est difficile à imiter et serait peu propre à passionner cette multitude confuse et avide de spectacles, puisque ce serait lui offrir une disposition qui lui est étrangère.

Le poète travaille donc pour plaire à la partie la plus frivole, la plus insensée de l'âme; il détruit l'empire de la raison, et nous devons lui refuser l'entrée d'un État qui doit être gouverné par de sages lois; car de même qu'il introduit le désordre dans chaque individu et ne sait construire qu'un fantôme de sage, il ferait un fantôme de société. — Il est donc toujours à une distance infinie du vrai.

Mais le plus grand mal est que la poésie corrompt l'esprit des sages même. Qui de nous résiste à ces passages d'Homère où de quelque grand tragique, où l'on représente un héros déplorant son sort dans un long discours, poussant des cris, se frappant la poitrine? Nous sommes tout entiers alors à l'entraînement des émotions, au secret plaisir qu'elles nous donnent, à la compassion que la fausse victime nous inspire, à l'admiration du poète qui sait si bien nous dominer, nous absorber. Et cependant, dans les maux qui nous arrivent, nous ne voudrions point jouer ce rôle, persuadés qu'il faut laisser aux femmes les plaintes et les lamentations que nous venons d'applaudir.

Où est donc notre bon sens de voir, non-seulement sans indignation, mais d'approuver avec transport dans un autre, une situation que nous regarderions comme une faiblesse et que nous rougirions d'accepter pour nous ?

La chose est moins raisonnable encore, si nous considérons que cette partie exaltée de notre âme, contre laquelle nous luttons dans nos propres malheurs, qui est follement altérée de gémissements et de sanglots, qui voudrait s'en rassasier, parce que sa nature la porte à les rechercher, est celle-là même que les poètes caressent et s'étudient à satisfaire; si nous considérons, dis-je, qu'alors la partie supérieure et la meilleure de nous mêmes, n'étant pas encore assez fortifiée par la raison et par l'expérience, néglige de maîtriser cette sensibilité extravagante, toujours disposée à nous arracher des torrents de larmes, pour des motifs et sur des infortunes qui n'existent que dans l'imagination de l'inventeur ou de l'acteur.

Cela vient de ce que peu de gens réfléchissent que ces émotions artificielles, auxquelles nous nous livrons, deviennent inévitablement les nôtres, et qu'après avoir excité notre cœur par des sujets, des maux, des spectacles ou des lectures chimériques, il est bien difficile de le modérer et de lui donner la mesure des sentiments vrais.

Nous devons en dire autant du ridicule. Quelque aversion que l'on ait pour le rôle de bouffon, si l'on y prend un plaisir excessif, il arrivera la même chose que pour ce pathétisme de convention, c'est-à-dire qu'après avoir approuvé dans les autres ce qu'intérieurement la raison réprime en nous, nous ne tarderons pas à laisser échapper dans nos relations, même sans y penser, des traits qui ne conviennent qu'à un personnage de comédie.

La poésie imitative[1] produit en nous les mêmes ravages pour l'amour, la colère et toutes les passions qui ont pour objet le plaisir et la douleur, et qui, par là même, nous obsèdent sans cesse. Loin de nous donner le secret de les apaiser et de les éteindre, cette enchanteresse les suscite, les nourrit, les développe, les allume. Elle nous rend vicieux et malheureux par l'empire qu'elle leur donne sur notre âme, au lieu de les tenir dans cette dépendance de la raison qui assurerait notre vertu et notre bonheur.

Telles sont, Platon le répète, les causes pour lesquelles il n'admettra dans l'Etat d'autres ouvrages de poésie que les hymnes en l'honneur de la nation, des dieux et des grands hommes. Du moment où il y recevrait la muse échevelée des voluptés et des larmes, le plaisir et la douleur y règneraient à la place des lois et de cette raison dont les hommes ont reconnu l'excellence dans tous les siècles. Au reste, ajoute-t-il, ce n'est pas d'aujourd'hui que la poésie est brouillée avec la philosophie. Si, malgré tous les griefs que nous venons d'exposer, elle peut nous prouver qu'on ne doit pas l'exclure d'un gouvernement bien policé, nous

---

[1] Le théâtre qui, à Athènes, était presque le gouvernement. Aussi Platon appelait-il ce dernier une *théatocratie*, ce qui explique la sévérité de sa critique. La comédie d'Aristophane n'avait-elle pas provoqué le procès et la mort de Socrate?

la recevrons à bras ouverts, car nous ne pouvons nous dissimuler la puissance et la douceur de ses charmes ; mais si ni elle ni ses amis ne peuvent nous démontrer qu'elle joint l'utile à l'agréable, notre devoir est de nous arracher de ses bras, comme de ceux d'une folle maîtresse qui a pu captiver notre enfance, mais dont l'homme doit repousser les caresses.

Enfin, conclut le moraliste, il s'agit d'être vertueux ou méchant, et c'est là un grand combat, un combat qui domine la vie entière. Ni la gloire, ni les richesses, ni les dignités, ni la poésie ne méritent que nous leur immolions la justice et les autres vertus.

L'auditoire convenant de cette vérité, Platon prélude à la grande thèse de l'immortalité de l'âme, qui va beaucoup étonner ses amis.

Cependant, poursuit-il, nous n'avons pas encore parlé des plus grandes récompenses proposées à la vertu. Il faut qu'elles soient d'un prix infini pour surpasser celles que nous avons déjà énumérées. Mais qu'est-ce que l'intervalle de la vie humaine en présence de l'immense durée, et l'homme doit-il borner ses soins et ses vues à ce court espace, au lieu de les étendre à l'éternité ?

— Je ne le pense pas, répond Glaucon ; mais à quoi tend ce discours ?

— Ne sais-tu pas que notre âme est immortelle ?

Glaucon, bien plus surpris encore, regarde le maître

et s'écrie : « Je n'en sais rien ; et toi, pourrais-tu me le prouver ? »

Loin d'être ébranlé par cette sorte de défi, Platon garde le calme inaltérable de l'homme qui se sent en possession de la vérité, et continue de la sorte :

— Si je ne me trompe, je le puis...... Je crois même que tu en pourrais faire autant, car la chose n'est pas difficile.

En effet, il faut bien reconnaître qu'il y a du bien et du mal ;

Que le mal est un principe de corruption et de dissolution ;

Que le bien est un principe de conservation et d'amélioration ;

Que chaque chose a son mal et son bien ; le premier la faisant mourir, le second la faisant vivre.

La maladie est le mal du corps, la pourriture celui du bois, la rouille celui du fer, etc. ; et chaque chose est détruite par ce mal qu'elle porte en elle.

De sorte que si ce mal n'a pas la force de la détruire, il n'est rien qui soit capable de le faire ; car le bien ne peut produire cet effet à l'égard de quoi que ce soit, non plus que ce qui n'est ni un bien ni un mal.

Si donc il est dans la nature une chose que son mal rend mauvaise, sans la dissoudre, cette chose ne peut périr.

Ce qui rend l'âme mauvaise, ce sont ses vices : l'injustice, l'intempérance, la lâcheté, l'ignorance ; mais de ces vices il n'en est pas un seul qui puisse l'anéantir.

Prenons garde, en effet, d'imaginer, quand l'homme injuste est condamné et mis à mort, que la séparation violente de l'âme d'avec le corps soit opérée par le vice lui-même.

D'un autre côté, on ne saurait dire qu'un mal étranger détruise une substance que son propre mal ne peut dissoudre.

Réfléchissons sur cette matière :

La destruction du corps peut-elle provenir directement de la mauvaise qualité des viandes et autres aliments qui se sont corrompus ou qui ont été gardés trop longtemps dans nous? Non, évidemment; mais ces matières étrangères au corps ont déterminé la maladie qui lui est propre, maladie contractée à l'occasion de la mauvaise nourriture.

Par la même raison, à moins que la maladie du corps n'engendre celle de l'âme, ne disons jamais que l'âme, qui n'a rien de commun avec le corps, puisse périr par un mal étranger à sa nature, — sans l'intervention du mal qui lui est propre.

Gardons-nous d'affirmer que ni la fièvre, ni aucune autre maladie, ni le fer, ni quoi que ce soit puisse donner la mort à l'âme, dût-on hacher le corps en morceaux, à moins qu'on ne nous montre que l'effet de ces accidents est de rendre l'âme plus injuste et plus impie.

Mais nous pouvons défier de produire les preuves contraires à notre thèse.

Si quelqu'un l'osait tenter, afin d'échapper à l'immortalité de l'âme, nous le forcerions de convenir que, si ce qu'il dit est vrai, il suit de là que l'injustice conduit naturellement à la mort, comme maladie, et qu'elle tue par sa force exclusive.

Or, le méchant est mis à mort par le glaive de la loi, à l'occasion de son crime, non par son crime.

Si l'injustice était capable en soi de donner la mort aux méchants, on aurait tort de la regarder comme une chose si terrible, puisqu'elle les affranchirait de tous les maux, comme de tous les châtiments dont la société les menace et les accable.

Nous en avons dit assez pour qu'il soit évident qu'une chose d'une nature simple, qui ne peut périr ni par son propre mal, ni par un mal étranger, doit nécessairement exister toujours.

L'immortalité de l'âme est donc d'une vérité invincible.

Mais pour bien connaître sa nature, il faut la considérer, non dans l'état de dégradation où la met l'union avec le corps, mais la contempler des yeux de l'esprit, telle qu'elle est, dégagée de tout ce qui n'est pas elle. Alors on la trouvera d'une beauté infinie.

Ainsi en est-il de l'état des malheureux naufragés au fond de l'abîme, par rapport à ce qu'ils furent vivants.

Ceux qui reverraient maintenant Glaucus, le marin, auraient peine à reconnaître sa première forme, parce que les anciennes parties de son corps ont été les unes brisées, les autres altérées et totalement défaites par l'action des flots, et qu'il s'est produit autour de lui comme une nouvelle enveloppe de coquilles, d'herbes marines et de cailloux ; de sorte qu'il ressemble plutôt à un monstre qu'à l'homme qu'il était auparavant. De même, dans le moment présent, l'âme se montre à nous défigurée par mille maux.

Mais il faut la voir dans son essence même, pleine d'amour et de feu pour la vérité, toute aux objets vers lesquels elle se porte naturellement, et dans une liaison étroite avec tout ce qui est divin, incorruptible, impérissable ; il faut la voir en vue de ce qu'elle doit devenir, lorsque, se livrant tout entière à cette sublime poursuite, elle s'élève, par un noble effort, du fond de cette mer où elle est plongée, et, dans cette ascension, se débarrasse des cailloux qui s'attachent à elle, par suite de sa condition terrestre.

N'avons-nous pas montré que la justice est par elle-même le plus grand bien de l'âme et que celle-ci doit accomplir ce qui est juste ?

On ne saurait donc trouver mauvais de nous voir restituer à la justice et aux autres vertus, outre leurs avantages naturels, les récompenses que les hommes et les dieux y ont attachées, les honneurs qu'elle en reçoit.

La justice ne trompe point les espérances de ceux qui la pratiquent, et l'on conviendra qu'elle l'emporte infiniment sur l'injustice dans les biens que la réputation d'homme vertueux attire nécessairement ; car l'homme vertueux et le méchant sont connus du ciel pour ce qu'ils sont : l'un en est chéri, l'autre haï.

A l'égard de l'homme juste, soit qu'il se trouve indigent, malade ou dans quelqu'autre situation regardée comme malheureuse, ses maux prétendus tourneront à son avantage durant sa vie ou après sa mort, parce que la Providence céleste est nécessairement attentive aux intérêts de celui qui travaille à devenir juste, à parvenir, par la vertu, à la plus parfaite ressemblance que l'homme puisse avoir avec la divinité.

Il faut penser tout le contraire du méchant.

Ainsi, du côté des dieux, les fruits de la victoire demeurent au juste.

Pour dire la vérité, il arrive aux fourbes et aux scélérats, au terme de la vie, la même chose qu'à ces athlètes qui courent fort bien en partant de la barrière, mais qui ne courent plus de même lorsqu'il faut y revenir.

Quand aux justes, à la fin de leur carrière et de leur vie, les hommes leur payent généralement le tribut de gloire et les récompenses qui leur sont dûs.

Lorsqu'ils sont dans l'âge mûr, ils parviennent, d'ordinaire, à toutes les dignités et font d'heureuses alliances pour eux et pour leurs enfants.

Mais je soutiens que les méchants, quand même ils auraient réussi à cacher ce qu'ils sont, se trahissent pour la plupart; que, devenus vieux, ils recueillent le ridicule ou l'opprobre; qu'ils sont le jouet des étrangers et de leurs concitoyens; frappés au nom des lois, marqués du fer et du feu, en un mot, livrés à tous les supplices.....

Telles sont les récompenses que le juste reçoit pendant sa vie des hommes et des dieux, outre les biens qu'il trouve dans la pratique même de la justice : tous ces avantages sont aussi glorieux que solides.

Mais ils ne sont rien, par le nombre et par la grandeur, en comparaison des biens et des maux réservés, dans l'autre vie, à la vertu et au vice. Il faut en faire le récit, afin de rendre au juste et au méchant ce qu'ils ont droit d'attendre de nous, comme conclusion de cet entretien.

Ce récit, Platon l'emprunte à l'histoire ou plutôt à la légende d'Er, l'arménien, originaire de Pamphilie, qui, ayant été tué dans une bataille, ressuscite pour raconter les mystères de l'autre vie, et fait la descrpition du paradis et de l'enfer tels que les comprend l'écrivain.

Le caractère pythagoricien de cette révélation n'échappera pas au lecteur.

La NÉCESSITÉ figure comme l'âme de l'Univers; elle a pour emblème un immense fuseau ou sphère creuse, — notre ciel étoilé, — qui tourne toujours, et dont les cercles intérieurs, ou pesons, sont occupés par les huit planètes de notre système. Une grande zône centrale de lumière, éclatante et nuancée comme l'arc-en-ciel, sert d'attache à tous les mondes qui, des extrémités où ils se perdent dans l'espace, viennent s'enchevêtrer dans cette travée lumineuse[1]

La terre est fixée à l'axe du fuseau, qui fait mouvoir

---

[1] La voie lactée.

autour d'elle tous les cercles astronomiques, en d'autres termes, tous les étages des cieux, variés d'aspects et de couleurs comme les astres qui composent cette spirale de sphères.

Le drame du jugement des âmes est à peu près semblable à notre jugement dernier. La terre s'effondre pour engloutir les coupables, tandis que le ciel reçoit les justes. Mais, pour ces foules qui s'en vont d'un monde à l'autre, les félicités et les peines ne sont point éternelles. Les âmes reviennent sur la terre à des intervalles de mille ans passés dans le Tartare ou dans les cieux, suivant qu'une épreuve antérieure, sur notre planète, a bien ou mal réussi. Seuls, les tyrans politiques ou les grands scélérats de la vie privée, dont les crimes sont déclarés irrémédiables, ne doivent plus remonter à la surface du globe. Rien qu'au bruit de leur nom, l'abîme mugit, les tourmenteurs hideux accourent et l'enfer dévore sa proie.

D'après le système de la métempsycose, les âmes rappelées choisissent, pour renouveler la vie, des formes corporelles diverses, et elles prennent pour guides des génies qui représentent assez bien nos anges gardiens; mais la souveraine indépendance des créatures humaines est proclamée avant tout et la justice divine dégagée. Une voix solennelle crie à ces âmes voyageuses qui vont recommencer l'épreuve terrible : « *La vertu n'a pas de maître; on est responsable de son choix; Dieu est innocent.* »

Au nombre des destinées à choisir, les richesses, les misères, la santé, les maladies se rencontrent dans toutes les conditions, tantôt isolées, tantôt dans un certain mélange de biens et de maux.

Or, il y a un discernement à faire pour ne pas se tromper, et c'est l'épreuve la plus redoutable pour l'humanité.

Chacun de nous, considérant comme secondaires les autres sciences, doit s'appliquer à acquérir celle-là surtout qui lui fera découvrir l'homme dont les leçons le mettront en état d'apprécier les conditions heureuses et malheureuses, et de choisir la meilleure.

Il y parviendra en repassant dans sa mémoire ce qui vient d'être dit.

C'est ainsi qu'il apprendra, par exemple, quel degré de beauté, de richesse ou de pauvreté, mêlé à une certaine disposition de l'âme, rend l'homme méchant ou vertueux; les effets de la naissance illustre ou obscure, de la vie privée ou publique, de la force ou de la faiblesse du corps, du plus ou moins d'aptitude aux sciences, en un mot des différentes qualités naturelles ou acquises; en sorte qu'il pourra distinguer le genre de vie qui lui est avantageux de celui qui lui serait funeste, et qu'il appellera funeste celui qui aurait pour effet de rendre l'âme plus injuste, avantageux celui qui la rendrait plus vertueuse, sans avoir aucun égard à tout le reste, ce parti étant le meilleur qu'on puisse prendre, soit pour cette vie, soit pour l'autre.

Donc il faut conserver son âme ferme, inébranlable en cette ligne de conduite, afin que, dans sa détermination, elle ne se laisse éblouir ni par les richesses, ni par les autres maux de cette nature; qu'elle ne choisisse pas la condition des tyrans et des oppresseurs ; mais qu'elle sache se fixer pour toujours à un état médiocre et éviter, autant qu'il dépendra d'elle, toutes les extrémités.

C'est à cela qu'est attaché le bonheur de l'homme.

Les âmes venant du ciel ne sont pas les moins nombreuses à se tromper dans leur choix, faute d'avoir l'expérience des maux de la vie.

Au contraire, la plupart de celles qui ont séjourné dans la région souterraine, et qui ont ajouté à l'expérience des souffrances personnelles la connaissance des maux d'autrui, ne choisissent pas à la légère.

Il y a grande apparence qu'un homme qui, à chaque retour à la vie, s'appliquerait constamment à la saine philosophie, serait heureux sur la terre, et que, dans son voyage d'ici là-haut, il marcherait sur la route unie et lumineuse du ciel, et non par le sentier souterrain et pénible.

. . . .

Si donc on veut nous en croire, convaincus que notre âme est immortelle et capable, par sa nature, de tous les biens comme de tous les maux, nous suivrons, sans nous en écarter jamais, la route céleste, nous attachant de toutes nos forces à la pratique de la justice et de la sagesse.

Par là, nous serons en paix avec nous-mêmes et avec le ciel, et, après avoir remporté sur la terre le prix destiné à la vertu, semblables à des athlètes victorieux que l'on conduit en triomphe, nous serons heureux ici-bas et durant le voyage éternel.

CONCLUSION

Il est grand, le nombre des écrivains qui ont affirmé depuis Platon ce dogme d'une immortalité consolante ou vengeresse; d'autres se sont bornés à agiter ce difficile problème; mais personne, en général, n'en a posé les bases et déduit les conséquences d'une manière plus nette, plus conforme à la justice, dans le sens divin et humain, que ne le fait dans ses divers dialogues l'auteur de la République.

A la forme près, et si ce n'est son opinion sur l'existence antérieure de l'âme, la doctrine sort de ses mains presqu'achevée;[1] il a résumé d'avance tout ce que nos spiritualistes modernes les plus autorisés ont écrit

---

[1] Jules SIMON, *Relig. naturelle*, IIIe partie, p. 256, 3e édit.

de substantiel et de vraiment-efficace sur cette matière.

Ne nous égarons point dans les définitions de l'âme, la plupart assez arbitraires ou trop subtiles. Flamme spirituelle ou simple résultat de l'organisme, elle est ; son existence constitue le premier des faits. La nature morale, la conscience et l'histoire la proclament d'un commun accord, et si elle n'était pas, l'idée même n'en pourrait être discutée, ni quoi que ce soit.

Qu'est-ce, en effet, que l'homme ? « Une intelligence servie par des organes, » d'après de Bonald. Platon a dit mieux : « une intelligence qui se sert du corps, » et Aristote s'exprimait d'une manière non moins noble : « l'âme, c'est ce qui possède le corps. » « L'empire de l'âme sur le corps, ajoute Bossuet, c'est le bel endroit de l'homme. » Elle est en nous comme la chaleur est dans le feu, l'électricité dans la nature, sans occuper de place, et cependant c'est là seule chose active, essentielle et vraiment présente, le foyer où tout s'allume et rayonne.

Mais l'âme fait plus que d'animer, d'expliquer et de spiritualiser l'organisme ; elle seule donne un sens au monde, crée la nature morale, dévoile le principe et l'ordre des choses : âme de l'homme, elle semble correspondre directement, invinciblement avec une autre intelligence, âme de l'univers ; elle se rencontre, dès ses premiers élans, face à face avec elle, et détermine ainsi le rapport, le lien de la création à la raison créatrice. « Elle est la seule partie qui entend dans ce tout qui n'entend pas, »[1] l'unique voix, dans ces bruits et ces vagissements des infinis sans parole.

« Oui, certes, s'écrie un contemporain, le spiritualisme est le vrai ; la noblesse et la véritable existence n'apparaissent dans le monde qu'avec l'âme. L'individu conscient et moral est le couronnement de l'édifice entier de l'univers ; tout est en vue de lui, et lui seul donne à tout un sens et une valeur. L'âme est la première des réalités et la seule pleine réalité, puisque la matière n'est qu'un agrégat multiple, séparable, sans unité, un agrégat fortuit, qui se fait et se défait, qui n'a nulle identité permanente, nulle individualité, nulle liberté. L'âme est immortelle ; car, échappant aux conditions serviles de la matière, elle atteint l'infini, elle sort de l'espace et du temps, elle entre dans le domaine de l'idée pure, dans le monde de la vérité, de la bonté, de la beauté, où il n'y a plus de limites ni de fin. Elle est libre et souveraine ; car, dominant le corps qui la porte et ses instincts inférieurs, elle se crée une royauté sans bornes par la culture de sa raison et le perfectionnement de sa moralité. Elle est de race divine, car, dépassant la planète à laquelle elle est liée sous le rapport de l'espace, elle atteint la région de l'absolu et sort de l'univers. En un sens, on peut dire qu'elle crée Dieu, puisqu'elle seule en dévoile la nécessité, puisque Dieu, obscurément révélé par la nature, ne devint clair que le jour où un homme vertueux succomba dans sa lutte pour la justice, où une

---

[1] BOSSUET, *Connaissance de Dieu et de soi-même.*

conscience pure préféra la pudeur à la vie, où un être noble et bon contempla le ciel dans la sérénité de son cœur. Elle crée des récompenses infinies, puisqu'elle décerne la volupté suprême de bien faire ; elle crée des châtiments infinis, puisqu'à son tribunal, le seul qui compte, la bassesse et le mal ne rencontrent que le mépris. »[1]

S'il est vrai que cette manière de comprendre les récompenses et les peines est purement philosophique, la spiritualité et l'immortalité de l'âme n'en sont pas moins éloquemment proclamées.

Mais cette âme qui fait ma supériorité sur toute créature et mon étonnement à moi-même, qui me tire du néant, en même temps qu'elle en fait sortir tout ce qui m'environne, puisque la conscience est son aurore et la pensée sa lumière, à quel moment de notre destinée terrestre apparaît-elle ? Comment est-elle unie au corps qui l'opprime et qu'elle fait à son tour l'esclave de ses volontés ou le martyr de ses ambitions ?

A défaut d'autre révélation, et devant l'impuissance manifeste de la science, c'est peut-être le bon sens qui dicte la meilleure réponse. Dès que l'homme a conscience de lui-même, la vie physiologique n'agit plus seule, l'accouplement divin de la chair et de l'esprit s'est opéré, l'âme est faite. Cette opinion a déjà été exposée dans un beau langage, par l'auteur cité plus haut, qui, lui aussi, caractérise plutôt qu'il ne définit le principe pensant.

---

[1] E. RENAN, *Essai de morale et de critique*, p. 63-64.

« L'âme, dit-il, après Bossuet, est l'essence même et le tout de l'homme, puisque ce qui existe est évidemment ce qui est libre, conscient, indivisible et sans étendue : c'est l'âme qui est et le corps qui paraît être.[1]

Mais comment l'âme entre-t-elle au nombre des réalités ? Quelle est son origine (car il est notoire qu'elle commence, le rêve d'existences antérieures ne pouvant trouver de place dans une théorie scientifique)? Toutes les origines sont humbles, et cette sorte d'humilité n'abaisse personne. Le fruit divin qui, une fois détaché de sa tige, semble n'avoir jamais existé que par lui-même, tient cependant de la terre par la racine d'où il sort. L'âme n'a rien de matériel, mais elle naît à propos de la matière. L'ancienne hypothèse de deux substances accolées pour former l'homme, hypothèse qui, en tout cas, doit être maintenue pour la commodité du langage, est vraie, si l'on entend parler de deux ordres de phénomènes, dont l'un dépasse l'autre de toute la distance de l'infini ; mais elle est fausse, si l'on entend soutenir qu'à un certain moment de l'existence organique, un nouvel être vient s'ajouter à l'embryon qui auparavant ne méritait pas le nom d'homme. C'est là une manière grossière de se représenter les choses, qui est en contradiction avec les résultats de la science expérimentale de la vie, et qui répugnera toujours au physiologiste. S'il est une déduction qui résulte naturellement de l'aspect général des faits, c'est que la conscience de l'individu naît

---

[1] C'est là une maxime platonicienne.

et se forme, qu'elle est une résultante, mais une résultante plus réelle que la cause qui la produit et sans commune mesure avec elle, à peu près comme l'harmonie d'un concert n'existerait pas sans les tubes et les cordes sonores des exécutants, bien qu'elle soit d'un tout autre ordre que les objets matériels qui servent à la réaliser. »[1]

Pour ceux qui peuvent l'accepter, cette origine de l'âme aurait le précieux avantage de concilier la science et le spiritualisme. Platon la rejetait, par cette raison que les instruments ne peuvent tirer l'harmonie que de leur propre nature et qu'ainsi l'on devrait conclure, par analogie, que l'âme n'est qu'une émanation corporelle, et qu'elle est par conséquent périssable.[2]

De la réalité de l'âme résulte son identité, la distinction nécessaire et la persistance de l'individu, qui ne peut être, en aucun lieu ni en aucun temps, autre que lui-même, semblable à lui-même, responsable de ses actes.

Contester la personne morale, dire qu'elle change du tout au tout dans le cours de la vie, qu'elle n'a, par conséquent, pas plus de réalité que tout ce qui nous environne, c'est abuser des mots. L'identité du *Moi* persiste en tout ce qu'il y a de fondamental dans l'être moral. Toutes les variations d'opinions, tous les évènements qui bouleversent la vie ordinaire, tous les

---

[1] Ibid. — 65-66.
[2] Phédon, XLII.

malheurs, toutes les épreuves, même les plus cruelles, mettent plus souvent en relief une âme énergique qu'elle n'obscurcissent ses qualités essentielles. Sur la tombe encore, quand la personne visible est éteinte, nous attestons, dans l'adieu suprême, le caractère, la mémoire, l'âme présente à la foule dans le champ funèbre. Rien n'est changé, qu'un mode du verbe, simple désinence qui interpose l'éternité entre nous et celui dont la dépouille est sous nos yeux. Nous disons : il *était* bon, juste, courageux. La mort n'a donc pas détruit le caractère, et la survivance morale est dénoncée, en face du néant, par la parole, par l'admiration ou les larmes.

L'identité se communique même aux œuvres. L'artiste, le peintre, l'écrivain de génie, le philosophe, le poète donnent à tout ce qu'ils produisent le sceau de la personnalité. Le cri du vieux Job a-t-il cessé de retentir à travers les âges? La harpe de David n'est-elle pas toujours vibrante? Et les chants du doux Virgile ne charment-ils plus la postérité attentive? Ce sont là, mieux encore que les Pyramides des Pharaons, des monuments de l'éternité du *Moi*. La vie de Lamennais nous présente des périodes, des évolutions diamétralement opposées. Cependant, il est toujours *lui*, et l'empreinte de son âme n'est pas moins vivante dans les calmes « Esquisses d'une philosophie » que dans les pages orageuses des « Paroles d'un croyant. » Un coup de pinceau des grands maîtres nous révèle leur nature, et, alors même qu'ils changent de manière, leur puissante originalité les trahit, et le visage de l'âme apparaît à travers toutes les métamorphoses de la forme.

Il y a ainsi dans chaque homme un trait ineffaçable, une voix distincte, un caractère permanent qui ne se perd jamais ; et, de même, il y a dans l'humanité un caractère général, une âme, une conscience qui n'a point varié, quant au fond, bien que le temps, modifiant à l'infini l'état des esprits, des sociétés et de la science, ait sans cesse placé sous un jour nouveau les contingents et les phénomènes que trop souvent nous confondons avec la conscience universelle. Affirmer l'identité de celle-ci, ce n'est pas dire qu'elle ne peut progresser ; c'est reconnaître qu'elle se développe d'après des principes immuables de justice et de morale, qui la ramènent toujours sur elle-même, en vertu de cette force mystérieuse qui est dans le monde intelligent ce qu'est l'activité fatale dans la nature physique. Les rives du fleuve s'accidentent ; le théâtre s'élargit, les aspects se diversifient, les formes, les modalités se succèdent, de nouveaux plans se déroulent et tout paraît transformé et renouvelé. Mais l'éternelle voyageuse emportée sur ces flots, sur ces révolutions, sur ces ruines, a gardé tous les traits saillants de son origine. Avec la longue expérience des temps et le concours de nos sciences, elle voit plus et mieux, peut-être ; elle n'a pas cependant cessé d'être identique.

Telle est donc, dans l'individu et dans l'espèce, la base de la vie morale. Je suis, parce que ma pensée, errante dans le temps et dans l'espace, s'approprie l'univers, s'assimile l'infini, sans pouvoir être elle-même absorbée, assimilée ou dissoute. Le *Moi* humain est la monade, l'unité vivante qui mesure tout et ne peut être mesurée par quoi que ce soit, la substance supérieure, impénétrable et impondérable qui, comme l'onde Aréthuse au sein des flots amers, traverse les mondes physiques sans se souiller et sans se confondre à leur mélange. Quiconque méconnaît cette suprématie nécessaire et positive calomnie sa nature, abdique son plus beau titre, supprime d'un coup le droit, la personnalité et le devoir. Il n'existe pas ; il ne peut plus ni interroger, ni nier, ni affirmer, ni produire un acte intelligent, ni énoncer une formule, puisqu'elle ne reposerait sur rien. Sa parole est un vain bruit qui frappe l'air, comme celui du flot ou du vent ; sa pensée n'a même pas la consistance du nuage qui s'envole, et sa volonté, ou ce qu'il appelle ainsi, n'est qu'un effort condamné à l'avortement. Il n'a plus rationnellement le pouvoir de distinguer ou de nommer les phénomènes qui se produisent à ses yeux, tout lui échappant à la fois, et la forme et les appellations et les lois et les choses et lui-même.

Mais n'exagérons rien : une fausse théorie n'a pas à ce point le pouvoir de détruire ce qu'il y a de fondamental en nous. Le matérialisme nie bien l'existence de l'âme, comme substance spirituelle ; mais il la refait à sa manière en donnant aux molécules les propriétés du principe pensant, et lui-même prouve, dans ses labeurs scientifiques, que nos facultés ont une tendance irrésistible à secouer le joug de la matière.

Dès cette vie, en effet (Platon est le premier à le

constater), le sage opère la séparation de l'âme d'avec le corps, car pour avoir des perceptions exactes, il faut faire abstraction de ce dernier, s'affranchir de son fracas, de ses exigences, du trouble et des causes d'erreur qu'il nous apporte sans cesse.[1] Or, ce pouvoir et cette habitude de se replier au-dedans, propres surtout à l'homme qui veut poursuivre en toute liberté l'étude de la philosophie, des arts, de la littérature, ne sont-ils pas un phénomène remarquable et un argument en faveur de la spiritualité de l'âme, de sa prédestination à l'indépendance corporelle la plus complète, de son incorruptible essence enfin ?

Oh ! qu'elle est belle, isolée ainsi du monde extérieur comme de celui des sens et vivant déjà, dans cette enveloppe éphémère, de l'éternelle substance qui fait la vie de l'esprit ! Abeille céleste, elle butine son miel et amasse le trésor que le temps ne saurait altérer ni flétrir jamais, et que les voleurs n'auront pas même l'idée de lui ravir, parcequ'ils n'en connaissent pas le prix ! Ne la sentez-vous pas en vous dans tous vos pieux recueillements, dans vos lectures austères, cette invisible ouvrière dont l'activité défie les séductions, les douleurs et la mort? Oh! donnez-lui toutes les heures que vous pouvez dérober aux viscissitudes présentes ! Elle vous enrichira des vrais biens et vous abreuvera à la source des félicités intarissables.

Les différents modes d'immortalité sont naturelle-

---

[1] PHÉDON, §§ IX, X, XI, XII. Trad. de Thurot.

ment subordonnés aux divers systèmes de philosophie dont ils forment le couronnement.

Le Panthéisme croit à l'immortalité de la matière et la donne, à plus forte raison, à l'âme, substance simple ; mais la personnalité disparaît dans cette confusion d'un tout absolu qui ne laisse rien de distinct, rien d'accessible à l'intelligence.

Il en est ainsi du mysticisme qui concentre tellement tout dans l'infini divin, que l'âme et le monde y sont étouffés. A l'un ou à l'autre de ces points de vue, soit que l'intelligence rentre dans le sein de la nature, foyer universel de vie, comme le rayon remonte au soleil dont il émane ; soit qu'elle retourne à Dieu pour s'y perdre, comme la goutte d'eau dans l'Océan, il n'y a plus d'existence individuelle, plus de mémoire, plus d'identité ; l'âme est indestructible, mais non immortelle. Aux deux extrémités de cette courbe, nous le répétons, l'imagination effrayée rencontre le néant.

Ce qu'on peut appeler l'*Immortalité actuelle* est encore une conséquence du Panthéisme. La vertu et la science nous rapprochent de l'absolu, de l'éternel, selon que nous réalisons dans nos perceptions, dans notre conduite, une plus grande somme de lumière, de bien : c'est alors se mettre en communion immédiate avec l'infini, se nourrir de l'universel et de l'éternel ; c'est se faire à soi-même son partage dans la répartition des châtiments et des récompenses ; car toute vie dégradée cesse en quelque sorte d'être, et l'homme vertueux, au contraire, s'élève au suprême intelligible. Chacun se crée ainsi l'immortalité qu'il mérite. Kant,

Hegel, Fichte, avant eux Spinosa, presque toute l'Allemagne savante, est de cet avis. « Si nous sommes éternels, c'est par notre rapport à la loi morale, qui est éternelle. » La satisfaction du devoir obscurément rempli fait descendre d'avance le ciel dans notre cœur, et nous devons être assez héroïques pour nous contenter de cette morale désintéressée où la vertu ne demande rien, car elle est elle-même sa récompense : *ipsa pretium sui.*

Autant ce système semble simple (bien que peu accessible au vulgaire qui ne comprend l'éternité que comme une étendue en longueur), autant le monde des âmes, de Jean Reynaud, est compliqué, romanesque, et d'un attrait magique pour la foule. L'immortalité qu'il nous promet est une reprise séduisante des traditions de la métempsycose, élevées à la hauteur de la science et transportées dans les cieux astronomiques. « L'immortalité des âmes y est sans repos, dit-il, comme l'univers est sans limites. Le principe du progrès ne laisse pas de trêve à l'inépuisable activité de ces immortelles voyageuses. Notre terre elle-même n'est qu'une des mille hôtelleries semées sur le chemin de l'infini. Notre naissance apparente ne marque pas l'âge de notre âme. Elle a déjà vécu comme elle vivra. Une circulation indéfinie l'entraîne d'un monde dans un autre » et elle revêt, à chaque station astronomique, un organisme nouveau plus parfait ou moins pur, en raison du bon ou mauvais usage que nous avons fait de la vie sur le globe précédent. Les lois de l'attraction morale l'attirent ainsi par analogie aux lois physiques qui régissent l'univers. Nous montons de ciel en ciel, ou nous tombons de chute en chute, selon que nous avons suivi ou abandonné, dès ici-bas, le droit sentier qui conduit au rendez-vous commun des justes de tous les siècles et de tous les astres, et le degré de nos promotions dans l'infini cosmique répond exactement à nos mérites sans cesse augmentés à travers ces vies successives dont le théâtre se déroule à tous les regards. Par une nuit resplendissante, lorsqu'une voix semble descendre de chaque étoile et solliciter notre essor vers l'azur éternel, ne contemplons-nous pas en réalité les routes que suivra demain notre âme fugitive de la terre et cherchant là-haut des patries toujours plus magnifiques?

C'est là une ingénieuse théorie, une conception supérieure, un magnifique poème. Malheureusement, l'auteur suppose, avec Pythagore, Platon et toute l'école antique, la préexistence de l'âme. Il suit de là que celle-ci, coupable ou vertueuse en quittant une planète, est châtiée ou récompensée sur une autre, sans conserver le souvenir de sa condition première, sans identité, c'est-à-dire, sans justice. Ce système, en nous montrant l'état de chacun comme étant la conséquence d'une épreuve antérieure, divise la société en castes et, comme dans l'Inde, glorifie naturellement les heureux, calomnie le malheur et bannit la pitié. Il établit, par ces renaissances sans fin de la même personne, la solidarité d'existences qui ne se sont jamais connues et qui doivent les unes jouir d'un bien qui leur est étranger, les autres expier un mal dont elles n'ont pas conscience... Cette poétique de l'immortalité est donc aussi défectueuse qu'elle paraît tout d'abord brillante, et le prestige qu'elle exerce sur les imaginations est dû à des qualités littéraires de premier ordre et aux puissantes facultés d'invention de l'auteur.

Un autre explorateur de la vie future a cru tracer un nouveau « *Système du monde moral.* » Ce qu'il y a d'original dans les données de l'auteur, c'est sa manière d'appliquer à la psychologie les procédés mécaniques de Newton et de Laplace. La *substance immatérielle* qu'il signale n'est autre chose que « l'âme du monde » des anciens, infuse dans toutes les molécules de l'univers, pour donner à toutes, vie, forme et mouvement. Socrate, quelques heures avant de boire la ciguë, manifestait à ses amis toute la joie que lui causait cette doctrine; mais il en tirait des conséquences bien différentes ! M. Ch. Lambert, ne voyant dans le monde physique que le *substratum*, le théâtre de la vie spirituelle partout répandue comme force *élective*, conclut que le corps est élaboré et mis en action par le *moi immatériel*. De la lutte des deux agents, esprit et matière, résulte le libre arbitre, l'âme, qui fixe elle-même les conditions de son avenir : immortelle, si elle développe moralement sa liberté; périssable et vouée au néant avec les forces physiques, si, au moment où la mort vient la dégager, elle la trouve ensevelie dans la matière comme en un tombeau. Ce dénouement n'est-il pas une prime accordée au vice, comme le faisait remarquer Platon, puisque la mort délivrerait à la fois le méchant de la vie, de ses crimes et des châtiments encourus ?

Le P. Gratry s'est fait le Kepler d'un autre paradis astronomique où toutes les audaces de l'imagination, toutes les formules scientifiques, toutes les richesses du style sont prodiguées pour composer l'odyssée de la vie future, en pénétrer d'avance tous les secrets, en décrire toutes les scènes. Ces licences savantes, ces efforts mystiques et désespérés, ces grands coups d'aile de la muse vers l'inconnu, ont du moins donné aux esprits une impulsion élevée et appelé la curiosité publique sur de nobles sujets.

Cependant le cœur ne veut pas s'arrêter en si beau chemin ; il demande à son tour quelle sera la condition des âmes dans un ordre de faits plus intimes ; quelle sera la nature de leurs relations ; jusqu'à quel point s'étendra l'identité ? N'auront-elles pas souvenir de la vie terrestre, de ses joies rapides, de ses vicissitudes douloureuses, des unions que la mort a si soudainement rompues ? La mémoire pourra-t-elle exister sans amour, l'amour sans l'objet qui lui fut un jour ravi ? La différence des sexes existera-t-elle encore, afin de conserver entre eux ce charme indéfinissable qui résulte de la diversité même de leurs aptitudes ? L'amour divin et toutes ses flammes pourra-t-il nous désintéresser des affections qui formèrent, sur la terre, la trame de cette vie multiple que nous appelons l'amitié, la famille, et le ciel ne serait-il pas bien monotone, si toutes les âmes y étaient du même genre ?[1] Nous contenterons-nous de cette éternité cénobitique et glacée, où les élus, abîmés dans l'extase, et esclaves plutôt que participants de la gloire divine, recommencent sans fin un *alleluia* qui ne dit rien à l'intelligence et qui parle encore moins à l'amour tel que nos cœurs le conçoivent ? Croirons-nous plutôt que le ciel est lumière, savoir et vérité, la science spontanée, sans limite, sans mystère, devenue le regard même de l'âme embrassant en un point, en un moment, toutes les catégories, substance, nature, espace et temps, passé, présent, avenir ? L'expansion du bien dans sa radieuse essence, le bien visible et transparent, nous pénétrant de toutes parts, quand nous plongeons en lui de tous les confins de l'Etre, lumière et bien nous-mêmes ? Croirons-nous qu'il est la vision, la compréhension et la possession du beau rayonnant sur des millions d'intelligences et d'âmes vertueuses qui toutes aboutissent à lui et se sentent vivre et emporter dans sa sphère, beautés, clartés et sympathies elles-mêmes ? Croirons-nous que c'est l'amour, mais

---

[1] Dans le mythe de Er, x⁰ livre de la *République*, les conditions de vie mâle et femelle sont proposées indifféremment à toutes les âmes ; le sexe de celles-ci est déterminé par le corps auquel elles s'unissent, et non en vertu de leur nature. Un spiritualisme plus profond attache aujourd'hui le sexe à l'âme même.

l'amour actif, libre, vivant et conscient, s'élançant vers son objet, tout en se repliant sur les amours de la terre, qui furent le prélude, les dégrés et les échelons de feu vers l'amour infini ; les soupirs échangés, avec des aveux tremblants, dans un trouble ineffable, et qui ne s'éteindront plus, même au sein des voluptés éternelles de Dieu et de la pensée ?

Ah ! Du moins, soyons sincères : la foi naturelle des peuples, la philosophie et la religion ont fixé l'immortalité de l'âme comme une sorte de zénith dont l'humanité ne peut détacher ses regards sans le plus grand danger pour l'ordre général, pour sa propre dignité, pour les consolations et l'appui dont sa faiblesse a besoin. Platon, l'illustre apologiste de ce dogme, lui reconnaît une autorité imposante, un intérêt qui domine nos destinées ; il voit dans son affirmation une source de joie ineffable, et, même en dehors de tous les caractères de certitude, la sanction de toute morale et le gage de tout bonheur. C'est, dit-il, une grande et noble espérance, une magnifique chance à courir, dont il faut se laisser séduire et comme enchanter.[1] Celui-là seul, dit-il encore, prend soin de son âme, qui la sait immortelle, tandis que l'homme qui la croit vouée au néant, l'estime et la cultive peu.

La morale qui n'a pas pour complément l'immortalité suffit peut-être à un petit nombre d'âmes ; mais elle ne peut faire beaucoup de prosélytes ; peut-être

---

[1] PHÉDON, § LXIII.

ne répondra-t-elle jamais à la moyenne des intelligences ? S'il est vrai que « le devoir, même sans avenir, aura ses élus, » c'est le cas de rappeler combien la voie est étroite !

Le sentiment a plus fait pour cette croyance sublime que les révélations de la foi et les découvertes du génie. Qui de nous, au bord de la tombe, a pu se résigner à la victoire du néant ? Qui de nous, voyant descendre sous la terre ces êtres si chers, un vieux père, une épouse, une mère, un enfant, a pu s'arracher du lieu funèbre sans la douce espérance du revoir ? Le soleil de l'immortalité nous luit alors à travers nos larmes et nous prions et adorons en silence.

Je le veux donc et le crois comme vous, pauvres cœurs brisés, l'âme est immortelle ! Nous retrouverons de l'autre côté ces bien-aimés dont la séparation momentanée nous accable. La mort ne nous les enlève que pour nous les restituer bientôt, et nous verrons se tendre encore vers nous ces mains qui nous ont tant de fois enlacés des étreintes de la tendresse, et nous sourire ces lèvres qui se sont glacées sous nos derniers baisers !

Mais gardons au fond de nos consciences ce dogme des consolations et des espérances. N'en faisons pas un droit d'appel contre Dieu ; ne le transportons point dans la théorie de la justice sociale ou politique ; ne l'imposons pas même à l'entendement humain qui n'en peut produire les preuves positives.

Certes, comme dit si bien Montesquieu, « l'âme fuit les bornes; » elle voudrait tout savoir, tout comprendre, tout posséder; elle se sent faite pour la vérité *totale*; elle soupire vers l'absolue justice. L'homme, par ses facultés, déborde la mort et la tombe, il domine la matière, il plane au-dessus de toute existence finie, il a tous les motifs d'espérer que l'inconnu se dévoile; que l'avenir qu'il rêve, l'idéal qu'il caresse sera conforme aux purs élans de son cœur mortel, et c'est sur ce sentiment de l'infini que Descartes a basé la théorie et les affirmations de la vie future. C'est assez, peut-être. La raison et la science ne sauraient aller plus loin sans témérité, ni surtout substituer à la responsabilité flagrante des hommes d'Etat et des peuples libres, la sanction ultérieure promise par les croyances à l'immortalité.

Cette doctrine serait dangereuse en matière politique, parce qu'elle tend à dispenser les gouvernements d'être justes; qu'elle semble acquitter ici-bas les scélérats de la vie publique; qu'elle inspire aux hommes la mollesse, la lâcheté, dispose les puissants à l'hypocrisie et porte les moralistes à l'abus des maximes les plus sacrées. On dit aux chefs des nations, aux législateurs iniques, qu'ils seront punis après la mort; mais ils se rient de ces vagues menaces dont l'effet, s'ils y croient, leur paraît toujours lointain; on dit à des milliers de deshérités et de victimes : réjouissez-vous; car bienheureux sont ceux qui pleurent ! La terre n'est qu'un lieu de passage; mais celui-là ne sera jamais consolé qui voit les siens en proie à l'oppression et à la détresse.

Les principes de la démocratie ne se prêtent point à des solutions qui dépassent notre action, notre temps, notre espace.

La justice politique veut être complète en ce monde même, et elle ne compte que sur l'homme pour l'exécution de ses plans. C'est donc un devoir impérieux et une condition de salut commun d'en faire l'âme des États, la base des institutions, le mobile et le producteur des actes publics, le flambeau des esprits, le levier des consciences, l'axe autour duquel se meuvent les pouvoirs grands et petits, assurant l'indépendance de chacun par la puissance de tous, et la prospérité de l'État par le concours harmonique des forces, l'accord des volontés et des intérêts, la variété dans l'ensemble, l'unité dans la diversité. Les progrès de la science, l'ascendant irrésistible de l'opinion, tous les efforts du monde moderne sont tournés contre les fatalités économiques ou providentielles au profit de cet ordre politique de prévoyance, de lumière, de raison et de liberté qui devra et peut seul satisfaire les besoins moraux et matériels légitimes et mettre les chances heureuses du côté de la vertu, du labeur et de la capacité.

Les craintes et les espérances de l'autre vie ont leur efficacité pour la conduite privée ; mais elles ne peuvent plus être des moyens de gouvernement, sans sacrifier l'objet même de ce dernier, qui est de pourvoir au présent par l'égalité des droits dans le rapport des facultés développées, indépendamment de nos idées sur les dogmatismes qui se partagent l'humanité.

Si les peuples n'avaient pas été réduits à faire l'essai de leurs forces; s'ils étaient encore tellement à la discrétion de l'autorité, courbés, abrutis et ployés sous sa main, qu'il leur fût impossible de croire à une justice actuelle, visible et vivante, émanant de leur souveraineté indéniable, on comprendrait cette nécessité de la résignation, du désespoir et des larmes, et celle non moins terrible de laisser à la justice divine le soin de rétablir les situations dans un monde meilleur. Mais le publiciste qui proposerait aujourd'hui ce système serait traité comme faux prophète et complice de l'arbitraire. Les peuples, répondant par des révolutions aux régimes persécuteurs, se sont mesurés avec les rois, leurs tristes modèles dans la voie de toutes les violences. Ils ont joué avec les sceptres, brisé les trônes, exécuté, dispersé ou pardonné les princes. Pour arriver à la pleine possession d'eux-mêmes, ils n'ont plus qu'un joug à secouer, le plus lourd, il est vrai, l'ignorance. Confiants dans la science politique, la première et bientôt la plus répandue, ils demandent à l'organisation sociale de faire leurs destinées, et ils ne sauraient même croire à Dieu qu'autant qu'il se manifeste dans les gouvernements par la justice politique dont chaque associé est l'auxiliaire et dont tous se font au besoin les ministres ou les vengeurs.

Les temps rêvés par le sage sont donc venus, où la philosophie, comprise de la foule, parce qu'elle n'est, au fond, que l'expression et le développement de la conscience et du sentiment populaires, a déterminé le mouvement et le triomphe des idées, l'avènement des majorités et préparé cette république universelle des

États, dont le germe est dans tous les esprits, qui déjà existe, et qui sera le dernier terme de la politique, la gloire de l'humanité, la victoire définitive de la justice sur terre.

Ainsi, nous fermons ce livre par le mot qui l'ouvre, qui en a dicté et éclairé toutes les pages, qui en est la synthèse et l'expression scientifique, la conclusion inexorable, comme il est la loi de l'univers, le foyer immortel des arts, de la littérature et de tous les saints et puissants enthousiasmes, le *criterium* de la nature morale, l'âme et la vie des sociétés, la source du bien-être, de la liberté et du bonheur pour les peuples comme pour les individus :

JUSTICE !

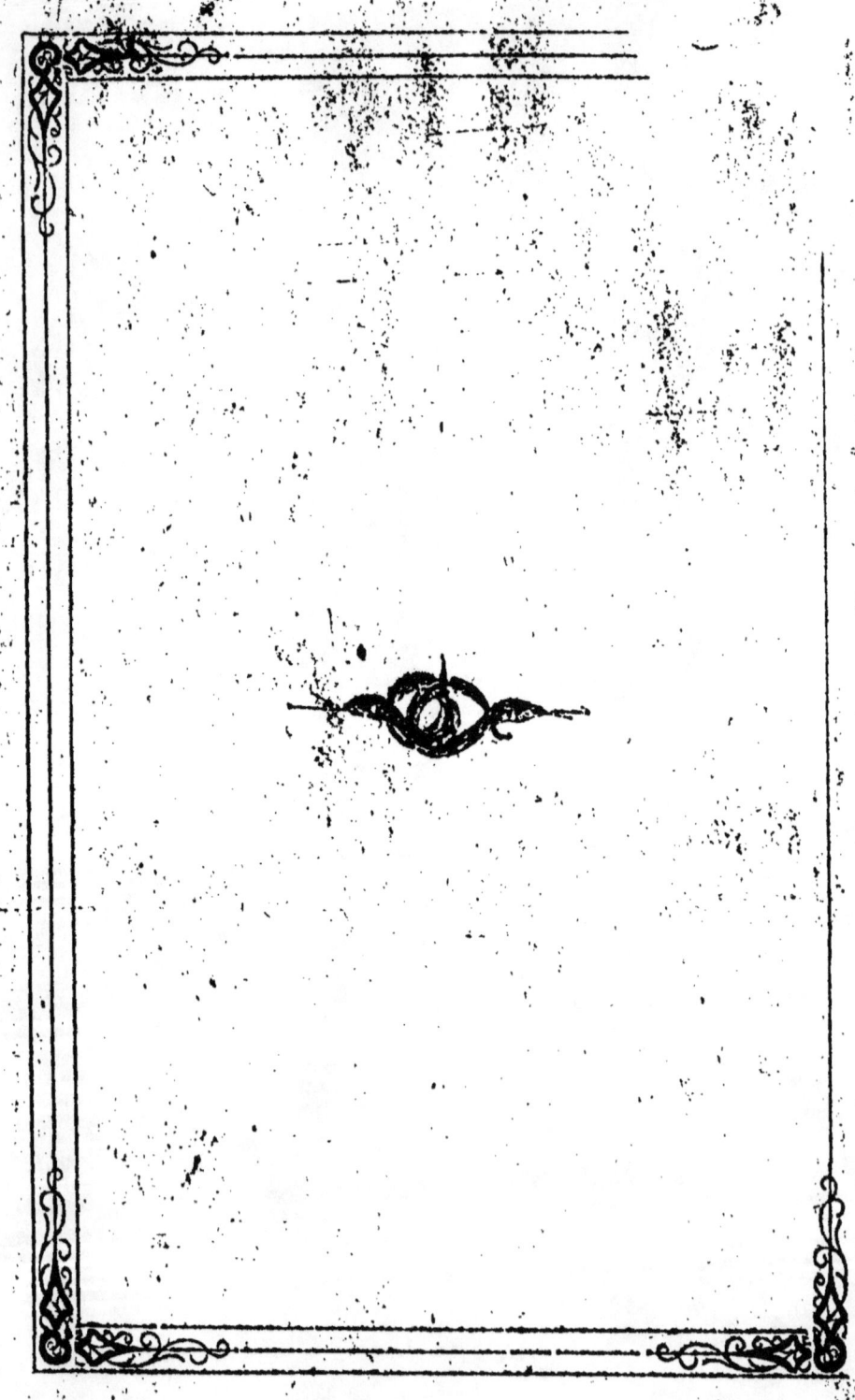

www.ingramcontent.com/pod-product-compliance
Lightning Source LLC
Chambersburg PA
CBHW070850170426
43202CB00012B/2020